Un único Dios

Un único Dios
Por Alberto Canen

paginadigital

Canen, Alberto
 Un único Dios : el motivo de ser del pueblo elegido /
 Alberto Canen ; ilustrado por Alberto Canen. - 1a ed. -
 Boulogne : el autor, 2012.
 463 p. ; 20x14 cm.

 ISBN 978-987-33-2446-8

 1. Ensayo. 2. Espiritualidad. I. Alberto Canen, ilus. II.
 Título
 CDD 110

Fecha de catalogación: 17/07/2012

Un único Dios
Alberto Canen
Primera edición Julio 2012

Queda hecho el depósito que marca la ley N°11.723
Impreso en Argentina-Printed in Argentina
Impreso en Talleres
Es una edición de Emprendimientos Digitales S.R.L.
Camino Morón 181, Boulogne, Buenos Aires
www.paginadigital.com.ar
info@paginadigital.com.ar
ISBN 978-987-33-2446-8

A Monseñor Luis Heriberto Rivas por sus palabras siempre justas.
A mi gran amigo Fabián Rodríguez.
A mi mujer y mis hijos, que sin ellos nada sería.
A Mercedes Carreira por sus correcciones y asesoramiento.
Y a mi familia y amigos que se prestaron como lectores del "manuscrito" para ayudarme a mejorarlo.

Prólogo

"El catolicismo, el islamismo, el judaísmo generan por lo general dudas e inquietudes por sus contradicciones e inconsistencia" -así pensaba yo, hasta ahora-.

En este último tiempo, me ha tocado rever estas religiones y su libro sagrado de base, la Biblia, a través de los ojos de un niño, mi hijo Lautaro, y esa nueva lectura, me generó un enorme descubrimiento. Se me ha revelado un universo que había estado oculto a mi entendimiento, y deseo compartirlo con ustedes.

Me enfoco en el catolicismo, el islamismo y el judaísmo, porque entiendo que todas ellas tienen un origen común en el Antiguo Testamento, y en el pueblo de Israel.

Vamos a caminar por los hechos principales y veremos, o al menos intentaremos ver, cuál fue la razón de ser del pueblo judío, el porqué de su creación, su papel trascendental en la historia de la humanidad. Y el porqué de algunas actitudes del judaísmo, el islamismo y el catolicismo, como iglesias y como políticas. Acciones y políticas que me han disgustado sobre manera, hasta ahora.

El estilo directo y llano de este relato surge de la lectura de la Biblia[1] que le hice a Lautaro; se desarrolla a partir de sus preguntas, preguntas de niño, inquietudes inocentes, pero que conmovieron las creencias que tenía establecidas en mí y que ya no me cuestionaba. Todas esas cuestiones que había

---

1   Las citas de la Biblia a lo largo de este libro pertenecen a la Biblia de Jerusalén Ilustrada, Éditions du Cerf, París, 1973, bajo la dirección de la Escuela Bíblica de Jerusalén.

relegado a un cajón mental de "no vale la pena investigar".

La narración intenta ser lineal en el tiempo, digo intenta debido a que hay hechos que son simultáneos, y además es posible que los libros que integran la Biblia no hayan sido escritos de manera lineal en el tiempo.

No he analizado todos los libros debido a que, en función del tema abordado, hubiese sido repetir lo mismo, y tampoco pretendí realizar una Biblia comentada sino mostrar lo que para mi es el motivo de ser del pueblo judío, su "trabajo trascendental", y cómo esto afectó las políticas de la Iglesia Católica y posiblemente al Islamismo.

La idea general es la de descubrir este misterio, cuál fue el plan de Dios, como si fuésemos detectives, armando un mosaico, un rompecabezas, en el que, al final, todas las piezas encajarán a la perfección dejando al descubierto la razón de ser del pueblo judío, la causa por la que Dios lo creó, y de su continuidad -por decirlo así-, en la Iglesia Católica.

Muy bien, vayamos a ese cajón de "casos sin resolver" a ver qué encontramos.

León Felipe
1884 - 1968

Nadie fue ayer,
ni irá hoy,
ni irá mañana
hacia Dios
por este mismo camino
que voy yo.
Para cada hombre guarda
un rayo nuevo de luz el sol...
y un camino virgen
Dios.

Índice

	Prólogo	9
1	LA BIBLIA	17
2	DIOS, CREADOR DE UNIVERSOS	23
	El Génesis	23
3	LOS PRIMEROS SERES DEL PUEBLO ELEGIDO	31
	Adán y Eva	31
4	LA PRIMERA GRAN SELECCIÓN	39
	El Diluvio	39
5	PRIMER ACERCAMIENTO A EGIPTO	45
	Historia de Abraham	45
6	ABRAHAM Y SU HIJO LOT, SODOMA Y GOMORRA	49
	El hijo de Abraham	53
	Abraham en Guerar	58
7	EL SACRIFICIO DE ABRAHAM	61
	Isaac hijo de Abraham	63
	Sueño de Jacob	65
8	HISTORIA DE JOSÉ, EGIPTO, "LAS VACAS FLACAS"	71
9	LAS PLAGAS DE EGIPTO	81
	La liberación de Egipto	81
10	EL ÉXODO, UNA "CAMINATA" EN EL DESIERTO	105
	La marcha por el desierto	112

Batalla contra Amalec 115
11 LAS LEYES.
"Estábamos tan bien en Egipto..." 117
La alianza 117
El Decálogo 118
Dios le da leyes al pueblo de Israel,
a través de Moisés 121
Las Tablas de la Ley 125
Algunas leyes 117
La ley del talión, ojo por ojo, diente por
diente 140
La Marcha en el Desierto 145
12 "EN ESTE DESIERTO NO QUEDARÁ
UNO: EN ÉL HAN DE MORIR" 149
Exploración de Canaán 149
13 LA TIERRA PROMETIDA 161
Y llegaron al Jordán 161
Dios prohíbe el paso de Moisés a la Tierra
Prometida 163
14 YAHVEH ME HA DICHO:
"Tú no pasarás este Jordán" 169
Moisés relata las leyes 170
La ley de Talión 171
Muerte de Moisés 171
15 SE INICIA LA CONQUISTA
DE LA TIERRA PROMETIDA 175
Campañas de "tierra arrasada" 175
Caen las murallas de Jericó 179

Conquista de Ay 181
Cómo un pueblo logra ser excluido de la
"limpieza" del pueblo elegido 184
El último discurso de Josué 189
Muere Josué 190
Sansón 198
16 RUT, BÁLSAMO,
OASIS EN EL DESIERTO 213
Samuel 223
17 LA MONARQUÍA
"Me han rechazado a mí" 235
El pueblo de Israel pide un Rey 235
Samuel habla al pueblo 238
El rey David 242
Y ahora… Goliat 246
Muerte de David y consagración de
Salomón 276
Jeroboam y la muerte de Salomón 283
18 ELÍAS Y ELISEO.
¿QUIZÁS ÁNGELES? 291
Dios envía al profeta Elías 291
Más obras de Eliseo 313
19 LA DEPORTACIÓN.
EXTRANJEROS EN TIERRA EXTRAÑA ... 327
20 EL REGRESO A CASA LUEGO
DE UN TRABAJO BIEN HECHO 345
LA CADENA DE SANGRE
SE PONE EN RIESGO 357

"Despidieron tanto a las mujeres como a sus hijos"	357
22 Y PASARON A LA CLANDESTINIDAD....	363
Relaciones de Jonatán con Roma y Esparta..	374
23 JERUSALÉN, NI TUYA NI MÍA…	375
24 Y LLEGÓ EL MESÍAS	381
Concepción y nacimiento de Jesús	381
Algunas narraciones de la vida de Jesús	394
25 LAS REGLAS DEL JUEGO. ¿Y la ley?	397
Jesús envía a los apóstoles en busca de los judíos	410
Jesús compara a la gente con niños	413
26 ¿NO ES ÉSTE EL HIJO DEL CARPINTERO?	415
Nadie es profeta en su tierra…	416
Las tradiciones son puestas en duda	416
Jesús anuncia que va a morir a manos de los escribas y sacerdotes	420
El bien, el mal, la riqueza	423
27 ¡QUE NUNCA JAMÁS BROTE FRUTO DE TI!	429
Jesús expulsa a los vendedores en el templo.	429
Al César lo que es del César…	433
El principal mandamiento	434
28 ¿ERES TÚ EL REY DE LOS JUDÍOS?	441
29 VERDADERAMENTE ÉSTE ERA HIJO DE DIOS	447
Jesús resucita	447
Nota final	457

Referencias 459

1
LA BIBLIA

¿Quién no ha escuchado hablar de la Biblia? Muchos la han leído, algunos más de una vez. Personalmente, lo he hecho en varias oportunidades, aunque en cada una de ellas sólo encontraba en el texto algo similar a un libro de historia, para mí era la historia del pueblo judío.

Siempre me he maravillado ante las acciones de Dios y de este pueblo, y en más de una ocasión me ha parecido una historia de extrema crueldad y violencia sin sentido. También me he emocionado y conmovido, con esa opresión en la garganta que se siente a punto de llorar.

Me conmociona el sufrimiento, las idas y venidas, la lenta evolución y retroceso de la humanidad reflejados en la historia de ese pueblo. Reincidiendo una y otra vez…, y Dios en todo momento está allí; comprende, perdona y vuelve a dar otra oportunidad. Y en algunas ocasiones, como en Sodoma y Gomorra o en el diluvio, hace un borrón y cuenta nueva ante la tristeza de comprobar que no existe otra solución. También, Él muestra, lo veo ahora, un ejemplo de infinita humildad al decir con esas acciones: aunque yo los creé han salido mal y debo destruirlos para bien de la humanidad.

Aún así, a pesar de las relecturas, no logré comprender muchas de las actitudes y reacciones de Dios, hasta ahora…

Creo que, llegados a este punto, es necesario aclarar que soy de raíz católica; en la escuela primaria fui varios años a un colegio religioso, el Roque González, en la ciudad de Posadas, Misiones, Argentina, donde nací. Siempre fui creyente; desde chico sentí la presencia constante de Dios en mi vida y siempre he querido saber más, saber por qué y, como muchos, de dónde venimos y a dónde vamos.

Nunca dejé de buscar explicación a las eternas preguntas de la humanidad. He indagado en otras religiones y he encontrado en ellas, y en sus textos sagrados, algunas respuestas, y también descubrí entre los distintos credos más similitudes que diferencias. Pero, la Biblia seguía siendo para mí un misterio, un misterio que por momentos hasta me molestaba. Me molestaba no poder entender todas esas historias, ¿Cuál era el sentido?

Tengo dos hijos, el mayor de veinticuatro años y el menor de nueve. Entre los temas que frecuentemente conversamos en casa se encuentran las religiones, Dios, la espiritualidad y ellos participan preguntando, opinando.

En este último tiempo Lautaro, el más chico, me pidió que le hablara de Dios, pero con más decisión que otras veces, con intensos deseos de conocer detalles… porque no era un tema nuevo para él, ya habíamos hablado muchas veces antes, pero en esta oportunidad fue distinto. Traté de ser ecuánime y le expliqué las distintas cosmovisiones de las religiones principales y cómo ven a Dios; le hablé con la mayor cantidad de información que logré reunir e intenté que conceptos avanzados o complicados pudieran ser entendidos por él, lo mejor posible. En este punto, me pareció que lo mejor era remitirme directamente a las fuentes y por ello comenzamos por leer la Biblia, con la idea de seguir luego con los libros sagrados de otras religiones.

Primero, él quiso saber sobre Jesús por lo que leímos el Nuevo Testamento. Como el lenguaje es un poco fuerte y complicado para un niño de su edad, mi mujer, Laura, le compró una Biblia para chicos, con ilustraciones y, por supuesto, muy resumida.

La leímos un rato cada noche y en unos días ya la habíamos

terminado, pero nos habían quedado muchos cabos sueltos porque era una versión muy reducida y él quería saber más.

Lautaro ya había visto el "libro grande" -tenemos una Biblia de dos mil páginas, La Biblia de Jerusalén- y era ésa la que él quería que le leyera.

Bien, hacia ella fuimos...

Pero, he aquí, que al leérsela, esta vez, fue totalmente distinto para mí.

En esta oportunidad el relato me mostró una trama que había estado absolutamente oculta a mi entendimiento.

Me ocurrió lo mismo que a esa persona que ha tenido una piedra sobre el escritorio durante años, usándola de pisapapeles y de repente, un día, se da cuenta que la piedra es un fósil, el hueso de un animal, una vértebra. Entonces se dirige al lugar donde la encontró y empieza a buscar alrededor y así descubre las otras partes del esqueleto, las patas, las costillas...

Cuanto más busca, más huesos de ese esqueleto aparecen, y más precisa surge la figura, algo similar a esos dibujos para niños que sólo son puntos numerados en un papel y que se deben unir para ver el dibujo oculto.

Esta vez, apareció ante mí una figura, una trama, un hilo conductor, y empecé a unir los puntos. Cuantos más puntos encontraba, más nítida aparecía esta figura, esta imagen, esta trama, esta cuerda, y al tirar de la cuerda pude comprobar que yendo hacia atrás llegaba hasta Adán y Eva y hacia delante hasta la actualidad, y luego, podía verla, claramente, internándose en el futuro.

Esto me generó un shock, un maravilloso estupor.

Lo que vi fue la creación, materializada por Dios, de un pueblo elegido, especialmente diseñado para terminar con el politeísmo, un pueblo que tendría la enorme tarea de erradicar los cultos paganos e implantar el monoteísmo a nivel mundial. Un pueblo que iba a preparar el terreno, lo limpiaría y lo ordenaría para la llegada de alguien más importante aún, alguien que iba a cambiar la historia de la humanidad para siempre.

Una vez que descubrimos la figura oculta, la imagen, la trama de base, vemos su simpleza, su simpleza y perfección. Una simpleza y perfección que sólo puede provenir de Dios.

Bien, vamos a tirar de la cuerda, de esta cuerda, y busquemos un lápiz porque hay muchos puntos para unir...

2
DIOS, CREADOR DE UNIVERSOS

El Génesis

«En el principio creó Dios los cielos y la tierra. La tierra era caos y confusión y oscuridad por encima del abismo, y un viento de Dios aleteaba por encima de las aguas.

«Dijo Dios: "Haya luz", y hubo luz. Vio Dios que la luz estaba bien, y apartó Dios la luz de la oscuridad; y llamó Dios a la luz "día", y a la oscuridad la llamó "noche". Y atardeció y amaneció: día primero.

«Dijo Dios: "Haya un firmamento por en medio de las aguas, que las aparte unas de otras". E hizo Dios el firmamento; y apartó las aguas de por debajo del firmamento, de las aguas de por encima del firmamento. Y así fue. Y llamó Dios al firmamento "cielos". Y atardeció y amaneció: día segundo.

«Dijo Dios: "Acumúlense las aguas de por debajo del firmamento en un solo conjunto, y déjese ver lo seco"; y así fue. Y llamó Dios a lo seco "tierra", y al conjunto de las aguas lo llamó "mares"; y vio Dios que estaba bien. Dijo Dios: "Produzca la tierra vegetación: hierbas que den semillas y árboles frutales que den fruto, de su especie, con su semilla dentro, sobre la tierra". Y así fue. La tierra produjo vegetación: hierbas que dan semilla, por sus especies, y árboles que dan fruto con la semilla dentro, por sus especies; y vio Dios que estaban bien. Y atardeció y amaneció: día tercero.

«Dijo Dios: "Haya luceros en el firmamento celeste, para apartar el día de la noche, y valgan de señales para solemnidades, días y años; y valgan de luceros en el firmamento celeste para alumbrar sobre la tierra". Y así fue. Hizo Dios los dos luceros mayores; el lucero grande para el dominio del día, y el lucero pequeño para el dominio de la noche, y las estrellas; y los puso Dios en el firmamento celeste para alumbrar sobre la tierra, y para dominar en el día y en la noche, y para apartar la luz de la oscuridad; y vio Dios que estaba bien. Y atardeció y amaneció: día cuarto.

«Dijo Dios: "Bullan las aguas de animales vivientes, y aves revoloteen sobre la tierra contra el firmamento celeste". Y creó Dios los grandes monstruos marinos y todo animal viviente, los que serpean, de los que bullen las aguas por sus especies, y todas las aves aladas por sus especies; y vio Dios que estaba bien; y los bendijo Dios diciendo: "sean fecundos y multiplíquense, y llenen las aguas en los mares, y las aves crezcan en la tierra". Y atardeció y amaneció: día quinto.

«Dijo Dios: "Produzca la tierra animales vivientes de cada especie: bestias, sierpes y alimañas terrestres de cada especie". Y así fue. Hizo

Dios las alimañas terrestres de cada especie, y las bestias de cada especie, y toda sierpe del suelo de cada especie: y vio Dios que estaba bien. Y dijo Dios: "Hagamos al ser humano a nuestra imagen, como semejanza nuestra, y manden en los peces del mar y en las aves de los cielos, y en las bestias y en todas las alimañas terrestres, y en todas las sierpes que serpean por la tierra. Creó, pues, Dios al ser humano a imagen suya, a imagen de Dios le creó, varón y mujer los creó. Y los bendijo Dios, y les dijo Dios: "Sean fecundos y multiplíquense y llenen la tierra y sométanla; manden en los peces del mar y en las aves de los cielos y en todo animal que serpea sobre la tierra".

«Dijo Dios: "Vean que les he dado toda hierba de semilla que existe sobre la haz de toda la tierra, así como todo árbol que lleva fruto de semilla; para ustedes será de alimento. Y a todo animal terrestre, y a toda ave de los cielos y a toda sierpe de sobre la tierra, animada de vida, toda la hierba verde les doy de alimento". Y así fue. Vio Dios cuanto había hecho, y todo estaba muy bien. Y atardeció y amaneció: día sexto.» (Génesis 1:1-31)

«Concluyéronse, pues, los cielos y la tierra y todo su aparato, y dio por concluida Dios en el séptimo día la labor que había hecho, y cesó en el día séptimo de toda la labor que hiciera. Y bendijo Dios el día séptimo y lo santificó; porque en él cesó Dios de toda la obra creadora que Dios había hecho.

Esos fueron los orígenes de los cielos y la tierra, cuando fueron creados. El día en que hizo Yahveh Dios la tierra y los cielos» (Génesis 2:1-4)

Al leerle a Lautaro el Génesis, surgieron los siete días en los cuales Dios creó el cielo y la tierra y a Adán y Eva. Y él dijo: ¿*siete días?*

Y sí..., quién no se ha preguntado lo mismo.

Muy bien..., le expliqué que aunque se hablan de días, estos días son días de Dios, y siendo Dios infinito sus días deben de ser en extremo largos, probablemente de millones de años humanos. Hoy la ciencia calcula unos 4.600 millones de años la formación del sistema solar y entre uno y dos millones de años la evolución de la especie humana, así que bien podrían los siete días de Dios ser unos 4.600 millones de años.

Lo importante aquí es rescatar la idea de que Dios crea el cielo y la tierra, y no el tiempo que le llevó. Pensemos que aunque hayan sido 4.600 millones de años y que creó por lo menos un sistema solar en una semana, aunque sea la semana de Dios, considero que continúa siendo una proeza verdaderamente impresionante. Es muy difícil para la mente finita de un ser humano comprender lo infinito, hasta -me atrevería a decir- imposible alcanzar a concebir lo infinito e inconmensurable, justamente... "inconmensurable".

Bien, analicemos ahora la creación, dice el Génesis «Concluyéronse, pues, los cielos y la tierra y todo su aparato» (Génesis 2:1); si tenemos en cuenta que el cielo es todo lo que está encima de la tierra y la tierra es todo lo que está debajo del cielo está claro que Dios es el creador de absolutamente todo, absolutamente todo. La tierra es todo el planeta y el cielo es el infinito que la rodea y engloba a todo el universo -y tal vez, los otros universos-, no sólo a nuestro sistema solar, y que con la tierra van todas las especies de animales y plantas.

Es comprensible que desde el punto de vista de un narrador humano, parado sobre la tierra, se expresase de ese modo, Dios ha creado todo lo de arriba y todo lo de abajo, los cielos y la tierra.

Pero eso no termina allí, ya que al no quedar nada afuera es claro que también es el creador del mundo de las ideas, los sueños y los pensamientos.

Dice el Bhagavad Gita, el libro sagrado de los hindúes, "Dios es el que ve, lo visto y la idea". Este concepto es similar al anterior. Todo es Dios.

Esta idea me parece maravillosa, ya que no logro pensar que pueda haber algo que no sea parte de Dios.

> «Entonces Yahveh Dios formó al hombre con polvo del suelo, e insufló en sus narices aliento de vida, y resultó el hombre un ser viviente.»

(Génesis 2:7-8)

Como creaciones de Dios, los humanos hemos sido hechos de partes, partículas, fragmentos, del mismo Dios. Si seguimos la lógica que planteamos, si Dios crea todo, y antes de su creación no hay nada, todo lo creado debe ser parte de Él, por lo tanto, somos parte de Dios al ser hechos de barro, ese barro creado por Él, y de cada compuesto químico de ese barro que se ha generado, primero en el Big Bang[2] y luego dentro de los hornos de las estrellas, estrellas que han sido creadas por Dios. Tal vez el Big Bang simplemente es la forma que tiene

---

2   Nombre que se le ha dado al modelo científico que trata de explicar el origen del Universo y su desarrollo posterior a partir de una singularidad espacio-temporal.

Dios de crear universos[3].

Cada compuesto químico, cada elemento de la tabla periódica tiene su origen en la materia original del universo que luego ha sido combinada y recombinada una y otra vez en los hornos estelares, los que son arrojados de nuevo al espacio con las explosiones de las supernovas en una maquinaria de milagrosa complejidad y extrema simpleza, una y otra vez, generando cada vez elementos más complejos. Estos elementos forman los planetas, las estrellas, nuestro Sol, la Luna, La Tierra, Marte, etc. La tierra que pisamos, el agua con la que se hace el barro. El barro. Así que, barro somos, "polvo del suelo".

***

– ¿Si todo lo creó Dios porque no lo hizo mágicamente? – pregunta Lautaro

– Si…, el hecho de que sea creación de Dios -le explico- no implica que deba se mágica. Las leyes de Newton son creación de Dios, y no son mágicas, son simplemente el mecanismo de Dios de hacer algunas cosas, tales como las leyes de la física,

---

3 Las estrellas son inmensas fábricas de transformación que brillan gracias a las reacciones de fusión nuclear en su interior que convierten el hidrógeno, el elemento más liviano, en helio. De hecho, el universo está compuesto en su mayoría por estos dos elementos: hidrógeno y helio. Estos también fueron los primeros elementos que se formaron después del Big Bang y los demás fueron creados posteriormente, por medio de tres procesos en la evolución de las estrellas: la síntesis nuclear, en las estrellas y en las supernovas, y por la interacción de rayos cósmicos que forman litio, berilio y boro. Todos los elementos naturales conocidos hoy, aún los que tenemos en nuestro cuerpo, provienen de estos procesos. La masa de las estrellas determina sus fases finales de evolución y, de hecho, los elementos químicos que pueden generar.

las de la genética, o la matemática...

Dios crea las leyes de la física y Newton, por ejemplo, descubre algunas de ellas y por ello llevan su nombre.

El hombre descubre la creación, descubre las leyes que la rigen, leyes creadas por Dios para el funcionamiento de su creación.

Es como si un hombre de una tribu hubiese encontrado un procesador, una computadora, y con el correr del tiempo fuera descubriendo como funciona y porque funciona.

Al principio puede creer que sea solamente magia, pero, al avanzar, se da cuenta de que es solo un artefacto creado por alguien.

Obviamente

Pero el haber sido creado por "alguien" no lo hace menos maravilloso.

Este universo creado por Dios tiene sus mecanismos, sus engranajes, mecanismos y engranajes creados por Dios, mecanismo que hacen que funcione y que rigen su funcionamiento. Leyes que hacen que lo que ocurre sea predecible y con reglas de juego claras. Leyes que permiten la vida y la evolución.[4]

***

---

4   En mi libro "El observador", Nueva Editorial Creativa, mayo 2012, explico con detenimiento el Génesis y como coincide a la perfección con la explicación científica actual.

3
LOS PRIMEROS SERES DEL PUEBLO ELEGIDO

Adán y Eva

Leamos la creación del Edén:

> «(…) no había aún en la tierra arbusto alguno del campo, y ninguna hierba del campo había germinado todavía, pues Yahveh Dios no había hecho llover sobre la tierra, ni había hombre que labrara el suelo. Pero un manantial brotaba de la tierra, y regaba toda la superficie del suelo. Entonces Yahveh Dios formó al hombre con polvo del suelo, e insufló en sus narices aliento de vida, y resultó el hombre un ser viviente.
>
> Luego plantó Yahveh Dios un jardín en Edén, al oriente, donde colocó al hombre que había formado.
>
> Yahveh Dios hizo brotar del suelo toda clase de árboles deleitosos a la vista y buenos para comer, y en medio del jardín, el árbol de la vida y el árbol de la ciencia del bien y del mal. De Edén salía un río que regaba el jardín, y desde allí se repartía en cuatro brazos. El uno se llama Pisón: es el que rodea todo el país de Javilá, donde hay oro.
>
> El oro de aquel país es fino. Allí se encuentra el bedelio y el ónice.

«El segundo río se llama Guijón: es el que rodea el país de Kus. El tercer río se llama Tigris: es el que corre al oriente de Asur. Y el cuarto río es el Éufrates. Tomó, pues, Yahveh Dios al hombre y le dejó en al jardín de Edén, para que lo labrase y cuidase. Y Dios impuso al hombre este mandamiento: "De cualquier árbol del jardín puedes comer, mas del árbol de la ciencia del bien y del mal no comerás, porque el día que comieres de él, morirás sin remedio." Dijo luego Yahveh Dios: "No es bueno que el hombre esté solo. Voy a hacerle una ayuda adecuada." Y Yahveh Dios formó del suelo todos los animales del campo y todas las aves del cielo y los llevó ante el hombre para ver cómo los llamaba, y para que cada ser viviente tuviese el nombre que el hombre le diera.

«El hombre puso nombres a todos los ganados, a las aves del cielo y a todos los animales del campo, mas para el hombre no encontró una ayuda adecuada. Entonces Yahveh Dios hizo caer un profundo sueño sobre el hombre, el cual se durmió. Y le quitó una de las costillas, rellenando el vacío con carne.

De la costilla que Yahveh Dios había tomado del hombre formó una mujer y la llevó ante el hombre. Entonces éste exclamó: "Esta vez sí que es hueso de mis huesos y carne de mi carne. Esta será llamada mujer, porque del varón ha sido tomada." Por eso deja el hombre a su padre y a su madre y se une a su mujer, y se hacen una sola carne. Estaban ambos desnudos, el hombre y su mujer, pero no se avergonzaban uno del otro.» (Génesis 2:5-25)

Es claro, para mi, que este segundo relato de creación es sólo del Edén, la creación general, por así decirlo, ya estaba funcionando paralelamente y con anterioridad. El hombre al que da vida en este momento Dios es Adán, no la especie humana, los humanos ya caminaban por el planeta hacía tiempo. También al crear a la mujer de su costado, no crea a todas las mujeres sino a Eva, la compañera de Adán en el Edén.

Sigamos adelante.
Adán y Eva son creados y Dios les entrega el Edén para que vivan. Allí, Él también pone el árbol del que no deben comer, lo que les advierte explícitamente, «Y Dios impuso al hombre este mandamiento:

> "De cualquier árbol del jardín puedes comer, mas del árbol de la ciencia del bien y del mal no comerás, porque el día que comieres de él, morirás sin remedio".» (Génesis 2:16-17)

Ya conocemos la historia, la serpiente convence a Eva, quien come del fruto y se lo ofrece a Adán quien también come. Muy mal hecho, muy mal hecho, pero muy necesario para la historia, y ya veremos por qué. ¿Es que acaso Dios sabía que iban a comer, y lo dejó ahí, sin custodia, justamente para que comieran? Sí, yo creo que sí. Todo tiene su motivo, en la Biblia todo tiene su motivo. Ahora lo puedo ver y quiero compartirlo con ustedes.

¿Qué ocurrió al comer este fruto?
Al comerlo adquirieron conciencia, y se dieron cuenta, pudieron ver más allá: comprendieron que son los únicos que tu-

vieron esa posibilidad. Ningún otro ser que poblaba el planeta pudo hacerlo, así que ellos, y su descendencia, son los únicos que tienen la mente preparada para ver y entender. Esto es muy importante, tan importante que va a marcar una gran diferencia. Ya volveremos sobre este párrafo más adelante.

Por haber comido el fruto prohibido Dios echa a Adán y Eva del Edén y a partir de ese momento ellos deben hacerse cargo de sus vidas, deben trabajar y conseguir su propio sustento.

– Un momento. Un momento. Si Dios quería que comieran ¿por qué los castiga? -pregunta Lautaro-.
– Todo a su tiempo, ya vamos a ver el porqué -le respondo-.

Continuamos con la lectura. Adán y Eva tienen dos hijos, Caín y Abel. Caín en un arrebato de furia mata a Abel y queda solo, solo con Adán y Eva, sus padres.

En este punto es importante repensar lo leído. Veamos..., Adán y Eva parecen ser las únicas dos personas del mundo -si nos atenemos a la idea más tradicional de que son los primeros de la humanidad-, y ahora tienen un hijo ya que el otro había muerto. Pero la Biblia dice:

> «Caín salió de la presencia de Yahveh, y se estableció en el país de Nod, al oriente de Edén.
> Conoció Caín a su mujer, la cual concibió y dio a luz a Henoc. Estaba construyendo una ciudad, y la llamó Henoc, como el nombre de su hijo.» (Génesis 4:16-17)

¡¿...?!
¿Cómo conoció Caín a su mujer?, ¿y qué país era ése?, ¿aca-

so había alguien más además de Adán y Eva y su hijo? Ésta, ésta es la clave para comprender la Biblia, para comprender el motivo de ser del pueblo judío y de su Alianza con Dios, el porqué de ser el Pueblo Elegido, su destino.

Piezas de un rompecabezas, un rompecabezas maravillosamente perfecto, como toda la creación, y con la firma perfecta de Dios.

Tomemos nota mental de esta situación porque es fundamental para poder seguir adelante: Adán y Eva, claramente, no son los primeros humanos sino los primeros del pueblo elegido de Dios. La humanidad ya existía cuando Adán y Eva son enviados, por Dios, a convivir con "los otros", estos "otros" eran los otros seres humanos.

Esto podría confirmar, de alguna manera, las sospechas que teníamos sobre los relatos de la creación, en los que se notaba que la humanidad había sido creada con anterioridad a Adán y Eva.

Analicemos lo narrado hasta aquí.

Dios crea la tierra y pone animales y plantas. Es posible que entre esos animales también estuviese la especie humana, que al evolucionar a través del tiempo a esa altura ya hubiese poblado el planeta. Dios había creado los animales y las plantas, y los humanos eran parte de esos animales, animales especiales pero animales al fin.

Cuando Dios echa del Edén a Adán y Eva, que son los primeros seres del pueblo judío (actual) -no los primeros sobre la tierra, sino los primeros del pueblo elegido-, estos se ven obligados a caminar junto a los otros habitantes del mundo. Aunque la Biblia no lo dice directamente, esto surge de manera tangencial, como quien ve por el rabillo del ojo, con la visión periférica.

Este punto es muy importante, muy importante. Es necesario tratar de abrir nuestra mente a esta realidad para poder comprender lo que va a venir y por qué va a ocurrir lo que va a ocurrir. Es lo que da sentido a todo, es fundamental repetirlo: ésta es la base sobre la que se va a asentar lo que sucede a continuación.

Bien…, si Caín conoce a su mujer, es porque había una mujer para conocer y que no era de la descendencia de Adán y Eva, era de los otros, de los otros pueblos que ya existían, los humanos que ya habitaban en el planeta.
La compresión de esta situación me generó una gran inquietud: ¿por qué no se hablaba de ellos?, ¿por qué Dios no cuenta cómo se crearon con detalle?, ¿quiénes eran?, ¿su creación estaba implícita en la creación de los animales y las plantas? y me surgían muchas más preguntas que aún no podía responder.
Esto se estaba transformando en un enigma bastante complejo y, aunque no me había propuesto descifrarlo, no podía dejar de pensar en él.

Los días pasaban y seguíamos leyendo la Biblia con Lautaro, quien no me daba tregua, quería saber y quería que le explicara. Por la noche no se dormía si no le aclaraba las dudas que le habían surgido y sus ansias de saber me obligaban a analizar temas que yo ya había relegado a una carpeta mental de "sin solución".

Al continuar avanzando en la lectura, se sucedían las descripciones de quién engendró a quién y toda la cadena de padres a hijos. Esto siempre me llamó la atención, ¿cuál era el sentido de saber quién era quién?, ¿o conocer quién engendró a quién? Lo que sí surgía en todo momento era que este pueblo no se mezclaba, que trataba de mantenerse lo más puro posible, y permanentemente se trataba de demostrar que en ningún momento había sido interrumpida la cadena de sangre, o sea: todos eran descendientes directos de Adán y Eva.

En lecturas anteriores siempre me había molestado esta enumeración tan minuciosa, siempre me había parecido elitista, claro, esto fue antes de comprender por qué no se debían involucrar con otros en las genealogías, y lo necesario que era que no se mezclaran.

Por un lado tiene su lógica, si pensamos que en el Génesis Adán y Eva son los únicos seres humanos creados por Dios, pero a la vez, si son los únicos ¿cuál es el sentido de demostrar que la cadena de sangre no se interrumpe en ningún momento? Si son los únicos obviamente la cadena no se va a cortar nunca… Justamente, es necesario mostrar la descendencia directa porque había otros con los cuales era posible mezclarse y así cortar la cadena. Esos eran los otros pueblos, los otros habitantes de la tierra, los que no eran descendientes de Adán y Eva.

Pongamos estas piezas juntas y veamos qué tenemos hasta ahora:

Adán y Eva los primeros de un pueblo especial, estos seres tienen conciencia y conocimientos más allá de lo normal por haber comido del árbol del conocimiento, y la cadena de sangre de sus descendientes que no debe ser cortada.

Continuemos.

4
LA PRIMERA GRAN SELECCIÓN
El Diluvio

«Los hijos de Dios y las hijas de los hombres

«Noé, descendiente de Adán tenía quinientos años cuando engendró a Sem, a Cam y a Jafet» (Génesis 5:32)

«Cuando la humanidad comenzó a multiplicarse sobre la haz de la tierra y les nacieron hijas, vieron los hijos de Dios que las hijas de los hombres les venían bien, y tomaron por mujeres a las que preferían de entre todas ellas.

Entonces dijo Yahveh: "No permanecerá para siempre mi espíritu en el hombre, porque no es más que carne; que sus días sean 120 años".

Los nefilim existían en la tierra por aquel entonces (y también después), cuando los hijos de Dios se unían a las hijas de los hombres y ellas les daban hijos: estos fueron los héroes de la antigüedad, hombres famosos.

Viendo Yahveh que la maldad del hombre cundía en la tierra, y que todos los pensamientos que ideaba su corazón eran puro mal de continuo, le pesó a Yahveh de haber hecho al hombre en la tierra, y se indignó en su corazón.

Y dijo Yahveh: «Voy a exterminar de sobre la

haz del suelo al hombre que he creado, -desde el hombre hasta los ganados, las sierpes, y hasta las aves del cielo- porque me pesa haberlos hecho". Pero Noé halló gracia a los ojos de Yahveh.» (Génesis 6:1-8)

¿Serían los hijos de Dios los hombres del pueblo elegido y las mujeres de los hombres las mujeres de los otros pueblos? ¿Habrían empezado a mezclarse y de esta manera se perdía la cadena de sangre directa? Si era así, el mezclarse y diluirse no iba a servir a los efectos de la creación de este pueblo elegido. Ésa no era la idea, no era el sentido. El pueblo elegido debía mantenerse puro y separado, además su conducta debía ser ejemplo para los otros. El pueblo elegido debía ser un pueblo santo. Pero todo debía ser natural, no debía ser a la fuerza, debía ocurrir por una diferencia de conciencia entre unos y otros, por la diferencia de conocimiento espiritual. El pueblo elegido había probado la fruta prohibida del conocimiento. El pueblo elegido sabía, el pueblo elegido conocía. ¿Qué era lo que sabía? o ¿qué era lo que debería saber? o ¿cuál era el conocimiento que a los otros les había sido vedado? Lo veremos más adelante...

Y vino el diluvio...
Y llovió... y llovió...
Sólo Noé y su familia sobrevivieron, con sus animales.

Cuando el agua se retiró y Noé pudo bajar del arca Dios hizo un pacto y una alianza con Él. Esta alianza o pacto seguiría conservándose y reservándose sólo para los descendientes de Noé y quienes lo acompañaran; es interesante esta acotación:

«Dijo Dios: "Esta es la señal de la alianza que para las generaciones perpetuas pongo entre yo y vosotros y toda alma viviente que os acompaña"» (Génesis 9:13)

Esto significa que aunque otra gente (los otros) los acompañaran no iban a formar parte real del pueblo elegido, pero sí, entraban bajo la protección de dicho pacto. La alianza, entonces, no era un pacto que incluyera a los otros pueblos, sino sólo para el pueblo elegido, el pueblo hebreo.

Aquí volvemos a ver que Dios, personalmente, hacía acuerdos con el pueblo elegido, acuerdos que significaban responsabilidades, grandes responsabilidades. Ésta es una demostración de poder impresionante por parte de Dios y de infinita misericordia, porque fácilmente los podría haber eliminado a todos; no obstante, deja a Noé y su familia porque eran personas honestas, piadosas, buenas, no se habían desviado del camino, y les permite empezar de nuevo. Sin embargo, y por otra parte, es un claro intento de hacer reaccionar a ese pueblo para que hagan las cosas como deben de ser, como Él quiere que las hagan, y al mismo tiempo les deja la libertad de no hacerlo, el famoso "libre albedrío". Sabemos lo que debemos hacer, -la acción correcta-, pero somos libres de no realizarla, aunque después tendremos que hacernos cargo de las consecuencias. El mismo libre albedrío del Edén. Adán y Eva podrían no haber comido el fruto prohibido.

También es una muestra hacia los otros, los otros pueblos, a quienes esta acción les dice: si no me tiembla la mano para castigar a mis elegidos mucho menos me habrá de temblar para los que no lo son.

Es inevitable pensar que los otros pueblos veían lo que pasaba, o que alguien se los contaría, y que esas historias terminarían formado parte de sus mitos, ya que eran historias muy potentes, muy aleccionadoras[5].

---

5   Vemos como "los otros" toman la historia del diluvio y la hacen

También es importante destacar que Dios deja a Noé vivo, de lo contrario, al perderse la cadena sanguínea del pueblo elegido, hubiese tenido que empezar todo de nuevo.

Esta lectura me lleva a ver esta forma de ser de Dios como la de un padre, un padre que trata de hacer que su hijo, tal vez adolescente, tome conciencia y empiece a sentar cabeza después de la reprimenda. Un "viste lo que te pasó por hacer las cosas mal", "tratemos de nuevo".

Maravilloso. Situaciones similares las vamos a encontrar en la Biblia una y otra vez. Este Dios, Padre, todopoderoso, que trata que sus hijos se comporten y entiendan que deben crecer y dar ejemplo a los otros, porque son especiales, son los elegidos.

Si uno repara en que alrededor del pueblo elegido, hay otros que están observando lo que ocurre, empieza a tener más sentido tanta demostración de poder. Todo es realizado a lo grande. Todo se hace para que se vea desde lejos, para que no pase inadvertido.

No alcanza con que lo presencie el pueblo elegido, todos lo deben presenciar. Todos deben ver el poder del Dios del pueblo hebreo. Un pueblo que tiene un solo Dios, un poderoso único Dios.

---

propia; por ejemplo en Grecia, la ira de Zeus contra los hijos de Licaón causa el Diluvio de Deucaliónr. En los pueblos vecinos de la Mesopotamia, los dioses deciden destruir a la humanidad a causa de sus muchas faltas. Ea advierte a Uta-na-pistim para que construya un barco. El barco se deberá llenar con animales y semillas. Llega el día del diluvio y toda la humanidad, excepto Uta-na-pistim y sus acompañantes, perece. Uta-na-pistim se da cuenta de que las aguas bajan y suelta un ave (no se sabe si una paloma, un cuervo o una golondrina). Uta-na-pistim hace una ofrenda a los dioses y éstos quedan satisfechos por el sacrificio.

Tengamos en cuenta que en aquella época eran pocos los habitantes del mundo, no había muchos medios para difundir las noticias, no había teléfono ni internet, todo tardaba mucho tiempo en transmitirse de un pueblo a otro, todo era oral. Y, probablemente, cada una de estas acciones se fue convirtiendo en un mito al ser contado de unos a otros y fue modificado por quien lo contaba y adornado de una y otra forma, además de que cada culto lo adaptaba a sus dioses.

El mito del diluvio existe en muchas civilizaciones alrededor del mundo. Debe de haber sido muy impresionante y muy aleccionador: "Mira lo que le pasó a ese pueblo porque su Dios se enojó con ellos".

Es posible que numerosos pueblos hayan dicho o pensado: "Que suerte que ése no es nuestro dios". Pero seguramente, cada uno de estos acontecimientos iba llamando más y más la atención sobre el pueblo hebreo, un pueblo que decía ser el elegido por Dios, el único dios, su dios, en una época en que cada pueblo tenía sus propios dioses, y que por lo general eran muchos[6].

Lo natural debe haber sido que todos dudaran de la existencia de un único dios, ya que esos pueblos, primitivos, primitivos no sólo tecnológicamente, sino primitivos espiritualmente, creían que cada fuerza de la naturaleza era un dios distinto, por eso tenían muchos. Todo aquello que los superaba o que no comprendían se transformaba en un dios, entonces tenían: el dios sol, la diosa luna, el dios del mar, el dios de

---

6   Los dioses de los sumerios, por ejemplo, eran: ANU (An), dios del cielo; Enlil-Ellil, dios supremo del panteón sumerio-acadio, creador de la humanidad; Ea-Enki, dios de la sabiduría; Sin-Nanna, dios de la Luna; y veinticinco dioses más -sí, ¡veinticinco!-, Shamash-Utu Ishtar-Inanna, Marduk, Ashur, Adad-Ishkur, Anunitu, y otros.

los bosques, y así infinitos dioses. Es más, es posible que les llamara la atención que un pueblo asegurara tener un único dios. ¿Quién sería ese dios capaz de hacer el trabajo de cientos de dioses independientes? Y que además no tenía problemas para realizar demostraciones tan impresionantes.

Esto debía ser llamativo, sí, muy llamativo, y debía generar todo tipo de reacciones, desde la risa hasta el escepticismo y seguramente ira por considerarlos herejes contra sus propios dioses, los dioses de los otros.

5
PRIMER ACERCAMIENTO A EGIPTO
Historia de Abraham

Desde Noé hasta Abraham[7] pasan aproximadamente cuatrocientos años. Éste es descendiente directo de Noé por lo que la cadena de sangre continúa indemne.

Abraham era la cabeza de los hebreos cuando se mudaron a tierra de Egipto -Egipto es parte de "los otros", no es parte del pueblo elegido-, allí, Abraham, por miedo a que los egipcios lo mataran para sacarle a su mujer Sara, les miente, les dice que era su hermana.

Al parecer Sara era una mujer hermosa, tanto que llamó inmediatamente la atención de los egipcios, por lo que es llevada ante el faraón quien la toma para sí. Al mismo tiempo, el soberano, trata bien a Abraham, quien se ve beneficiado por esta situación. Pero he aquí que la Biblia señala que Yahveh (nombre que los hebreos daban a Dios) castiga al monarca por haber tomado a Sara.

El faraón le recrimina a Abraham: *¿Por qué me hiciste esto?, ¿por qué no me avisaste que era tu mujer?*

Está claro que el faraón, dentro de ciertos límites, no había tenido intención de actuar de forma deshonesta y se enoja al tomar conciencia de que había actuado mal porque lo habían engañado. Al darse cuenta y, por lo visto, haber asociado que

---

[7] En la Biblia primero se lo menciona como Abram, luego Dios el cambia el nombre por Abraham, por lo que Abram y Abraham son la misma persona.

a causa de sus viles actos algo nefasto le estaba pasando a él o a Egipto, le dice a Abraham: *toma tus cosas y a tu mujer y vete.*

Esta situación, la vemos repetidas veces en los relatos de la Biblia. ¿Qué es lo que Dios quiere mostrar con esto? ¿Qué es lo que debe perdurar una vez que pasó el momento? ¿Cuál es la enseñanza para los egipcios y para los otros pueblos que escucharán el relato?

Los egipcios tenían sus dioses, dioses que los protegían, que los acompañaban, a quienes les pedían lo que necesitaban, a quienes les hacían ofrendas. Los egipcios tenían sus sacerdotes y además, y muy importante, eran el pueblo más avanzado, por mucho, de toda la región, tal vez el más avanzado del mundo en ese momento, posiblemente eran un referente. Por lo tanto, si los dioses de los egipcios no los podían proteger del dios de los hebreos, algo andaba mal. O los dioses de los egipcios no eran dioses o el dios de los hebreos era mucho más poderoso.

Si esto mismo hubiese ocurrido con un pueblo pequeño el acto no habría despertado el interés de nadie, y hubiese pasado totalmente inadvertido, no hubiese servido para llamar la atención sobre los hebreos y su Dios, no hubiese cumplido ninguna función en la historia, en esta historia.

Tengamos en cuenta que Abraham no se comportó de manera muy correcta. Es más, es bastante discutible si fue apropiado mentirle al faraón, ya que éste al enterarse cuál era la verdad no lo mató ni ultimó a su grupo, simplemente lo reprendió y le ordenó que se fuera. Además, hasta parece decepcionado por haber sido engañado. Para esa época, en que el nivel de atraso y violencia era bastante alto, es evidente que los egipcios eran gente evolucionada.

A lo largo de la Biblia, esta ambivalencia de Abraham se observa también en otros personajes del pueblo elegido. En distintas ocasiones, Dios fuerza algunas actitudes y situaciones para demostrar su poder a otros pueblos, acciones que buscan dejar en el recuerdo el poder de protección del dios de los hebreos para con su pueblo.

6
ABRAHAM Y SU HIJO LOT, SODOMA Y GOMORRA

Al leerle el Antiguo Testamento a Lautaro me doy cuenta de la violencia permanente que hay en su relato. Siempre me pareció una narración dura y violenta, pero ahora, a través de sus ojos, los ojos de un niño de nueve años, me parece mucho más grave, al punto que voy leyendo y le voy contando con mis palabras lo que acontece, sólo si considero que puedo leerle el párrafo textualmente se lo leo tal cual está escrito.

No quiero que él se haga la idea de que Dios es malo, o violento. Aunque entiendo, que si se miran las acciones de Dios desde una perspectiva puramente humana, se pueda considerar que lo que éste hace, sea simplemente violencia.

Podemos pensarlo de esta manera, Dios pinta un cuadro, con todas las ganas, todas las expectativas de que sea una obra de arte, pero con una salvedad, deja que parte de las pinceladas se pinten a sí mismas. Él no pinta todo el cuadro sino la base, y luego les da a los colores, a las pinceladas, el libre albedrío, el famoso libre albedrío para que terminen la obra. Es allí donde queda claro que hay partes de ese cuadro que están quedando mal y empiezan a arruinar la pintura general, esas partes son borradas por Él para que no se extiendan por el lienzo arruinando todo el trabajo. Debemos recordar en todo momento -por ejemplo al leer sobre el diluvio-, que las almas no se pueden matar, las almas son inmortales[I]. Dios les permite encarnar como personas y Dios las retira del juego si se han desviado del camino.

El pueblo elegido tiene, en algunos momentos, la función de corrector. Es él el encargado de borrar algunas de las pinceladas y también el responsable de dar las pautas para las próximas.

Al leerle el relato, desde este punto de vista, Lautaro a veces se ríe de lo duro de entender que era el pueblo elegido, de cómo cometen los mismos errores una y otra vez, y cómo Dios se enoja con ellos una y otra vez. Sin embargo, no hay caso, no parece haber avances, da la impresión de que nunca van a entender...
Este pueblo elegido no quiere entender, ¿no puede entender?, ¿no debe entender?
¿Representará a la humanidad en un pequeño muestreo? ¿Representará a aquellos que perseveran en el camino errado?
¿Será para mostrar que aunque se insista en hacer las cosas mal Dios no va a ceder?
Porque Dios no cedió, y el pueblo elegido la pasó mal, mal, mal, muy mal.

****

Tienen, hacen, se van, llegan… ¿por qué narro en presente?, porque me parece que es necesario que, como lectores, estemos allí en el momento y en el tiempo en que ocurren los hechos. De esa manera, es posible poder sentir el calor del desierto, ver a la gente que está observando y nos vamos a mezclar entre ellos para observar qué sienten, qué piensan, qué cosas les preocupan, presenciar sus reacciones, impresiones y miedos.
Seamos igual que observadores, como periodistas realizando un reportaje, como científicos realizando un trabajo de campo en el lugar de los hechos en el momento en que ocurren mientras recolectamos las piezas del rompecabezas del misterio que nos ocupa.

****

Sigamos.

Abram estaba con Lot, su sobrino. Ambos consideraron que lo mejor era separarse y dividir las haciendas debido a que la tierra que tenían les había quedado reducida para los dos y sus familias, por eso decidieron que lo mejor era que cada uno se fuera por su lado.
Tiempo después, Lot es capturado en una batalla en las cercanías de las ciudades de Sodoma y Gomorra. Abram lo rescata y vence a sus captores.
Luego de estos hechos, Dios se le presenta a Abram en una visión y le anuncia que va a tener un hijo y que su descendencia será "tan extensa como las estrellas del cielo" -Abraham aún no había tenido hijos-.
Luego Dios le describe cómo se desarrollará el futuro: sus descendientes van a ser extranjeros en tierra extraña, serán esclavizados por cuatrocientos años y Dios juzgará a la nación que los haya oprimido, y que luego ellos, los hebreos, saldrán de esa tierra con riquezas.

Es interesante observar aquí como Dios ya le explica a Abram parte de su vida futura, lo que ocurrirá en Egipto, aunque Abraham no sabe que es Egipto quien los ha de esclavizar.
También se reitera la preparación del escenario, los papeles que cada uno va a representar, y como el pueblo elegido, con Abram a la cabeza, tiene un destino escrito que cumplir.

Todas esas piezas se presentan sueltas, no parecen tener una conexión, un sentido, sólo parecen el relato de hechos, unos tras otros como un libro de historia. Éste hizo esto, y el otro hizo lo otro, y por esto pasó esto y por aquello pasó lo otro y así, pero sin un fin general. Pero, si uno se aleja y mira el panorama completo, de punta a punta, se puede ver la línea que une los hechos y hacia dónde se dirige la historia, qué es lo que se persigue como resultado final, qué es lo que Dios quiere conseguir con tanto esfuerzo, con tantas demostraciones, con tantos hechos.

Ya lo vamos a descubrir, lentamente iremos desentrañando ese misterio. Esta historia se entiende mejor al ir y venir sobre los distintos acontecimientos.

No hay hechos casuales, todo tiene un sentido, un motivo, un destino escrito.

Sigamos.

Cuando Abram tenía noventa y nueve años, se le presenta Dios y le reitera que va a tener un hijo, se lo había anunciado antes, pero hasta ese momento no había ocurrido. Abram ya era una persona mayor, con noventa y nueve años no era lo que se podría decir, joven.

Dios le cambia el nombre a Abram y pasa a llamarlo Abraham, lo que en esa época significaba un cambio de destino, le dice «"anda en mi presencia y sé perfecto"» (Génesis 17:1-3)

Dios vuelve a realizar una alianza, con el ahora Abraham, y le promete que les dará a él y a su descendencia la tierra en la que andarán como peregrinos, y que Él, Dios, será su dios. Como señal de esa alianza se va a celebrar la circuncisión a todos los varones, tanto al nacido "en tu casa", como el "comprado con dinero", le indica.

Son interesantes todas estas señales que convierten al pueblo elegido en único, no sólo por su historia, sus tradiciones, sino que ahora, además, hay una señal física que se puede tocar, el circunciso es hebreo, es un integrante del pueblo elegido y ahora tiene una marca que lo identifica como tal.

El hijo de Abraham

Se le aparece Dios (Yahveh dice la Biblia) a Abraham, «Levantó los ojos y he aquí que había tres individuos parados a su vera. Como los vio acudió desde la puerta de la tienda a recibirlos, y se postró en tierra» (Génesis 18:2)

Vemos que Abraham reconoce en estos individuos a Dios, ¡pero eran tres!, no era uno, sin embargo Abraham reconoce que los tres eran Dios. Este número tres (3) es sumamente importante, veremos después que en la Iglesia Católica la Santa Trinidad representa justamente tres facetas de Dios: Dios Padre, Dios Hijo y Espíritu Santo.

Esta trinidad se ve paralelamente en los sistemas de creencias de los otros pueblos, en los dioses de los otros, ¿y qué tiene que ver? Todo tiene que ver, ya dijimos, no hay nada librado al azar, todo tiene un motivo.

Dios le manifiesta a Sara, mujer de Abraham, que le va a dar un hijo, y que Él, Dios, va a volver al cabo del tiempo del embarazo. Sara se ríe, no creía que a esa altura de su vida, a su avanzada edad, tuviese alguna posibilidad de tener un hijo, pero Dios le dice:

«"¿Es que hay nada milagroso para Yahveh? En el plazo fijado volveré, al término de un embarazo, y Sara tendrá un hijo".» (Génesis 18:14)

Éste, su primer hijo, su primogénito, será Isaac.

Vemos que todo lo que hace Dios es milagroso y debe llamar la atención de aquellos que escuchen sobre lo ocurrido, ya que hechos normales no despertarían interés. Supongamos por un momento que Dios le hubiese dado un hijo a Sara a los veinte años, ¿a quién le hubiese llamado la atención?, probablemente a nadie, mas aún habría despertado todo tipo de suspicacias. ¿Qué clase de dios le da un hijo a quién puede tener cien?, y otros comentarios de ese tenor. Sin embargo, darle un hijo a una mujer que tiene más de cien años, vamos, eso sí que es un milagro digno de atención.

Abraham va camino de Sodoma y Gomorra, Dios le dice que ha llegado a Él el clamor de mucha gente, ya que el pecado de sus habitantes es gravísimo.
Estas dos ciudades habían llegado al límite de la degradación, en ellas se cometían todo tipo de atrocidades y es claro que la gente que debía interactuar con ellos, sus habitantes, clamaba a Dios para que impusiera orden y justicia.

Dos de los individuos, -que Abraham había hallado a la vera de su casa y había identificado como Dios-, siguen camino a Sodoma y Gomorra mientras que Yahveh queda con Abraham. Entonces Abraham le pregunta a Dios si va a borrar al justo con el malvado. Dios le responde que no, que si encuentra a cincuenta justos no va a borrar las ciudades. Y Abraham lo interpela de nuevo, ¿y por cuarenta y cinco? Dios le dice que tampoco las va a borrar si hay cuarenta y cinco. Abraham continúa insistiendo, hasta llegar a diez. Finalmente Dios le contesta, que si encuentra diez justos no destruirá las ciudades.

En este punto me parece que Abraham, que era vecino de estas ciudades, sabía lo que ocurría y sabía que no había ninguna posibilidad de que se salvaran, pero lo importante no es eso sino mostrar a un Dios misericordioso, que, aunque ve que un grupo ha caído en la total degradación no los va a lastimar por piedad a los pocos justos que existan entre ellos. No sólo misericordioso, sino además es recto -recordemos que cuando le cambia el nombre a Abraham le dice que debe ser recto-, ya no hay lugar para hacer las cosas mal, ya no hay lugar para los desvíos. Este Dios, el dios de los hebreos, es un dios recto, justo, y aleccionador. No le tiembla la mano para reprender al que se desvía y puede llegar al extremo de borrar de la faz de la tierra a una ciudad o un pueblo si es necesario. Si ya lo hizo con los propios -recordemos el diluvio-, ¿que queda para los ajenos? Como expresa el dicho: "Cuando veas las barbas del vecino cortar, pon las tuyas a remojar". La idea es justamente ésa, este castigo ejemplar a Sodoma y Gomorra todavía hoy hace pensar a más de uno. Ojo, no hagamos las cosas mal, no caigamos en el camino errado, nos dice la enseñanza. Hubo un tiempo en que nos las dejaron pasar pero ya no, ese tiempo se acabó. A los niños se les consienten cosas que no se les permiten a los adultos.

Los pueblos están entrando a la edad adulta, ya no se les puede admitir determinadas conductas.

Lo ocurrido en Sodoma y Gomorra es ejemplar, a tal punto que la devastación se ve a gran distancia y de ella, seguramente, se habrá hablado durante mucho tiempo. Aquel que la presenció o la escuchó de otros seguramente la volvió a contar y la historia se habrá regado por toda la zona. Otra muestra del poder del Dios de los hebreos, otra muestra de poder impresionante, una muestra de poder que marca un hito.

A esa altura de las circunstancias, muchos de los pueblos de la región, los "otros", ya empezaban a adoptar a Yahveh entre sus dioses, algunos lo ponían como el principal. Otros creaban historias de casamientos entre sus dioses y Yahveh tal vez para justificar la adopción de esta divinidad extraña a ellos. Ya todos veían que el dios de los hebreos era algo especial, muy especial, y no había comparación con los dioses que ellos tenían, además ¡era uno solo! No sólo era uno, un único dios, sino que además no tenía intermediarios. Él mismo se presentaba y hablaba con quien tuviese que hablar y hacía sus alianzas con los hombres que Él elegía. Y las muestras de su poder no dejaban ninguna duda.

Seguramente "los otros" les habrían rogado a sus dioses que los protegieran de este dios de los hebreos, un dios que borraba ciudades, y seguramente habrían implorado sin ningún resultado. Sus dioses habían empezado a dejar de "atenderlos". Ante el dios de los hebreos no había nada que hacer; sólo pedir misericordia y hacer las cosas correctamente, ya que este dios era misericordioso y justo.

Se puede empezar a percibir lo progresivo de -podría decirse- la política de Dios. Cada vez aprieta un poco más, cada vez pide que las cosas se hagan mejor y mantiene en todo momento una línea que cada vez se ve más clara. Esta línea dice "yo soy el único Dios", "yo pongo las leyes", "yo digo cómo deben hacerse las cosas", "y no me tiembla la mano". Punto fundamental, sobre todo en esos tiempos en que el nivel de violencia era bastante alto, la vida valía poco, el saqueo y las guerras estaban a la orden del día y la humanidad estaba encontrando su camino. Un camino difícil, la humanidad era un niño complicado, rebelde, que a veces requería una palmada para entender, o un tirón de orejas.

***

Le comento a mi mujer, Laura, que si existían otros pueblos y si las demostraciones de poder de Dios eran tan grandes y tan a la vista, debería haber quedado en la historia de esos pueblos algún rastro que pudiéramos ver.

Me siento como Indiana Jones, me desafío, a ver, busquemos.
Laura me mira como diciendo "mmm ¿y ahora?".

***

Son las once de la noche, Laura está durmiendo plácidamente, después de un día de playa -estamos de vacaciones por unos días-.

Yo estoy con la computadora portátil tratando de encontrar rastros de los hechos mencionados en la Biblia en los mitos de los pueblos de la Mesopotamia, que deben haber convivido con el pueblo hebreo.

Encuentro menciones al diluvio, menciones a Yahveh. Algunos de ellos hasta hacen que sus dioses realicen pactos con Yahveh como para justificar adoptar a este nuevo Dios.

No aguanto, es mucho, la despierto.

–¡Laura!, ¡ahí están!, ¡encontré los rastros! ¡ahí está Yahveh! ¡ahí está el diluvio! ¡ahí está el árbol de la vida!

Laura abre los ojos y me mira como diciendo "mmm voy a poner cara de interés así me deja seguir durmiendo".

Y sí, tiene razón, mejor espero a la mañana en el desayuno y se lo cuento.

Y sí, se lo conté en el desayuno.

Pobre Laura.

***

Seguimos con Abraham.

Abraham en Guerar

«Trasladóse de allí Abraham al país del Négueb, y se estableció entre Cadés y Sur. Habiéndose avecindado en Guerar, decía Abraham de su mujer Sara: "Es mi hermana". Entonces el rey de Guerar, Abimélek, envió por Sara y la tomó. Pero vino Dios a Abimélek en un sueño nocturno y le dijo: "Date muerto por esa mujer que has tomado, y que está casada".

Abimélek, que no se había acercado a ella, dijo: "Señor, ¿es que asesinas a la gente aunque sea honrada? ¿No me dijo él a mí: "Es mi hermana", y ella misma dijo: "Es mi hermano?" Con corazón íntegro y con manos limpias he procedido". Y le dijo Dios en el sueño: "Ya sé yo también que con corazón íntegro has procedido, como que yo mismo te he estorbado de faltar contra mí. Por eso no te he dejado tocarla. Pero ahora devuelve la mujer a ese hombre, porque es un profeta; él rogará por ti para que vivas. Pero si no la devuelves, sábete que morirás sin remedio, tú y todos los tuyos".

Levantóse Abimélek de mañana, llamó a todos sus siervos y les refirió todas estas cosas; los hombres se asustaron mucho. Luego llamó Abimélek a Abraham, y le dijo: "¿Qué has hecho con nosotros, o en qué te he faltado, para que trajeras sobre mí y mi reino una falta tan grande? Lo que no se hace has hecho conmigo". Y dijo Abimélek a Abraham: "¿Qué te ha movido a hacer esto?". Dijo Abraham: "Es que me dije: "Seguramente no hay temor de Dios en este lugar, y van a asesinarme por mi mujer". Pero es que, además, es cierto que es hermana mía, hija de mi padre aunque no de mi madre, y vino a ser mi mujer. Y desde que Dios me hizo vagar lejos de mi familia, le dije a ella: Vas a hacerme este favor: a dondequiera que lleguemos, dices de mí: Es mi hermano". Tomó Abimélek ovejas y vacas, siervos y esclavas, se los dio a Abraham, y le devolvió su mujer Sara.

Y dijo Abimélek: "Ahí tienes mi país por delante: quédate donde se te antoje". A Sara le dijo: "Mira, he dado a tu hermano mil monedas de plata, que serán para ti y para los que están contigo como venda en los ojos, y de todo esto serás justificada".

Abraham rogó a Dios, y Dios curó a Abimélek, a su mujer, y a sus concubinas, que tuvieron hijos; pues Yahveh había cerrado absolutamente toda matriz de casa de Abimélek, por lo de Sara, la mujer de Abraham.» (Génesis 20:1-18)

Miremos aquí las diferencias y similitudes con lo que había ocurrido en Egipto. Otra vez el hombre que toma a Sara es un rey, una persona muy importante y, por lo tanto, hay todo un pueblo, además del pueblo elegido, observando lo que ocurre.

Abimélek debe haber sido una persona decente ya que Dios mismo le reconoce que fue Él quien lo engañó para que cometiera el error de tomar la mujer de otro. No sólo de otro sino que ese otro era un profeta de Yahveh, un profeta del pueblo hebreo, y seguramente ya se sabría quiénes eran estos, los hebreos, y quién era su dios.

Se nota, inmediatamente, el temor que le genera a Abimélek el haber cometido una falta contra el dios de los hebreos, cómo trata de estar en buenos términos con Abraham y su deseo de que quede claro ante Yahveh que él no tiene ninguna intención, y nunca la tuvo, de hacerles mal.

Nuevamente esto debe de haber dado que hablar al pueblo de Abimélek y a los de los alrededores. Me imagino un *"¿viste lo que pasó con los hebreos?"*, *"el dios de los hebreos obligó a Abimélek a devolver a la mujer de su profeta"*, y comentarios de ese tenor.

Para entender lo que pasaba, por qué pasaba y por qué Dios hacía lo que hacía, es necesario recordar que había otros mirando, otros que no son del pueblo elegido, que no son hebreos.

Sin el componente de "los otros", sin la variable de "los otros pueblos", esta ecuación no cierra, esta "cuenta matemática", por decirlo así, no tiene sentido si no hay alguien más fuera de los hebreos.

***

Reagrupemos las piezas de este rompecabezas hasta aquí: Adán y Eva, el pueblo elegido, la cadena de sangre. Ahora, se nos han agregado: las demostraciones de Yahveh para ser vistas desde lejos, grandes demostraciones de poder claramente del Dios de los hebreos, y también una idea nueva para esta época, "el Dios único", el monoteísmo, pero no de cualquier dios sino del dios de los hebreos.

7
EL SACRIFICIO DE ABRAHAM

«Después de estas cosas sucedió que Dios tentó a Abraham y le dijo: "¡Abraham, Abraham!". El respondió: "Heme aquí". Díjole: "Toma a tu hijo, a tu único, al que amas, a Isaac, vete al país de Moria y ofrécele allí en holocausto[8] en uno de los montes, el que yo te diga".

Levantóse, pues, Abraham de madrugada, aparejó su asno y tomó consigo a dos mozos y a su hijo Isaac. Partió la leña del holocausto y se puso en marcha hacia el lugar que le había dicho Dios.

Al tercer día levantó Abraham los ojos y vio el lugar desde lejos. Entonces dijo Abraham a sus mozos: "Quedaos aquí con el asno. Yo y el muchacho iremos hasta allí, haremos adoración y volveremos donde vosotros".

Tomó Abraham la leña del holocausto, la cargó sobre su hijo Isaac, tomó en su mano el fuego y el cuchillo, y se fueron los dos juntos. (...)

Llegados al lugar que le había dicho Dios, construyó allí Abraham el altar, y dispuso la leña; luego ató a Isaac, su hijo, y le puso sobre el ara, encima de la leña. Alargó Abraham la mano y tomó el cuchillo para inmolar a su hijo. Entonces le llamó el Ángel de Yahveh desde los cielos diciendo: ¡Abraham, Abraham!» El dijo: "Heme

---

8   Holocausto: Entre los israelitas especialmente, sacrificio en que se quemaba toda la víctima.

aquí". Dijo el Ángel: "No alargues tu mano contra el niño, ni le hagas nada, que ahora ya sé que tú eres temeroso de Dios, ya que no me has negado tu hijo, tu único".» (Génesis 22:1-18)

Este hecho es muy importante, y se va a repetir al final de esta historia de manera trascendental.

Dios pone a prueba a Abraham. Pero, no sólo lo está poniendo a prueba a él sino que está mostrando a todos los demás que el máximo sacrificio no es matarse a sí mismo, suicidarse, sino matar a un hijo, es más, al único hijo. Dios le pide a Abraham el supremo sacrificio que se le puede pedir a alguien, y Abraham, por su Dios, es capaz de hacerlo, tal es su fe en Él.

Y Dios, una vez que comprueba que Abraham es capaz de hacerlo, lo detiene y le dice que no es necesario que lo haga. Lo que se quería demostrar ya está demostrado.

Esta petición siempre me pareció de extrema crueldad, me identifiqué con Abraham y sentí su sufrimiento, el sufrimiento de un padre que debe matar a su hijo al que ama profundamente; éste era su hijo, su hijo muy amado.

Todo el que escuchó esta historia debe haber sentido algo, ¿quién no se ha conmovido?, ¿quién no se ha enojado porque se le haya pedido que hiciera semejante cosa?

Nunca entendí el motivo de este hecho, ¿por qué?, ¿para qué? hasta ahora.

Otra pieza crucial de este rompecabezas.

Esta pieza va a encajar a la perfección cuando nos encontremos frente a la crucifixión de Jesús, el Mesías, el hijo muy amado de Dios.

Abraham fallece entrado en años.

Isaac hijo de Abraham

Esaú y Jacob son hijos de Rebeca la segunda mujer de Isaac. Esaú es el mayor por segundos, ya que era mellizo con Jacob.
Vuelve a haber hambre en el país por lo que Isaac se dirige a Guerar como había hecho Abraham en su momento.

> «Yahveh se le apareció y le dijo: "No bajes a Egipto. Quédate en la tierra que yo te indique".» (Génesis 26:2)

Aquí Dios está preparando lo que va a ocurrir en Egipto, todo tiene su tiempo y sus protagonistas. Todavía no es momento de entrar a Egipto. La entrada a ese país va a tener su forma, su trama, una trama muy particular que ha inspirado al mundo. Hemos visto esta historia de los hebreos en Egipto narrada una y otra vez. Cuántas películas he visto de la llegada y la salida de los hebreos de Egipto. El mar abriéndose, la columna de fuego, etc. Pero no nos adelantemos, todavía falta.

Seguimos.
Al llegar a Guerar, Isaac hace lo mismo que Abraham había hecho antes en Egipto, presenta a su mujer como su hermana...
Abimélek, rey de los filisteos, ve a Isaac con su mujer, se da cuenta del engaño y se enoja con él:

> «Replicó Abimélek: "¿Qué es lo que nos has hecho? Si por acaso llega a acostarse cualquiera del pueblo con tu mujer, tú nos habrías echado la culpa".» (Génesis 26:10)

¿Qué significa este *"qué nos has hecho"*? Es evidente que

Abimélek sabía ya muy bien quiénes eran los hebreos, quién era su dios, tenía muy claro que con los hebreos no había que entrometerse, no olvidemos que ya había tenido una experiencia anterior y similar con Abraham y no estaba dispuesto a correr ningún riesgo. Ordena:

«"Quien tocare a este hombre o a su mujer, morirá sin remedio"». (Génesis 26:11)

Es indudable que el decir "*nos has*" es porque sabe que si el dios de los hebreos se enoja todos sus súbditos sufrirán las consecuencias, no sólo él, sino hubiese dicho "qué me has hecho".

Vemos aquí dos hechos interesantes.

Uno: Dios repite exactamente una parte de la trama, casi con exactitud, cambia los personajes, pero la trama se mantiene, la enseñanza se mantiene, y por supuesto es reforzada. Si a alguien le quedaba alguna duda…

Esto se repetirá muchas veces, muchísimas veces en la Biblia. Tramas especiales, trozos de la historia repetidos en reiteradas oportunidades, al parecer hasta que se consigue el efecto buscado.

Y dos: el efecto buscado. ¿Y cuál es el efecto buscado? Llamar la atención sobre el pueblo elegido, sobre el dios del pueblo elegido, quien no desampara a su pueblo y quien no tiene ningún problema en presentarse a quien sea y poner en claro que a su pueblo no se lo toca.

Si la primera vez, en Egipto, este tema había dejado pensando a más de uno, ahora muchos ya iban atando cabos. Me imagino a la gente, tal vez, diciendo: ¿vieron lo de los hebreos?, este Isaac tiene inmunidad, su dios asustó tanto al rey Abimélek que le dio inmunidad… ¿se acuerdan de Abraham su padre?, esta gente es muy poderosa, mejor nos hacemos amigos de los hebreos, o nos salimos de su camino no sea que nos pase algo.

Isaac tiene dos hijos, Esaú el mayor y Jacob el menor.

Isaac ya es mayor y decide darle a sus hijos las bendiciones -éstas eran tradicionales en su cultura y tenían que ver con la herencia y casi con el destino, en las que el primer hijo, el primogénito, por lo general, llevaba la mejor parte-.

En una situación bastante rara y forzada, podríamos decir, Jacob se queda con las bendiciones de Esaú y pasa a tener los beneficios del hijo mayor sin serlo.

Como había actuado mal, y por temor a perder su vida por lo que había hecho, a manos de su hermano, huye a otra ciudad.

Sueño de Jacob

Jacob sale de Berseba y va a Jarán. En el camino se acuesta a dormir y tiene un sueño: ve a los ángeles que suben y bajan por una escalera que se dirige hacia el cielo y en la cima está Dios, quien le habla y le asegura que su descendencia será enorme y que Él lo ha de proteger.

Advertimos que Jacob será alguien especial y clave en la historia.

Jacob se enamora de una mujer llamada Raquel. Labán, el padre de ella le dice que si le sirve durante siete años le dará a su hija; Jacob acepta y la compra con siete años de trabajo. Pero es engañado; al final de ese lapso Labán no le entrega a Raquel sino a Lía, su hija mayor. Argumenta que primero debe casarse la mayor y luego la menor, Raquel. El hecho es que Jacob va de engaño en engaño y debe trabajar para el padre de Raquel veinte años. A lo largo de esas dos décadas, Jacob llega a tener gran cantidad de ganado y once hijos con sus dos mujeres, Lía y Raquel, -luego, tendrá uno más, el número doce[9]-.

Al fin, Jacob decide irse de la casa de Labán, cansado de sus engaños y también por una visión que tiene: un ángel se le aparece y le dice: «"sal de esta tierra y vuelve a tu país natal"» (Génesis 31:13-14)
Jacob huye sin avisar y el padre de sus esposas sale a buscarlo. Luego de siete días de persecución lo alcanza en la montaña de Galad, pero esa noche Dios se le aparece a Labán, y le dice: «"Guárdate de hablar nada con Jacob, ni bueno ni malo"» (Génesis 31:24), prácticamente le está diciendo: no interfieras, ni bien, ni mal. Dios ya tiene todo armado para Jacob y no quiere ninguna intervención. Además, Labán era politeísta, uno de los motivos que lo llevó a buscarlo fue porque creía que Jacob le había robado sus ídolos, pero, en realidad, la que se los había llevado había sido Raquel.
Nuevamente presenciamos que aunque Dios le habla a alguien que no es del pueblo elegido, le habla para defender a su gente, a los hebreos, y aunque Labán tiene varios dioses, obviamente, nada pudieron hacer sus dioses ante la amenaza de Yahveh, el dios de los hebreos.
Labán debe haber sido una persona adinerada, tenía muchos sirvientes, estos se habrán sorprendido al ver que Labán no hace nada en contra de Jacob, y más sorprendidos se habrán sentido al saber que fue porque el dios de los hebreos lo había amenazado personalmente.

---

9   Estos doce hijos de Jacob van a dar lugar a las doce tribus de Israel (Génesis 49:1-28). Es interesante observar cómo el número doce se mantiene a lo largo del Antiguo y el Nuevo Testamento, doce tribus, doce apóstoles...

Cuando Jacob se despide de Labán se va por su camino, pero dice la Biblia: «le salieron al encuentro ángeles de Dios» (Génesis 32:2)

Es notorio que Jacob era algo especial, y Dios y sus ángeles se mantenían muy cerca de él.

Luego de estos sucesos, Jacob se prepara para encontrarse con su hermano Esaú, pero le tiene miedo. Recordemos que Jacob se había quedado con las bendiciones que le correspondían a Esaú, lo cual fue muy poco ético.

Jacob envía emisarios con regalos para su hermano con la intención de congraciarse. Esa noche, luego de enviar a su familia al otro lado de un río, se queda solo. Dice la Biblia que durante esa noche Jacob estuvo luchando con alguien a quien no pudo vencer, tampoco el otro pudo vencerlo. Jacob le pide entonces a esta persona que lo bendiga, quien estaba peleando con Jacob le dice:

«"En adelante no te llamarás Jacob sino Israel; porque has sido fuerte contra Dios y contra los hombres, y le has vencido".» (Génesis 32:29)

Todas estas señales apuntan a Jacob como alguien muy particular, alguien que va a tener un lugar destacado en la historia.

Al fin Jacob se encuentra con Esaú, quien se alegra de verlo y le dice que los regalos no son necesarios y todos los temores de Jacob con respecto a su hermano se diluyen.

Jacob llega a Siquem, ciudad en territorio cananeo, allí Dina, hija de Jacob, sale a conocer a otras mujeres del lugar y el príncipe de esa región la toma y la deshonra. Pero se enamora de ella y la pide como esposa.

El padre del príncipe habla con Jacob y le ofrece que se queden con ellos en su país. Los hijos de Jacob están muy enojados por lo ocurrido. El padre del príncipe de Siquem accede a las peticiones de los hijos de Jacob -entre las que estaba circuncidarse-, para que el pueblo de Siquem sea incorporado a los hebreos, y muestra su buena predisposición y su mejor voluntad para esta integración. Pero, a pesar de estas demostraciones, al final los hebreos, con Simeón y Levi de líderes, asaltan el pueblo mientras estaban aún débiles por la circuncisión y matan a todos los varones, se roban la ciudad y se llevan a mujeres y niños.

Jacob les pregunta a Simeon y a Levi ¿por qué habían hecho semejante cosa?, como consecuencia de sus actos era probable que llegaran los pueblos de los alrededores para matarlos y ellos no tenían suficientes hombres para defenderse. Simeon y Levi se escudan en que su hermana había sido ultrajada por esa gente.

Dios se le aparece a Jacob y le indica que vaya a Betel y se establezca allí. Jacob ordena a su gente que retiren los dioses extraños que tienen, que se purifiquen y se cambien de vestido, que deben ir a Betel.

Por lo visto, la gente de Jacob no se había desprendido de sus otros dioses. Recordemos que Raquel se los había robado a su padre, seguramente porque no quería estar sin la protección de las divinidades a las que acostumbraba a adorar.

La permanente lucha de Dios, para que no sólo los otros dejasen de adorar dioses falsos, sino también para que los propios los abandonasen, se hace evidente.

Todas las demostraciones hechas por Él continúan siendo pocas. No alcanzan para que la gente abandone sus ídolos de piedra. No alcanzan para que comprendan que hay un solo dios.

Da la impresión que es como la gota que orada la piedra, sin prisa, pero sin pausa. Ya comprenderán, ya entenderán.

Dios se le aparece nuevamente a Jacob a su llegada a Paddan Arám.

> «Díjole Dios: "Tu nombre es Jacob, pero ya no te llamarás Jacob, sino que tu nombre será Israel". Y le llamó Israel.» (Génesis 35:10-11)

Recordemos que ya se había hablado de que su nombre iba a ser Israel, cuando había estado luchando con Dios en la noche.

Raquel tiene otro hijo, Benjamín, el hijo número doce de Jacob, y fallece en el parto.
¿Quién es Benjamín? Ya lo vamos a saber luego. Aquí se inicia la historia de José. La vida de Jacob desemboca en él.
Es momento de recordar aquella profecía que anunciaba que el pueblo elegido iba a ser oprimido por cuatrocientos años.
Pero no nos adelantemos. Todo a su tiempo.

8
HISTORIA DE JOSÉ, EGIPTO, "LAS VACAS FLACAS"

José era el hijo más querido de Jacob, ahora Israel. Los hermanos no lo querían porque estaban celosos de que fuese el preferido de su padre. Era tanto lo que lo odiaban que ni siquiera lo saludaban.

«José tuvo un sueño y lo manifestó a sus hermanos, quienes le odiaron más aún.
Les dijo: "Oíd el sueño que he tenido.
Me parecía que nosotros estábamos atando gavillas en el campo, y he aquí que mi gavilla se levantaba y se tenía derecha, mientras que vuestras gavillas le hacían rueda y se inclinaban hacia la mía".
Sus hermanos le dijeron: "¿Será que vas a reinar sobre nosotros o que vas a tenernos domeñados?" Y acumularon todavía más odio contra él por causa de sus sueños y de sus palabras.
Volvió a tener otro sueño, y se lo contó a sus hermanos. Díjoles: "He tenido otro sueño: Resulta que el sol, la luna y once estrellas se inclinaban ante mí".
Se lo contó a su padre y a sus hermanos, y su padre le reprendió y le dijo: "¿Qué sueño es ése que has tenido? ¿Es que yo, tu madre y tus hermanos vamos a venir a inclinarnos ante ti hasta el suelo?"

Sus hermanos le tenían envidia, mientras que su padre reflexionaba.» (Génesis 37: 5-11)

Esto fue demasiado para sus hermanos, y decidieron matarlo.

Mientras ellos estaban con sus ovejas en el campo, Israel envía a José para saber si se hallaban bien.

Cuando sus hermanos lo ven en la lejanía venir hacia ellos, piensan que es su oportunidad para deshacerse de él. Se dicen: arrojémoslo a un pozo y digamos que un animal lo devoró.

Rubén, uno de sus hermanos, intenta salvarlo, les dice al resto: no nos manchemos con sangre. Su idea era devolverlo con vida al padre.

Cuando llega José hasta ellos, lo apresan, le sacan la túnica nueva que llevaba, lo echan a un pozo seco y se sientan a comer. En ese momento, pasa por el lugar una caravana de ismaelitas y Judá, uno de los hermanos de José, propone: vendámoslo, no lo matemos. Y todos estuvieron de acuerdo.

Los ismaelitas compraron a José por veinte piezas de plata y se lo llevaron a Egipto.

Cuando Rubén descubrió que ya no estaba en el pozo, volvió donde sus hermanos y les dijo: «"El niño no aparece, y yo ¿qué hago ahora?"» (Génesis 37:30)

Los hermanos tomaron la túnica de José, la mancharon con sangre y se la enviaron a su padre para hacerle creer que lo había matado un animal.

***

Lautaro no puede creer que hayan hecho eso con su hermano.

Y sí, la verdad que sí, -pienso-, no se puede creer.

Le explico que era parte de la trama de esta parte de la historia, que era necesario para el giro que va a tomar la entrada de José a Egipto y los hechos posteriores.

***

José fue llevado a Egipto, donde lo compró el jefe de los guardias del faraón. Yahveh lo protegió y el faraón vio que a José todo le iba bien y que prosperaba en todo lo que emprendía. El faraón se dio cuenta de que su dios lo amparaba, entonces, lo llevó con él y lo puso al frente de su casa y de sus asuntos. «Y Yahveh bendijo la casa del egipcio en atención a José» (Génesis 39:4:6)

La esposa del faraón pretende que José tenga relaciones con ella, «"Acuéstate conmigo"» (Génesis 39:7), le dice. Pero José no accede, considera que está mal hacerle eso al hombre que confía en él y que además pecaría frente a Dios. Ella insiste día tras día y al final lo acusa frente al agente de su casa, asegura que José quiso abusar de ella.

El faraón lo toma prisionero y lo envía a la cárcel.

Allí queda preso, pero Dios hace que el alcalde de la prisión lo vea con buenos ojos, y por ello pone a José al frente de todo, «ya que Yahveh le asistía y hacía prosperar todas sus empresas» (Génesis 39:23)

Después de esto José interpreta los sueños de dos de los prisioneros del faraón quienes sueñan la misma noche. A uno de ellos le dice que en tres días le devolverán su cargo y al otro que será ejecutado. Ambas cosas ocurren tal cual José había vaticinado al interpretar los sueños.

El tiempo pasa.

«Al cabo de dos años. Faraón soñó que se encontraba parado a la vera del río. De pronto suben del río siete vacas hermosas y lustrosas que se pusieron a pacer en el carrizal. Pero he aquí que detrás de aquéllas subían del río otras siete vacas, de mal aspecto y macilentas, las cuales se pararon cabe las otras vacas en la margen del río, y las vacas de mal aspecto y macilentas se comieron a las siete vacas hermosas y lustrosas. Entonces Faraón se despertó. Y vuelto a dormirse soñó otra vez que siete espigas crecían en una misma caña, lozanas y buenas. Pero he aquí que otras siete espigas flacas y asolanadas brotaron después de aquéllas y las espigas flacas consumieron a las siete lozanas y llenas.

Despertó Faraón, y he aquí que era un sueño. Aquella mañana estaba inquieto su espíritu y envió a llamar a todos los magos y a todos los sabios de Egipto.

Faraón les contó su sueño, pero no hubo quien se lo interpretara a Faraón. Entonces el jefe de escanciadores habló a Faraón diciéndole: "Hoy me acuerdo de mi yerro. Faraón se había enojado contra sus siervos y me había puesto bajo custodia en casa del jefe de los guardias a mí y al jefe de panaderos. Entonces tuvimos sendos sueños en una misma noche, tanto yo como él, cada uno con su sentido propio. Había allí con nosotros un muchacho hebreo, siervo del jefe de los guardias. Le contamos nuestro sueño, y él nos dio el sentido propio de cada cual. Y resultó que según nos lo había interpretado, así fue: A mí me restituyó Faraón en mi puesto, y a él le colgó".

Faraón mandó llamar a José y le sacaron del pozo con premura, se afeitó y mudó de vestido y compareció ante Faraón. Dijo Faraón a José: "He tenido un sueño y no hay quien lo interprete, pero he oído decir de ti que te basta oír un sueño para interpretarlo". Respondió José a Faraón: "No hablemos de mí, que Dios responda en buena hora a Faraón". Y refirió Faraón a José su sueño: "Resulta que estaba yo parado a la orilla del río, cuando de pronto suben del río siete vacas lustrosas y de hermoso aspecto, las cuales pacían en el carrizal. Pero he aquí que otras siete vacas subían detrás de aquéllas, de muy ruin y mala catadura y macilentas, que jamás vi como aquéllas en toda la tierra de Egipto, de tan malas. Y las siete vacas macilentas y malas se comieron a las siete vacas primeras, las lustrosas. Pero una vez que las tuvieron dentro, ni se conocía que las tuviesen, pues su aspecto seguía tan malo como al principio. Entonces me desperté,…"» (Génesis 41:1-8)

«El faraón convoca a todos los sabios pero nadie puede descifrar el sueño. Entonces, aquel prisionero al que José le había interpretado su sueño, y que había sido restablecido en su cargo, le recuerda al faraón la existencia de José y cómo les había interpretado correctamente sus sueños. El Faraón lo hace llamar y le cuenta lo que había soñado. José le dice: "El sueño del faraón es uno solo. Dios ha mostrado al faraón lo que va a hacer: Las siete vacas hermosas son siete años; y las siete espigas hermosas también son siete años. Se trata de un mismo sueño. Las siete vacas flacas y feas que salían detrás de las primeras son siete años, y las siete espigas delgadas y quemadas por el viento del oriente son siete años de hambre. Como dije al faraón, Dios ha mostrado al faraón lo que va a hacer. He aquí que vienen siete años de gran abundancia en toda la tierra de Egipto, pero después de ellos vendrán siete años de hambre. Toda la abundancia anterior será olvidada en la tierra de Egipto. El hambre consumirá la tierra, y aquella abundancia pasará desapercibida en la tierra, debido al hambre que vendrá después, porque será muy grave. El hecho de que el sueño del faraón haya sucedido dos veces significa que la cosa está firmemente decidida de parte de Dios, y que Dios se apresura a ejecutarla. Por tanto, provéase el faraón de un hombre entendido y sabio y póngalo a cargo de la tierra de Egipto. Haga esto el faraón: Ponga funcionarios a cargo del país que recauden la quinta parte del producto de la tierra de Egipto durante los siete años de abundancia. Que ellos acumulen todos los alimentos de estos años buenos que vienen, que almacenen el trigo bajo la supervisión del faraón, y que los guarden en las ciudades para sustento. Sean guardados los alimentos como reserva para el país, para los siete años de hambre que vendrán sobre la tierra de Egipto. Así el país no será arruinado por el hambre."» (Génesis 41:25-36)

El faraón ve que José tenía el espíritu del Dios de Israel en él y entonces lo pone al frente del país. Sólo el faraón estaba por encima de José, quien tenía treinta años en ese momento.

Y vinieron los siete años de vacas gordas, en los que Egipto tuvo excelentes cosechas y de las que José guardó parte para cuando llegaran los de vacas flacas. Durante esos años tuvo dos hijos, Manasés y Efraín.

Y se presentaron los años de vacas flacas. El hambre asoló el país y las regiones cercanas, pero José tenía suficientes reservas. De todos los países de alrededor llegaban a Egipto para conseguir granos porque allí tenían reservas de sobra.

He aquí que Jacob, quien creía que José estaba muerto, se entera de que Egipto tenía provisiones de granos y entonces envía a sus hijos a comprar.

Los hermanos de José eran once, pero sólo van diez, el menor, Benjamín, se queda con su padre porque éste temía que le pasara algo.

Arribaron los hermanos a Egipto para comprar el grano y se presentan ante José, el encargado de comerciar el grano, sin saber quién era. Llegaron ante él y se inclinaron «rostro en tierra» (Génesis 42:6-7)

**

¿Se acuerdan del sueño de José?, ¿aquél que tanto había molestado a sus hermanos y que había motivado que lo vendieran como esclavo? ¡Sí!, justamente, ése. Bien, aquí está, los hermanos de José se inclinaban ante él, y no se daban cuenta. José estaba vestido como egipcio, y toda su presencia era la de un funcionario egipcio.

**

José los reconoce de inmediato pero no se los manifiesta,

es más juega con ellos, inquiere: "Sois espías", ellos se asustan y le responden: no señor, somos tus siervos, hemos venido a buscar víveres, somos doce hermanos, uno quedó con nuestro padre, uno ya no está y nosotros diez. Pero José insiste: "Sois espías, y para probarlo deberán traer a su hermano menor". Así que envía a uno de ellos a buscar a Benjamín, que había quedado con Jacob. Mientras tanto los otros hermanos permanecen en custodia por tres días. Al fin, les indica que se quede sólo uno de ellos, que el resto le lleve el grano a su padre, y que a la vuelta traigan a su hermano menor para probar que lo que decían era verdad.

Ellos debaten entre sí en hebreo, creyendo que José no los podía entender, porque él usaba un intérprete como si no hablara la lengua de sus hermanos. Razonan: esto nos pasa por haberle hecho mal a José, ahora vamos a pagar por ello. José los escucha, se va aparte y llora.

Al regresar, ata a Simeón a la vista de todos, allí habría de quedarse a la espera del regreso de sus hermanos y de Benjamín. José ordena que les carguen el grano, y dentro les pone el dinero que habían pagado por él. Cuando los hermanos ven que les había devuelto el dinero, les da más miedo aún, ya que no entienden qué ocurre y temen a los egipcios.

Llegan junto a Jacob y le cuentan lo ocurrido.

El padre no quiere que vuelvan por temor a perder también a Benjamín, pero como los granos que habían traído se les terminan no les queda otra opción que regresar a Egipto. Jacob accede a que vayan con Benjamín, les dice que le lleven un regalo al funcionario Egipcio, que era José, y además les recomienda que lleven el dinero que anteriormente les había devuelto, por si había sido un error.

Llegan a Egipto y se presentan ante José. Éste ve a Benjamín, y ordena a sus sirvientes que preparen comida para todos, desea almorzar junto a ellos. Los hermanos no entienden lo que pasa y se asustan al ver que los conducen a la casa de José. Piensan que es por el dinero que habían encontrado entre el grano la primera vez. Al terminar de almorzar, José envía a su gente para que les carguen el grano que habían venido a comprar. Además, ordena que en la bolsa de Benjamín escondan una copa de plata propiedad de José, y otra vez el dinero de la compra de todo. A la mañana siguiente, salen con la carga; ni bien se habían alejado José envía a su mayordomo tras ellos, con el fin de decirles que habían actuado mal al robarle la copa de plata, después de lo bien que se les había tratado.

Cuando encuentran la copa en la bolsa de Benjamín, los hermanos rasgan sus vestiduras en señal de aflicción y vuelven a la ciudad.

Al llegar, José les dice que el que robó la copa se deberá quedar como esclavo, y que los demás pueden volver con su padre. Esto conmociona a sus hermanos quienes le explican que su padre va a morir de tristeza si el menor no vuelve, ya que antes había perdido a otro de sus hijos y que no iba a soportar otro disgusto como ése. Al escucharlos José no puede más y les revela quién es. Lloran y se abrazan y les pide que traigan a su padre, Jacob, a Egipto. José les dice que no sientan culpa por lo que le habían hecho, porque él sabía que todo había sido obra de Dios para que su pueblo tuviese para comer en esos años de hambruna.

«"Y Dios me envió delante de vosotros, para preservaros posteridad sobre la tierra, y para daros vida por medio de gran liberación. Así, pues, no me enviasteis acá vosotros, sino Dios, que me ha puesto por padre de Faraón y por señor de toda su casa, y por gobernador en toda la tierra de Egipto".» (Génesis 45:6-9)

El Faraón, que apreciaba a José, le dice que traiga a su gente y que les dé el mejor lugar de Egipto para vivir.

Jacob viaja a Egipto con toda su familia, en total eran setenta. Estos setenta constituían todo el pueblo de Israel que entró a Egipto. Este dato es interesante, porque cuando salgan de Egipto, cuatrocientos años después, van a ser seiscientos mil.
José al fin se encuentra con su padre en Gosen.
Jacob vivió en Egipto diez y siete años más.
En Génesis: 49:1-28 leemos que Jacob, antes de morir, bendice a sus hijos y da lugar a las doce tribus de Israel
José vivió hasta la edad de ciento diez años.

Muy bien, parte de la obra, la trama de los Israelitas en Egipto está armada. El pueblo de Israel ya se encuentra en Egipto y les va bien, cada vez son más numerosos y están cómodos viviendo en ese país.

¿Y ahora? Y ahora viene el drama.

9
LAS PLAGAS DE EGIPTO
La liberación de Egipto

«Yahveh endureció el corazón de Faraón» (Éxodo 9,12)

«Éxodo, la liberación de Egipto
Asume un nuevo rey en Egipto que nada sabía de José y al comprobar que los israelitas eran más numerosos y fuertes que ellos les advirtió a los egipcios que debían tener cuidado con ellos para que no siguieran multiplicándose, no fuese a ocurrir que de entrar en una guerra se pusieran del lado de sus enemigos.

Entonces, les impusieron trabajos más pesados y los usaron para erigir ciudades de depósito como Pitom y Ramsés, pero cuanto más los oprimían más se multiplicaban lo que les daba a los egipcios cada vez más temor. Esto los llevó a darles los peores trabajos, los más serviles, los más crueles.

El rey ordenó a las parteras que si el recién nacido, de los hebreos, era varón lo mataran en el momento. Pero las parteras tenían miedo de Dios y no le hicieron caso. «Respondieron las parteras a Faraón: "Es que las hebreas no son como las egipcias. Son más robustas, y antes que llegue la partera, ya han dado a luz". Y Dios favoreció a las parteras. El pueblo se multiplicó y se hizo muy poderoso. Y por haber temido las parteras a Dios, les concedió numerosa prole. Entonces Faraón dio a todo su pueblo esta orden: "Todo niño que nazca lo echaréis al Río; pero a las niñas las dejaréis con vida".» (Éxodo 1:19-22)

Uno de estos niños, que debía ser arrojado al río para morir, era Moisés.

Su madre lo mantiene oculto por tres meses y ante la imposibilidad de continuar escondiéndolo lo pone en una cesta de papiro y lo deja en el borde del río. Allí lo encuentra una doncella de la hija del faraón que había bajado a bañarse. La hija del faraón se da cuenta de que es un niño hebreo y siente lástima, sabía que estaba allí porque sus padres trataron de salvarlo de la ley del faraón. Manda a su doncella a que consiga alguien que lo críe, ésta busca a la madre del niño y le ofrece pagarle.

Cuando el niño crece lo llevan ante la hija del faraón quien lo adopta como hijo suyo, y le pone Moisés que significa «de las aguas lo he sacado» (Éxodo 2:10-11)

Cuando Moisés ya es mayor, ve los trabajos a los que su gente es sometida. En una ocasión, presencia cómo un egipcio golpea a uno de sus hermanos y, sabiendo que nadie lo ve, mata al egipcio.

Ante el temor de ser descubierto huye a la región de Madián, allí conoce a su mujer y tiene un hijo. En ese largo período, muere el rey de Egipto y los ruegos del pueblo de Israel llegan a Dios.

> «Y subió a Dios el clamor de ellos con motivo de su servidumbre. Y oyó Dios el gemido de ellos, y se acordó de su pacto con Abraham, Isaac y Jacob. Y miró Dios a los hijos de Israel, y

los reconoció Dios.» (Éxodo2:23-25)

Dios se presenta a Moisés en el campo, mientras cuidaba las ovejas de su suegro -Moisés es pastor- , y le anuncia que es el encargado de sacar al pueblo de Israel de Egipto. Le da instrucciones para que les diga a su pueblo quién es Él, también le indica el nombre con que lo deben nombrar: *Yahveh*.

Recordemos que Moisés hacía mucho que no estaba con su pueblo. Dios lo envía a que se reúna con los ancianos del pueblo israelita, para que con ellos se dirija a ver al faraón. Moisés le dice a Dios que no es bueno hablando, entonces Él le ordena que Aarón, su hermano, sea quien hable y quien ejecute sus órdenes.

Este cuestionamiento lo hace enojar bastante a Dios. Y la verdad es que era para enojarse. Moisés ponía muchos reparos, siempre había un "pero", "sí, pero esto", "sí, pero lo otro", "que no voy a poder", "que no sé", "que no sirvo". Moisés no quería tener nada que ver con la misión encomendada, ya veía el pequeño trabajo que esto le iba a traer. La verdad, ¿quién hubiera aceptado semejante responsabilidad sin tratar de que otro se hiciera cargo? Era como estar entre la sartén y el fuego. Pero Dios les había dado muchas muestras de su poder, y de que los protegía de cualquiera. De todas maneras este pueblo, el pueblo elegido, tenía mala memoria, y parecía que no creía que al otro día su Dios iba a seguir estando.

Bien, aquí empieza una danza muy particular entre Moisés, Dios y el faraón.

Dios le dice a Moisés lo que debe hacer cuando esté frente al faraón: pedirle que los deje salir de Egipto. Al mismo tiempo le aclara que Él va a endurecer al faraón para que no los deje salir. ¡¿…?!

– ¿Cómo? ¿Dios mismo va a hacer que el faraón no los deje salir?, ¿y entonces?, ¿para qué envía a Moisés? -dice Lautaro-.
– Ciertamente. Es claro que toda la acción se encuentra en manos de Dios. Esto es simplemente espectacular.

Aquí vemos la versión mejorada y aumentada de lo que había pasado con Abimélek. Una acción de Dios orquestada para generar, en quien mira, una lección. La acción ocurre sobre gente poderosa, que captura la atención del que observa. Abimélek no era cualquiera y los egipcios menos.

Si estos hechos se hubiesen realizado sobre un pueblo pequeño, nadie se hubiese enterado, es más, habría despertado la risa en más de uno, habrían dicho cosas como: "así que tu dios se ensañó con fulano" y se habrían reído. Pero no con los egipcios, con los egipcios fue todo lo contrario. El hecho de que el faraón se negara a una petición de un pueblo que era casi esclavo, un pueblo que estaba rebajado a los trabajo más crueles e insanos era normal, pero que ese pueblo doblegara al faraón, eso no era normal, eso sí que no era nada normal.

Pero no nos adelantemos.

Seguramente muchos conocen la historia de las plagas de Egipto, no las siete plagas, sino las diez plagas, porque fueron diez.

¿Por qué se habla a veces de siete y no de diez? Sí…, veamos.

Moisés se presenta al faraón y le dice que su Dios, el dios de los israelitas, quiere que salgan de Egipto y le celebren una fiesta en el desierto. El faraón pregunta: ¿Quién es ese dios?, no lo conozco y no voy a dejarlos salir. Moisés insiste: son sólo tres días. El faraón les dice que no, y que no interrumpan sus tareas. Además, después de esto, manda a sus capataces para que aumenten las labores de los israelitas. Dios envía a Moisés a que se presente ante el faraón y haga demostraciones de poder.

Moisés lo obedece y se presentan frente al faraón. Aarón, a quien Dios le había encomendado ser su profeta y su voz, arroja su cayado -algo así como un bastón- al piso el cual se convierte en serpientes. Lo interesante es que los sabios egipcios que estaban allí en ese momento hicieron lo mismo, también crean serpientes de sus varas, pero las serpientes de Aarón se comen a las serpientes de los egipcios. Es interesante como el prodigio de transformar las varas en serpientes también pudo ser realizado por los egipcios, éste no es un detalle menor, esto da más fuerza a la historia. El oponente no estaba desprotegido, tenía cierto poder[10].

Y viene la primera plaga.

Dios envía a Moisés para que salga al encuentro del faraón cuando éste va al río a la mañana y le diga que, debido a que no los deja salir de Egipto, él, Moisés, va a transformar el agua del río en sangre por obra de su dios Yahveh.

Lo dijo y lo hizo. Aarón extendió sus manos y su cayado sobre todas las aguas de Egipto, sobre el río, sobre las lagunas,

---

10 Es importante realizar esta reflexión: hasta ese momento los dioses de Egipto habían estado protegiendo a los egipcios y les cumplían muchos de sus pedidos, pero ahora, se ve claramente, que el poder de esos dioses es infinitamente menor que el dios de Israel. Pero, si dios es uno solo ¿esos otros dioses quiénes eran? Era el mismo dios, el mismo que el de Israel, sólo que el tiempo de representaciones parciales había pasado y tenía que quedar claro que no debían seguir adorando a ídolos que representaban aspectos parciales de la divinidad.

y sobre todos sus depósitos de agua, y ésta se convirtió en sangre, los peces murieron y el río apestó. Pero los sabios de Egipto hicieron lo mismo, con lo cual el efecto no fue tan grande.

Otra vez los sabios de Egipto son capaces de emular la acción de Dios.

Obviamente Yahveh sabe que los sabios son capaces de realizar estas proezas y eso hace que se confíen y hablen. Y que el pueblo egipcio hable, y que los pueblos de alrededor hablen.

Esto se había convertido en una lucha de resistencia entre israelitas y egipcios.

Me imagino que todos observarían estos acontecimientos, esperando ver en qué momento los egipcios arrasarían a los israelitas. Y, por otra parte, seguramente dirían entre ellos: "esta gente está loca, ¿cómo se van a enfrentar con los egipcios?, es un suicidio".

Pero no, no estaban locos, ni era un suicidio.

Y vino la segunda plaga.

«Pasaron siete días desde que Yahveh hirió el Río.

«Y dijo Yahveh a Moisés: "Preséntate a Faraón y dile: Así dice Yahveh: "Deja salir a mi pueblo para que me dé culto." Si te niegas a dejarle partir infestaré de ranas todo tu país El Río bullirá de ranas, que subirán y entrarán en tu casa, en tu dormitorio y en tu lecho, en las casas de tus servidores y en tu pueblo, en tus hornos y en tus artesas. Subirán la ranas sobre ti, sobre tu pueblo, y sobre tus siervos."» (Éxodo 7:26-29)

«Dijo Yahveh a Moisés: "Di a Aarón: Extiende tu mano con tu cayado sobre los canales, sobre los ríos y sobre las lagunas, y haz que suban las ranas sobre la tierra de Egipto."

Aarón extendió su mano sobre las aguas de Egipto; subieron la ranas y cubrieron la tierra de Egipto. Pero los magos hicieron lo mismo con sus encantamientos, e hicieron subir las ranas sobre la tierra de Egipto.

Faraón llamó a Moisés y a Aarón y dijo: "Pedid a Yahveh que aparte las ranas de mí y de mi pueblo, y yo dejaré salir al pueblo para que ofrezca sacrificios a Yahveh." Respondió Moisés a Faraón: "Dígnate indicarme cuándo he de rogar por ti, por tus siervos y por tu pueblo, para que se alejen las ranas de ti y de tus casas, y queden solamente en el Río." "Mañana", contestó el. Replicó Moisés: "Será conforme a tu palabra, para que sepas que no hay como Yahveh, nuestro Dios. Las ranas se apartarán de ti, de tus casas, de tus siervos y de tu pueblo, y quedarán sólo en el Río."

Salieron Moisés y Aarón de la presencia de Faraón, invocó Moisés a Yahveh acerca de las ranas que afligían a Faraón, y Yahveh hizo lo que Moisés pedía: murieron las ranas de las casas, de los patios y de los campos.

Las juntaron en montones y el país apestaba.

Pero Faraón viendo que tenía este respiro, endureció su corazón, y no les escuchó como había predicho Yahveh.» (Éxodo 8:1-11)

Analicemos esto, al parecer los sabios egipcios vuelven a ser capaces de emular el milagro, pero ya no pueden deshacerse de las ranas, aquí empieza a marcarse la diferencia entre lo que hace Dios y lo que hacen los egipcios. Porque Moisés pudo hacer que Dios eliminara las ranas de Egipto, pero no los sabios, quienes sí habían podido traerlas, pero no pudieron matarlas.

Y llegó la tercera.

> «Dijo Yahveh a Moisés: "Di a Aarón: extiende tu cayado y golpea el polvo de la tierra que se convertirá en mosquitos sobre todo el país de Egipto." Así lo hicieron: Aarón extendió su mano con el cayado y golpeó el polvo de la tierra; y hubo mosquitos sobre los hombres y sobre los ganados. Todo el polvo de la tierra se convirtió en mosquitos sobre todo el país de Egipto. Los magos intentaron con sus encantamientos hacer salir mosquitos, pero no pudieron. Hubo, pues, mosquitos sobre hombres y ganados.
> Dijeron los magos a Faraón: "¡es el dedo de Dios!" Pero el corazón de Faraón se endureció, y no les escuchó, como había dicho Yahveh.» (Éxodo 8:12-15)

Ahora los sabios ya ni siquiera pueden hacer lo mismo que Dios. Esto ya los pone en estado de atención y dicen es el *"dedo de Dios"*.

Por supuesto que el faraón no desiste, ya había dicho Dios que Él mismo iba a hacer que el faraón no los dejara salir. Esto es simplemente un proceso necesario, un ir y venir, y crear expectativa. Si con la primera plaga la gente se preguntaba qué está pasando en Egipto, con la tercera ya estaban todos atentos, y se preguntarían: ¿en qué va a terminar esto?

Y vino la cuarta.

«Yahveh dijo a Moisés: "Levántate muy de mañana, preséntate a Faraón cuando vaya a la ribera, y dile: Así dice Yahveh: "Deja salir a mi pueblo, para que me dé culto". Si no dejas salir a mi pueblo, mira que voy a enviar tábanos contra ti, contra tus siervos, tu pueblo y tus casas, de manera que las casas de los egipcios y hasta el suelo sobre el cual están se llenarán de tábanos. Pero exceptuaré ese día la región de Gosen, donde está mi pueblo, para que no haya allí tábanos, a fin de que sepas que yo soy Yahveh en medio de la tierra; haré distinción entre mi pueblo y el tuyo. Este prodigio sucederá mañana".

Así lo hizo Yahveh, y un enorme enjambre de tábanos, vino sobre la casa de Faraón y las casas de sus siervos; y toda la tierra de Egipto; la tierra fue devastada por los tábanos. Entonces llamó Faraón a Moisés y a Aarón y les dijo: "Id y ofreced sacrificios a vuestro Dios en este país". Moisés respondió: "No conviene que se haga así, porque el sacrificio que ofrecemos a Yahveh, nuestro Dios, es abominación para los egipcios. ¿No nos apedrearían los egipcios si ofreciéramos ante sus ojos un sacrificio que para ellos es abominable? Iremos tres jornadas de camino por el desierto, y allí ofreceremos sacrificios a Yahveh,

nuestro Dios, según él nos ordena". Contestó Faraón: "Os dejaré ir, para que ofrezcáis en el desierto sacrificios a Yahveh, vuestro Dios, con tal que no vayáis demasiado lejos. Rogad por mí. Moisés respondió: "En cuanto salga rogaré a Yahveh, y mañana los tábanos se alejarán de Faraón, de sus siervos y de su pueblo; pero que no nos siga engañando Faraón, impidiendo que el pueblo vaya a ofrecer sacrificios a Yahveh."
Salió, pues, Moisés de la presencia de Faraón, y rogó a Yahveh.
Hizo Yahveh lo que Moisés pedía, y alejó los tábanos del Faraón, de sus siervos y de su pueblo, sin quedar ni uno.
Pero también esta vez endureció Faraón su corazón y no dejó salir al pueblo.» (Éxodo 8:16-22)

Esta vez la plaga no afecta a los israelitas. Toda la historia de las plagas es progresiva, primero los egipcios hacen lo mismo, y todos padecen la plaga, incluidos los israelitas. En cambio ahora, los egipcios, ya ni siquiera pueden realizar las proezas, ni los israelitas son afectados por las acciones de Dios; en este punto radica la diferencia entre las siete y las diez plagas, las tres primeras afectaron a todos por igual, pero, a partir de la cuarta la adversidad es sólo para los egipcios.
Por supuesto, esta vez, tampoco el faraón los deja salir. Eso está más allá de lo que él podía decidir. Todos estaban en las manos de Dios, tanto los de un lado como los del otro.

Vino la quinta.

Moisés de nuevo fue a ver al faraón, y le pidió que los dejara salir, y el faraón se negó, y Dios envió la plaga. Esto empieza a parecerse a un trámite. Pero, bueno, era necesario.

En esta oportunidad, todo el ganado de los egipcios murió, pero no el de los israelitas: otra vez la plaga distingue lo que es de los egipcios de los que es de los israelitas.

«Yahveh dijo a Moisés: "Preséntate a Faraón y dile: Así dice Yahveh, el Dios de los hebreos: "Deja salir a mi pueblo para que me den culto". Si te niegas a dejarles salir y los sigues reteniendo, mira que la mano de Yahveh caerá sobre tus ganados del campo, sobre los caballos, sobre los asnos, sobre los camellos, sobre la vacadas y sobre las ovejas; habrá una grandísima peste. Pero Yahveh hará distinción entre el ganado de Israel y el ganado de los egipcios, de modo que nada perecerá de lo perteneciente a Israel". Y Yahveh fijó el plazo, diciendo: "Mañana hará esto Yahveh en el país".

Al día siguiente cumplió Yahveh su palabra y murió todo el ganado de los egipcios; mas del ganado de los israelitas no murió ni una sola cabeza.

Faraón mandó hacer averiguaciones, y se vio que del ganado de Israel no había muerto ni un solo animal. Sin embargo, se endureció el corazón de Faraón y no dejó salir al pueblo.» (Éxodo 9:1-7)

¿Se imaginan el daño que esto les causó a los egipcios? ¡Todo el ganado había muerto!, eso debió ser un tremendo retroceso para ellos, una pérdida económica muy importante para su país.

Y la sexta.

«Dijo Yahveh a Moisés y a Aarón: "Tomad dos grandes puñados de hollín de horno, y que Moisés lo lance hacia el cielo, en presencia de Faraón; se convertirá en polvo fino sobre todo el territorio de Egipto, y formará erupciones pustulosas, en hombres y ganados, por toda la tierra de Egipto". Tomaron, pues, hollín de horno y presentándose ante Faraón, lo lanzó Moisés hacia el cielo, y hubo erupciones pustulosas en hombres y ganados. Ni los magos pudieron permanecer delante de Moisés a causa de las erupciones; pues los magos tenían las mismas erupciones que todos los egipcios. Pero Yahveh endureció el corazón de Faraón, que nos les escuchó, según Yahveh había dicho a Moisés.» (Éxodo 9:8-12)

Se dan cuenta de que, mientras las plagas asolaban la región -porque realmente la devastaban-, los egipcios no podían trabajar ni hacer sus vidas normalmente, por lo que es claro que el país tiene que haberse deteriorado mucho, las pérdidas deben haber sido incontables. Para Egipto nada fue como antes luego de la salida de los israelitas[11].

---

11   En el año 1250 a. C., aproximadamente, se podría estimar la salida de las tribus e Israel de Egipto, luego del gobierno del Faraón Ramsés II. Su hjo Mernephath (1224-1204 a. C.) deja una inscripción en la que dice: (de Israel) "ya no existe más". Esto hace pensar, que tal vez, la salida de las tribus haya ocurrido luego de la muerte de Ramsés II.

Séptima plaga.

Moisés se presenta de nuevo ante el faraón, para pedirle que los dejara salir, éste se niega y Dios envía otra plaga. Y si...

«Porque esta vez voy a enviar todas mis plagas sobre ti, sobre tus siervos y sobre tu pueblo para que sepas que no hay como yo en toda la tierra. Si yo hubiera extendido mi mano y te hubiera herido a ti y a tu pueblo con peste, ya habrías desaparecido de la tierra; pero te he dejado con vida, para hacerte ver mi poder, y para que sea celebrado mi nombre sobre toda la tierra. Tú te opones todavía a mi pueblo, para no dejarle salir. Pues mira que mañana, a esta hora, haré llover una granizada tan fuerte, como no hubo otra en Egipto desde el día en que fue fundado hasta el presente. Ahora, pues, manda poner a salvo tu ganado y cuanto tienes en del campo; porque el granizo descargará sobre todos los hombres y animales que se hallan en el campo, y cuantos no se hayan recogido bajo techumbre perecerán".

Aquéllos de los siervos de Faraón que temieron la palabra de Yahveh pusieron al abrigo a sus siervos y su ganado; mas los que no hicieron caso de la palabra de Yahveh, dejaron en el campo a sus siervos y su ganado.

Dijo Yahveh a Moisés: "Extiende tu mano hacia el cielo, y que caiga granizo en toda la tierra de Egipto, sobre los hombres, sobre los ganados y sobre todas las hierbas del campo que hay en la tierra de Egipto". Extendió Moisés su cayado hacia el cielo, y Yahveh envió truenos y granizo; cayeron rayos sobre la tierra, y Yahveh hizo llover granizo sobre el país de Egipto.

El granizo y los rayos mezclados con el granizo con fuerza tan extraordinaria que nunca hubo semejante en toda la tierra de Egipto desde que comenzó a ser nación. El granizo hirió cuanto había en el campo en todo el país de Egipto, desde los hombres hasta los ganados.

El granizo machacó también toda la hierba del campo, y quebró todos los árboles del campo. Tan sólo en la región de Gosen, donde habitaban los israelitas, no hubo granizo.

Faraón hizo llamar a Moisés y a Aarón y les dijo: "Ahora sí, he pecado; Yahveh es el justo, y yo y mi pueblo somos inicuos. Rogad a Yahveh que cesen ya los truenos y el granizo; y os dejaré salir. No tendréis que quedaros más tiempo aquí". Moisés le respondió: "Cuando salga de la ciudad extenderé mis manos hacia Yahveh, cesarán los truenos, y no habrá más granizo, para que sepas que la tierra es de Yahveh. Pero bien sé que ni tú ni tus siervos teméis todavía a Yahveh, Dios".

Fueron destrozados el lino y la cebada, pues la cebada estaba ya en espiga, y el lino en flor.

El trigo y la espelta no fueron destrozados por ser tardíos.

Dejando a Faraón, salió Moisés de la ciudad, extendió las manos hacia Yahveh, y cesaron los truenos y granizos, y no cayó más lluvia sobre la tierra.

Cuando Faraón vio que había cesado la lluvia,

el granizo y los truenos, volvió a pecar, endureciendo su corazón, tanto él como sus siervos.

Endurecióse, pues, el corazón de Faraón y no dejó salir a los israelitas como Yahveh había dicho por boca de Moisés.» (Éxodo 9:14-35)

El faraón reconoce que el Dios de los israelitas es el verdadero Dios; también reconoce que su pueblo, los egipcios, no han obrado bien, pero esto no va a detener la maquinaria de Dios, sólo va a reforzar el efecto buscado.

Egipto ya es un país devastado, ni la peor de las guerras hubiese logrado este efecto.

El asunto es ¿por qué?, ¿cuál es el motivo de tanta saña?, ¿qué quiere demostrar Dios con esto?

Todo este trabajo, todas estas acciones y demostraciones son porque quiere probarle a todos que Yahveh, el dios de los israelitas, es el único dios. Éste es el único dios. Ya no hay lugar para adorar a otros dioses. El politeísmo está muriendo, y Dios lo está enterrando para siempre.

Todos deben notar que no hay dioses que estén a la altura de Yahveh, porque en realidad no hay otros dioses, y todos deben comprender que sólo hay un dios.

Hubo un tiempo en que la humanidad necesitó tener muchos dioses, o no pudo pensar en que había sólo un dios. Esta humanidad naciente, como niños espirituales, no podía pensar en que todo fuera obra de un dios, entonces lo más sencillo fue tener muchos dioses: todas las fuerzas de la naturaleza se transformaron en dioses, los astros del cielo, etc. Pero esto se terminó, ya no más, nuevos tiempos han llegado y Dios quiere que pasemos "de grado", que crezcamos. Para ello es todo esto, toda la historia, para eso es el pueblo elegido, para eso son las demostraciones de poder. Tiene que quedar grabado en todos, en los egipcios, en los que observan desde los otros pueblos vecinos, en los que leen la historia, en los que van a venir después, todos deben comprender que se debe adorar a un único dios, porque sólo hay uno, y que ese dios es el dios de los israelitas, Yahveh.

Y viene la octava plaga.

«Dijo Yahveh a Moisés: "Ve a Faraón, porque he endurecido su corazón y el corazón de sus siervos, para obrar estas señales mías en medio de ellos; y para que puedas contar a tu hijo, y al hijo de tu hijo, cómo me divertí con Egipto y las señales que realicé entre ellos, y sepáis que yo soy Yahveh.» (Éxodo 10:1-2)

Es interesante lo de: *"para que puedas contar a tu hijo, y al hijo de tu hijo"*... ¿no?

Sigue.

«Fueron, pues, Moisés y Aarón donde Faraón y le dijeron: "Así dice Yahveh, el Dios de los hebreos: ¿Hasta cuándo te resistirás a humillarte ante mí? Deja salir a mi pueblo para que me dé culto. Si te niegas a dejar salir a mi pueblo, mira que mañana traeré langostas sobre tu territorio; y cubrirán la superficie del país, de suerte que ni podrá verse el suelo. Devorarán lo que os quedó de la granizada, y comerán todos los árboles que os crecen en el campo. Llenarán tus casas, las casas de todos los egipcios, como nunca vieron tus padres, ni los padres de tus padres, desde el día en que existieron sobre la tierra hasta el día de hoy". Y retirándose salió de la presencia de Faraón.

Dijeron entonces a Faraón sus siervos: "¿Hasta cuándo ha de ser este hombre causa de nuestra ruina? Deja salir a esa gente y que den culto a Yahveh, su Dios. ¿Te darás cuenta a tiempo de que Egipto se pierde?"

Hicieron, pues, volver a Moisés y a Aarón a la presencia de Faraón; el cual les dijo: "Id a dar culto a Yahveh, vuestro Dios. ¿Quiénes van a ir?" Respondió Moisés: "Saldremos con nuestros niños y nuestros ancianos, con nuestros hijos y nuestras hijas, con nuestras ovejas y nuestras vacadas; porque es nuestra fiesta de Yahveh". Contestóles: "¡Así esté Yahveh con vosotros como voy a dejaros salir a vosotros con vuestros pequeños! Ved cómo a la vista están vuestras malas intenciones. No será así; salid si queréis los varones solos y dad culto a Yahveh, pues eso es lo que buscabais". Y fueron echados de la presencia de Faraón.

Yahveh dijo a Moisés: "Extiende tu mano sobre la tierra de Egipto para que venga la langosta; que suba sobre el país de Egipto y coma toda la hierba del país, todo lo que dejó el granizo".

Moisés extendió su cayado sobre la tierra de Egipto; y Yahveh hizo soplar el solano sobre el país todo aquel día y toda la noche. Y cuando amaneció, el solano había traído la langosta. La langosta invadió todo el país de Egipto, y se posó en todo el territorio egipcio, en cantidad tan grande como nunca había habido antes tal plaga de langosta ni la habría después.

Cubrieron toda la superficie del país hasta oscurecer la tierra; devoraron toda la hierba del país y todos los frutos de los árboles que el granizo había dejado; no quedó nada verde ni en los árboles ni en las hierbas del campo en toda la tierra de Egipto.

Entonces Faraón llamó a toda prisa a Moisés y a Aarón, y dijo: "He pecado contra Yahveh, vuestro Dios, y contra vosotros. Ahora, pues, perdonad por favor mi pecado, siquiera por esta vez; rogad a Yahveh, vuestro Dios, que aparte de mí al menos esta mortandad".

Salió Moisés de la presencia de Faraón y rogó a Yahveh. Yahveh hizo que soplara con gran violencia un viento del mar que se llevó la langosta y la echó al mar de Suf.

No quedó ni una langosta en todo el territorio de Egipto. Pero Yahveh endureció el corazón de Faraón, que no dejó salir a los israelitas.» (Éxodo 10:3-20)

"Pero Yahveh endureció el corazón de Faraón, que no dejó salir a los israelitas".
Obviamente...
Y no los dejaría salir, por lo menos hasta que Él así lo quisiera.

Pobre el faraón, se encuentra en medio de fuerzas que no puede gobernar, que están mucho, mucho más allá de su voluntad.

Su razón le dice: "que se vayan", "que me perdone Dios por lo que estoy haciendo", "¿qué me pasa?". Su mente debería de estar como en un mar embravecido, sin poder ver el horizonte, sin poder controlar lo que ocurría, y sin entenderse a sí mismo. Probablemente pensaría: "¿por qué digo sí y al rato digo no?", "¿me estaré volviendo loco?".

Nadie debe haber querido estar en sus zapatos, o sandalias...

Novena plaga.

«Yahveh dijo a Moisés: "Extiende tu mano hacia el cielo, y haya sobre la tierra de Egipto tinieblas que puedan palparse". Extendió, pues, Moisés su mano hacia el cielo, y hubo por tres días densas tinieblas en todo el país de Egipto. No se veían unos a otros, y nadie se levantó de su sitio por espacio de tres días, mientras que todos los israelitas tenían luz en sus moradas.

Llamó Faraón a Moisés y dijo: "Id y dad culto a Yahveh; que se queden solamente vuestras ovejas y vuestras vacadas. También vuestros pequeños podrán ir con vosotros". Respondió Moisés: "Nos tienes que conceder también sacrificios y holocaustos, para que los ofrendemos a Yahveh, nuestro Dios. También nuestro ganado ha de venir con nosotros. No quedará ni una pezuña; porque de ellos hemos de tomar para dar culto a Yahveh, nuestro Dios. Y no sabemos todavía qué hemos de ofrecer a Yahveh hasta que lleguemos allá".

Yahveh endureció el corazón de Faraón, que no quiso dejarles salir. Y dijo Faraón a

Moisés: "¡Retírate de mi presencia! ¡Guárdate de volver a ver mi rostro, pues el día en que veas mi rostro, morirás!" Respondió Moisés: "Tú lo has dicho: no volveré a ver tu rostro.» (Éxodo 10:21-29)

"*Yahveh endureció el corazón de Faraón, que no quiso dejarles salir*".
Así es.

Décima plaga y última.

«Dijo Yahveh a Moisés: "Todavía traeré una plaga más sobre Faraón y sobre Egipto; tras de lo cual os dejará marchar de aquí y cuando, por fin, os deje salir del país, él mismo os expulsará de aquí. Habla, pues, al pueblo y que cada hombre pida a su vecino, y cada mujer a su vecina, objetos de plata y objetos de oro".

Yahveh hizo que el pueblo se ganase el favor de los egipcios. Además, Moisés era un gran personaje en la tierra de Egipto, tanto a los ojos de los servidores de Faraón como a los ojos del pueblo.

Moisés dijo: "Así dice Yahveh: hacia media noche pasaré yo a través de Egipto; y morirá en el país de Egipto todo primogénito, desde el primogénito de Faraón que se sienta en su trono hasta el primogénito de la esclava encargada de moler, así como todo primer nacido del ganado. Y se elevará en todo el país de Egipto un alarido tan grande como nunca lo hubo, ni lo habrá. Pero entre los israelitas ni siquiera un perro ladrará ni contra hombre ni contra bestia; para que sepáis cómo Yahveh hace distinción entre Egipto e Israel. Entonces vendrán a mí todos estos siervos tuyos y se postrarán delante de mí, diciendo: Sal, tú y todo el pueblo que te sigue. Y entonces, saldré". Y, ardiendo en cólera, salió de la presencia de Faraón.

Y dijo Yahveh a Moisés: "no os escuchará Faraón, para que así pueda yo multiplicar mis prodigios en la tierra de Egipto".

Moisés y Aarón obraron todos estos prodigios ante Faraón; pero Yahveh endureció el corazón de Faraón, que no dejó salir de su país a los israelitas.» (Éxodo 11:1-10)

Si lo que había pasado en Egipto hasta ahora había sido terrible, lo que venía no iba a tener parangón.

Egipto había obrado mal, habían hecho barbaridades. Recordemos nada más la orden de matar a los niños varones que nacieran de los hebreos, ¿Qué otras cosas habrían hecho con otras tribus que aquí no se mencionan?, ¿sobre qué crueldades y malas acciones habían fundado sus inmensas ciudades? Sus pirámides, su esfinge, sus templos descomunales, cuánto trabajo forzado, cuánto sufrimiento habían generado, no sólo en el pueblo de Israel, sino en los otros pueblos que habían estado bajo su dominio.

Es claro que Dios eligió a Egipto por muchos motivos para hacerle padecer estas plagas. En Dios no hay venganza, sólo justicia. La justicia divina de la que nadie escapa.

Debemos recordar que Dios viene limpiando a la humanidad de las atrocidades en que cae -el diluvio, Sodoma y Gomorra, etc.-.

Ha dado el libre albedrío a los hombres, pero éste fue mal utilizado por ellos; sin embargo nadie puede decir que Dios toma decisiones apresuradas, no, todo lo contrario. A Egipto le ha dado tiempo para corregir sus errores y tomar conciencia.

Hoy se calcula que la Esfinge de Giza tiene aproximadamente veinte mil años. Es más, hay quienes aseguran que la erosión que la esfinge presenta se debió a la lluvia. ¿A la lluvia? ¡La esfinge está en el medio del desierto!, ¡¿en qué época esa zona era un lugar de lluvias?!
Sí, hace mucho, mucho tiempo.
Bueno, está visto que ahora le tocaba a Egipto pagar sus errores, y además, iba a cumplir con una función, iba a ser útil a la historia.

Y cayó la décima plaga, la peor de todas.

> «Y sucedió que, a media noche, Yahveh hirió en el país de Egipto a todos los primogénitos, desde el primogénito de Faraón, que se sienta sobre su trono, hasta el primogénito del preso en la cárcel, y a todo primer nacido del ganado.
> Levantóse Faraón aquella noche, con todos sus servidores y todos los egipcios; y hubo grande alarido en Egipto, porque no había casa donde no hubiese un muerto.
> Llamó Faraón a Moisés y a Aarón, durante la noche, y les dijo: "Levantaos y salid de en medio de mi pueblo, vosotros y los israelitas, e id a dar culto a Yahveh, como habéis dicho. Tomad también vuestros rebaños y vuestras vacadas, como

dijisteis. Marchaos y bendecidme también a mí.»
(Éxodo 12:29-32)

Sólo murieron los egipcios. Dios le había dicho a Moisés que pintaran los marcos de las puertas con sangre de un becerro para que la plaga no los afectara, y así lo habían hecho.

Finalmente, el pueblo israelita sale de Egipto.
Habían estado allí cuatrocientos treinta años, exactos.
Al partir eran seiscientos mil. Recordemos que al entrar a Egipto eran sólo setenta (70).
Lo que Dios le había dicho a Abraham se había cumplido.
Ahora Él los libera de la opresión de Egipto, donde los había hecho crecer y multiplicarse. Ahora, además de salir de allí como un pueblo numeroso, se llevaban todo el oro y la plata de Egipto, ya que Dios había hecho que los egipcios le regalasen todos los objetos de oro y plata a los israelitas.
Así que Egipto queda, desolado, pobre y destruido anímicamente, sus niños habían muerto.

¿Cómo se vería esto desde afuera?, ¿desde los otros pueblos de alrededor? Porque había otros pueblos en la región, que eran testigos atónitos de lo que ocurría.
Cuando leemos la Biblia, nos da la impresión de que están solos, los israelitas y los egipcios, y que no hay nadie más, pero no es así. Allí hay mucha gente, mucha gente que mira lo que pasa, mucha gente que comenta, mucha gente que ha empezado a descartar sus ídolos de piedra, mucha gente que ha adoptado a Yahveh, el dios de los israelitas.
Y eso que esto recién empieza...

«El mismo día que se cumplían los 430 años, salieron de la tierra de Egipto todos los ejércitos de Yahveh.» (Éxodo 12:41-42)

Tomemos nota de esta frase en particular *"los ejércitos de Yahveh"*, porque vamos a encontrar la explicación o el motivo a esto cuando veamos la marcha por el desierto del pueblo elegido.

"todos los ejércitos de Dios"...

10
EL ÉXODO, UNA "CAMINATA" EN EL DESIERTO

Y salieron…

«Cuando Faraón dejó salir al pueblo, Dios no los llevó por el camino de la tierra de los filisteos, aunque era más corto; pues se dijo Dios: "No sea que, al verse atacado, se arrepienta el pueblo y se vuelva a Egipto".
Hizo Dios dar un rodeo al pueblo por el camino del desierto del mar de Suf. Los israelitas salieron bien equipados del país de Egipto.» (Éxodo 13:17-19)

Este párrafo nos muestra que Dios sabía muy bien, obviamente, con que "bueyes araba", digamos, con qué gente contaba. Tenía la certidumbre de que no podía confiar plenamente en ellos, en su pueblo elegido. Sabía que este pueblo podía flaquear y arrepentirse ante las vicisitudes y ante el menor escollo optaría por dar la vuelta y retornar a Egipto. Si eso hubiese ocurrido, todo este esfuerzo, y esos años de preparación no iban a servir de nada, es más, hubiese sido un desastre en función de lo que Dios buscaba como resultado final. ¿Se imaginan a los israelitas volviendo con la cabeza gacha a Egipto? No…, impensable.

«Yahveh iba al frente de ellos, de día en columna de nube para guiarlos por el camino, y de noche en columna de fuego para alumbrarlos, de

modo que pudiesen marchar de día y de noche.
No se apartó del pueblo ni la columna de nube por el día, ni la columna de fuego por la noche.» (Éxodo 13:21-22)

Esto es sencillamente espectacular. Comprobamos que, a partir de las plagas de Egipto, sus muestras de poder son para todos, para que todos lo vean, y lo vean desde lejos.

Me imagino el terror que esta columna de fuego, y la columna de humo, provocaría en el corazón de los pueblos que sabían que estaban en el camino que recorrerían los israelitas.

Porque los israelitas se dirigían hacia un lugar en particular y, en ese camino, había aldeas, caseríos. El desierto que atravesaban no estaba vacío. No, todo lo contrario, había muchos pueblos, mucha gente; y esos pueblos, ahora, no sabían dónde esconderse.

El ejército de Dios venía, y eran seiscientos mil. Si no habías sido puro y correcto era mejor que empezaras a correr.

¿Por qué "ejército"?, ¿qué es esto del "ejército de Dios"? Sí..., yo me pregunté lo mismo. No entendí al principio de qué se trataba, pensé: ¿será que junto con los israelitas existían ángeles de Dios?, ¿será que estaban acompañados por alguien más, de quien no se hablaba?

No, no era eso. El pueblo de Israel ERA el ejército, ellos iban a ser la mano armada de Dios y su ejército de ocupación, y esta caminata por el desierto, en realidad, era una campaña de erradicación. Dios salía de campaña, con seiscientos mil hombres, mujeres y niños, a erradicar a los dioses falsos y a imponer orden y nuevas reglas a los otros pueblos. Salía de campaña de evangelización forzada, fue la primera campaña de evangelización de la historia.

Si las campañas de evangelización de la Iglesia Católica nos han parecido, en algún momento, fuertes, durante la Edad Media, en América, y en otros muchos lugares y tiempos… ésta, la de los israelitas en el desierto, iba a ser monumental.

Era la típica acción militar de "tierra arrasada".

Ya veremos cómo se fueron sucediendo los hechos.

Sí, me olvidaba. Los egipcios persiguieron a los israelitas...

«Habló Yahveh a Moisés, diciendo:

"Di a los israelitas que se vuelvan y acampen frente a Pi Hajirot, entre Migdol y el mar, enfrente de Baal Sefón. Frente a ese lugar acamparéis, junto al mar. Faraón dirá de los israelitas: "Andan errantes en el país, y el desierto les cierra el paso". Yo endureceré el corazón de Faraón, y os perseguirá; pero yo manifestaré mi gloria a costa de Faraón y de todo su ejército, y sabrán los egipcios que yo soy Yahveh".

Así lo hicieron. Cuando anunciaron al rey de Egipto que había huido el pueblo, se mudó el corazón de Faraón y de sus servidores respecto del pueblo, y dijeron: "¿Qué es lo que hemos hecho dejando que Israel salga de nuestro servicio?" Faraón hizo enganchar su carro y llevó consigo sus tropas. Tomó seiscientos carros escogidos y todos los carros de Egipto, montados por sus combatientes.

Endureció Yahveh el corazón de Faraón rey de Egipto, el cual persiguió a los israelitas, pero los israelitas salieron con la mano alzada.

Los egipcios los persiguieron: todos los caballos, los carros de Faraón, con la gente de los carros y su ejército; y les dieron alcance mientras acampaban junto al mar, cerca de Pi Hajirot, frente a Baal Sefón.

Al acercarse Faraón, los israelitas alzaron sus ojos, y viendo que los egipcios marchaban tras ellos, temieron mucho los israelitas y clamaron a Yahveh. Y dijeron a Moisés: "¿Acaso no había sepulturas en Egipto para que nos hayas traído a morir en el desierto? ¿Qué has hecho con nosotros sacándonos de Egipto? ¿No te dijimos claramente en Egipto: Déjanos en paz, queremos servir a los egipcios? Porque mejor nos es servir a los egipcios que morir en el desierto". Contestó Moisés al pueblo: "No temáis; estad firmes, y veréis la salvación que Yahveh os otorgará en este día, pues los egipcios que ahora veis, no los volveréis a ver nunca jamás. Yahveh peleará por vosotros, que vosotros no tendréis que preocuparos".» (Éxodo 14:1-14)

Cuánta razón tenía Dios en no confiar en su pueblo. Ya habían comenzado los reclamos: *"estábamos tan bien en Egipto"*, *"para que nos trajiste a morir al desierto"*. Y esto iba a repetirse miles de veces, y Dios se iba a enojar, y se iba a enojar mucho.

«El mar se divide y se salva Israel.

«Dijo Yahveh a Moisés: "¿Por qué sigues clamando a mí? Di a los israelitas que se pongan en marcha. Y tú, alza tu cayado, extiende tu mano sobre el mar y divídelo, para que los israelitas entren en medio del mar a pie enjuto. Que yo voy a endurecer el corazón de los egipcios para que los persigan, y me cubriré de gloria a costa de Faraón y de todo su ejército, de sus carros y de los guerreros de los carros. Sabrán los egipcios que yo soy Yahveh, cuando me haya cubierto de gloria a costa de Faraón, de sus carros y de sus jinetes.

Se puso en marcha el Ángel de Yahveh que iba al frente del ejército de Israel, y pasó a retaguardia.

También la columna de nube de delante se desplazó de allí y se colocó detrás, poniéndose entre el campamento de los egipcios y el campamento de los israelitas.

La nube era tenebrosa y transcurrió la noche sin que pudieran trabar contacto unos con otros en toda la noche.

Moisés extendió su mano sobre el mar, y Yahveh hizo soplar durante toda la noche un fuerte viento del Este que secó el mar, y se dividieron las aguas.

«Los israelitas entraron en medio del mar a pie enjuto, mientras que las aguas formaban muralla a derecha e izquierda. Los egipcios se lanzaron en su persecución, entrando tras ellos, en medio del mar, todos los caballos de Faraón, y los carros con sus guerreros. Llegada la vigilia matutina, miró Yahveh desde la columna de fuego y humo hacia el ejército de los egipcios, y sembró la confusión en el ejército egipcio. Trastornó las ruedas de sus carros, que no podían avanzar sino con gran dificultad. Y exclamaron los egipcios: "Huyamos ante Israel, porque Yahveh pelea por ellos contra los egipcios". Yahveh dijo a Moisés: Extiende tu mano sobre el mar, y las aguas volverán sobre los egipcios, sobre sus carros y sobre los guerreros de los carros". Extendió Moisés su mano sobre el mar, y al rayar el alba volvió el mar a su lecho; de modo que los egipcios, al querer huir, se vieron frente a las aguas. Así precipitó Yahveh a los egipcios en medio del mar, pues al retroceder las aguas cubrieron los carros y a su gente, a todo el ejército de Faraón, que había entrado en el mar para perseguirlos; no escapó ni uno siquiera. Mas los israelitas pasaron a pie enjuto por en medio del mar, mientras las aguas hacían muralla a derecha e izquierda.

Aquel día salvó Yahveh a Israel del poder de los egipcios; e Israel vio a los egipcios muertos a orillas del mar. Y viendo Israel la mano fuerte que Yahveh había desplegado contra los egipcios, temió el pueblo a Yahveh, y creyeron en Yahveh y en Moisés, su siervo.» (Éxodo 14:15-31)

Impresionante, verdaderamente impresionante. El mar se abre por orden de Dios y permanece así hasta que el último israelita lo atraviesa, y luego ante la orden de Moisés se cierra, y arrastra a los egipcios. Éste es un final verdaderamente espectacular.

Todavía hoy existen científicos que tratan de explicar el fenómeno: que si bajó la marea, que si el viento, que si esto, que si lo otro. La verdad es que no importa la teoría que lo justifique o explique, cuando los israelitas pasaron no había agua, y cuando terminaron de pasar el agua subió y arrastró a los egipcios.

Prestemos un poco de atención al panorama general. Situémonos, por un momento, en el lugar de un observador. Novecientas mil personas van caminando, con sus burros, con sus vacas, con sus pertenencias, al igual que en esas filmaciones, que tantas veces hemos visto en televisión, de gente desplazada por conflictos bélicos. Van a pie, con gran esfuerzo, con lo que pueden llevar.

Delante de este inmenso grupo -son novecientas mil-, avanza una columna de humo, que no se disgrega.

Cuando acampan por la noche, la comuna de humo se convierte en fuego que los alumbra, y que además se alcanza a ver desde lejos. Si esta columna de fuego podía alumbrar a novecientas mil personas, tuvo que haber sido enorme.

Llegan al mar y el mar se retira para que ellos pasen ¿¡…!?

Si en aquella época hubiese existido la televisión, en ese preciso momento una gran cantidad de helicópteros de las cadenas de medios hubieran estado transmitiendo los acontecimientos. Reporteros de todo el mundo hubiesen relatado los hechos segundo a segundo. Este acontecimiento no podría haber pasado inadvertido.

Aunque no había televisión igual no pasó desapercibido y todos los pueblos, los otros pueblos de la región, lo presenciaron y se enteraron.

El Dios de los israelitas había abierto el mar para que pasaran y aniquiló al ejército egipcio, que lo perseguía, sin levantar una espada.

***

Algunas piezas nuevas se han agregado a nuestro rompecabezas: el sacrificio de Abraham, en el que casi sacrifica a su "hijo muy amado"; la clara intención de Dios de eliminar la adoración a ídolos, a dioses falsos, y la creación del "ejército de Dios".

Por otro lado, continúan las muestras de poder dirigidas hacia los otros pueblos, se refuerza la idea de que el dios único de los hebreos es más poderoso que los dioses de los otros, y va quedando en claro que los hebreos tienen un solo dios porque saben que eso es así, porque comieron del árbol del conocimiento.

Las figuras importantes de esta historia son pastores: la idea del buen pastor, una y otra vez.

***

La marcha por el desierto

Les aseguro que esta caminata no fue un paseo...

Llevaban quince días en el desierto, y ya habían tenido problemas con el agua, y se inició la perorata, las dudas y los reclamos:

> «Partieron de Elim, y toda la comunidad de los israelitas llegó al desierto de Sin, que está entre Elim y el Sinaí, el día quince del segundo mes después de su salida del país de Egipto.
> Toda la comunidad de los israelitas empezó a murmurar contra Moisés y Aarón en el desierto. Los israelitas les decían: "¡Ojalá hubiéramos muerto a manos de Yahveh en la tierra de Egipto cuando nos sentábamos junto a las ollas de carne, cuando comíamos pan hasta hartarnos!

Vosotros nos habéis traído a este desierto para matar de hambre a toda esta asamblea".

Yahveh dijo a Moisés: "Mira, yo haré llover sobre vosotros pan del cielo; el pueblo saldrá a recoger cada día la porción diaria; así le pondré a prueba para ver si anda o no según mi ley. Mas el día sexto, cuando preparen lo que hayan traído, la ración será doble que la de los demás días".

Dijeron, pues, Moisés y Aarón a toda la comunidad de los israelitas: "Esta tarde sabréis que es Yahveh quien os ha sacado del país de Egipto; y por la mañana veréis la gloria de Yahveh. Porque ha oído vuestras murmuraciones contra Yahveh; pues ¿qué somos nosotros para que murmuréis contra nosotros?" Y añadió Moisés: "Yahveh os dará esta tarde carne para comer, y por la mañana pan en abundancia; porque Yahveh ha oído vuestras murmuraciones contra él; pues ¿qué somos nosotros? No van contra nosotros vuestras murmuraciones, sino contra Yahveh".

Dijo entonces Moisés a Aarón: "Ordena a toda la comunidad de los israelitas: Acercaos a Yahveh, pues él ha oído vuestras murmuraciones". Aún estaba hablando Aarón a toda la comunidad de los israelitas, cuando ellos miraron hacia el desierto, y he aquí que la gloria de Yahveh se apareció en forma de nube. Y Yahveh habló a Moisés, diciendo: "He oído las murmuraciones de los israelitas. Diles: Al atardecer comeréis carne y por la mañana os hartaréis de pan; y así sabréis que yo soy Yahveh, vuestro Dios".

Aquella misma tarde vinieron las codornices y cubrieron el campamento; y por la mañana había una capa de rocío en torno al campamento. Y al evaporarse la capa de rocío apareció sobre el suelo del desierto una cosa menuda, como granos, parecida a la escarcha de la tierra. Cuando los israelitas la vieron, se decían unos a otros: "¿Qué es esto?" Pues no sabían lo que era. Moisés les dijo: "Este es el pan que Yahveh os da por alimento. He aquí lo que manda Yahveh: Que cada uno recoja cuanto necesite para comer, un gomor[12] por cabeza, según el número de los miembros de vuestra familia; cada uno recogerá para la gente de su tienda".» (Éxodo 15:1-17)

Dios les daba la comida, les enviaba codornices para abastecerlos de carne, y maná para que tuvieran pan. El maná consistía en semillas que aparecían en el rocío de la mañana. Este alimento, no podía guardarse de un día para el otro, lo tenían que comer en el día, porque se pudría inmediatamente; excepto los viernes, en que la ración que recibían era doble y lo que les quedaba se conservaba comestible hasta el sábado.

Los israelitas se alimentaron del maná durante los cuarenta años que duró la marcha en el desierto.

---

12 Medida

Batalla contra Amalec

«Vinieron los amalecitas y atacaron a Israel en Refidim. Moisés dijo a Josué[13] : "Elígete algunos hombres, y sal mañana a combatir contra Amalec. Yo me pondré en la cima del monte, con el cayado de Dios en mi mano".

Josué cumplió las órdenes de Moisés, y salió a combatir contra Amalec. Mientras tanto, Moisés, Aarón y Jur subieron a la cima del monte. Y sucedió que, mientras Moisés tenía alzadas las manos, prevalecía Israel; pero cuando las bajaba, prevalecía Amalec. Se le cansaron las manos a Moisés, y entonces ellos tomaron una piedra y se la pusieron debajo; él se sentó sobre ella, mientras Aarón y Jur le sostenían las manos, uno a un lado y otro al otro. Y así resistieron sus manos hasta la puesta del sol.

Josué derrotó a Amalec y a su pueblo a filo de espada. Yahveh dijo Moisés: "Escribe esto en un libro para que sirva de recuerdo, y haz saber a Josué que yo borraré por completo la memo-

---

13   Josué fue el sucesor de Moisés en las campañas militares llevadas a cabo por los hebreos en la conquista de Canaán. Se llamaba originalmente Oseas y era hijo de Nun, de la tribu de Efraín (Nm 13:8). Nació en Egipto, tenía probablemente la misma edad que Caleb, con quien suele relacionársele. Participó en los acontecimientos narrados en el Éxodo como ayudante de Moisés. Fue el comandante de los israelitas en la batalla contra los amalecitas en Refidín (Ex 17:8-13). Se convirtió en el lugarteniente de Moisés, y es quien lo esperó a mitad de camino cuando éste subió al Monte Sinaí a recibir los Diez Mandamientos (Ex 32:17). Fue también uno de los doce exploradores enviados por Moisés a la tierra de Canaán (Nm 13:16), y el único, junto con Caleb, en traer un informe alentador.

ria de Amalec de debajo de los cielos". Después edificó Moisés un altar, al que puso por nombre Yahveh Nissí diciendo: "La bandera de Yahveh en la mano; Yahveh está en guerra con Amalec de generación en generación".» (Éxodo 17:8-16)

Analicemos un poco la situación. Éste es el primer pueblo que se ve amenazado por los israelitas, y, antes de que ellos realicen alguna acción bélica, los atacan. ¿Por qué los atacan? Seguramente los amalecitas tendrían alguna razón para temer a Yahveh, por algo fueron al encuentro de los israelitas para enfrentarlos. Aquí advertimos dos cosas, por un lado ya vemos a "los otros", los otros pueblos, que observan y toman recaudos: *"Los israelitas vienen con Yahveh ¡¿qué vamos a hacer?!"*. Por otro, contemplamos a Dios que deja bien en claro que es Él quien vence a los amalecitas y no el pueblo de Israel. No quiere que los israelitas crean que son ellos los poderosos, sabe que este pueblo, su pueblo elegido, tiene una memoria corta, y que enseguida se olvida de las proezas que realiza su Dios. Está seguro de que si no mantiene fresca en su mente, la mente de los israelitas, la sensación de que sin Yahveh no son nadie, ellos van a creer que todas las hazañas que realizó Dios, las hicieron ellos.

11
LAS LEYES.
"Estábamos tan bien en Egipto…"

La alianza

«Al tercer mes después de la salida de Egipto, ese mismo día, llegaron los hijos de Israel al desierto de Sinaí.

Partieron de Refidim, y al llegar al desierto de Sinaí acamparon en el desierto. Allí acampó Israel frente al monte.

Moisés subió hacia Dios. Yahveh le llamó desde el monte, y le dijo: "Así dirás a la casa de Jacob y esto anunciarás a los hijos de Israel: "Ya habéis visto lo que he hecho con los egipcios, y cómo a vosotros os he llevado sobre alas de águila y os he traído a mí. Ahora, pues, si de veras escucháis mi voz y guardáis mi alianza, vosotros seréis mi propiedad personal entre todos los pueblos, porque mía es toda la tierra; seréis para mí un reino de sacerdotes y una nación santa". Estas son las palabras que has de decir a los hijos de Israel".

Fue, pues, Moisés y convocó a los ancianos del pueblo y les expuso todas estas palabras que Yahveh le había mandado. Todo el pueblo a una respondió diciendo: "Haremos todo cuanto ha dicho Yahveh". Y Moisés llevó a Yahveh la respuesta del pueblo. Dijo Yahveh a Moisés: "Mira: Voy a presentarme a ti en una densa nube para que el pueblo me oiga hablar contigo, y así te dé crédito para siempre". Y Moisés refirió a Yahveh las palabras del pueblo.» (Éxodo 19:1-8)

Pregunto, ¿era necesario, una nueva muestra de Dios para que confiaran en Moisés? Vamos, ¿dónde estaba esta gente cuando ocurrieron las plagas de Egipto?

El Decálogo[14]

«Entonces pronunció Dios todas estas palabras diciendo:
"Yo, Yahveh, soy tu Dios, que te he sacado del país de Egipto, de la casa de servidumbre.
No habrá para ti otros dioses delante de mí.
No te harás escultura ni imagen alguna ni de lo que hay arriba en los cielos, ni de lo que hay abajo en la tierra, ni de lo que hay en las aguas debajo de la tierra.
No te postrarás ante ellas ni les darás culto, porque yo Yahveh, tu Dios, que castigo la iniquidad de los padres en los hijos hasta la tercera y cuarta generación los que me odian, y tengo misericordia por millares con los que me aman y guardan mis mandamientos.
No tomarás en falso el nombre de Yahveh, tu Dios; porque Yahveh no dejará sin castigo a quien toma su nombre en falso.
Recuerda el día del sábado para santificar-

---

14   El Decálogo. Los diez mandamientos dados a Moisés por Dios en el monte Sinaí.

lo. Seis días trabajarás y harás todos tus trabajos, pero el día séptimo es día de descanso para Yahveh, tu Dios. No harás ningún trabajo, ni tú, ni tu hijo, ni tu hija, ni tu siervo, ni tu sierva, ni tu ganado, ni el forastero que habita en tu ciudad. Pues en seis días hizo Yahveh el cielo y la tierra, el mar y todo cuanto contienen, y el séptimo descansó; por eso bendijo Yahveh el día del sábado y lo hizo sagrado.

Honra a tu padre y a tu madre, para que se prolonguen tus días sobre la tierra que Yahveh, tu Dios, te va a dar.

No matarás.

No cometerás adulterio.

No darás testimonio falso contra tu prójimo.

No codiciarás la casa de tu prójimo, ni codiciarás la mujer de tu prójimo, ni su siervo, ni su sierva, ni su buey, ni su asno, ni nada que sea de tu prójimo.» (Éxodo 20:1-18)

Reflexionemos un poco, ¿cuál sería el nivel de atraso de esa gente, que era necesario decirles que no hicieran cosas que hoy está claro que no deben hacerse?

Recapacitemos les está diciendo "no matarás". El pedido de no postrarse antes ídolos era nuevo, el de no tomar en falso el nombre de Dios también, hasta lo de los seis días podemos entenderlo, pero "¿no matarás?, "¿no cometerás adulterio?, ¿no darás testimonio falso contra tu prójimo?, ¿no codiciarás la casa de tu prójimo, ni codiciarás la mujer de tu prójimo, ni su siervo, ni su sierva, ni su buey, ni su asno, ni nada que sea de tu prójimo?". Les está diciendo: no maten, no roben, no vayan con la mujer de otro, y no sea envidiosos. Vamos, eso no era nuevo.

Y este decálogo, aunque en ese momento era, al parecer, sólo para los israelitas, en realidad estaba destinado para todos. Todos los que seguían esta marcha de los israelitas en el desierto, y para los que la iban a conocer después. Eran las normas básicas de una humanidad civilizada. Además de civilizada, adulta espiritualmente.

No basta con portarse bien, primero se debe reconocer que hay un solo dios, segundo, y como consecuencia de ello, descartar todos los dioses falsos y olvidarse de ellos. Esto es fundamental si queremos avanzar.

El politeísmo ha terminado, es una etapa concluida, y el dios que deben adoptar de ahora en adelante es un dios bueno que no quiere que maten, ni roben ni perjudiquen a su prójimo.

Ya empezamos a ver atisbos del: "*ama a tu prójimo como a ti mismo*" de Jesús.

Todo es progresivo. El cambio es grande, no puede hacerse de una vez.

Esto ocurre en este contexto:

> «Todo el pueblo percibía los truenos y relámpagos, el sonido de la trompeta y el monte humeante, y temblando de miedo se mantenía a distancia. Dijeron a Moisés: "Habla tú con nosotros, que podremos entenderte, pero que no hable Dios con nosotros, no sea que muramos". Respondió Moisés al pueblo: "No temáis, pues Dios ha venido para poneros a prueba, para que su temor esté ante vuestros ojos, y no pequéis". Y el pueblo se mantuvo a distancia, mientras Moisés se acercaba a la densa nube donde estaba Dios.» (Éxodo 20:18-20)

Dios le da leyes al pueblo de Israel, a través de Moisés

«Dijo Yahveh a Moisés: Así dirás a los israelitas: Vosotros mismos habéis visto que os he hablado desde el cielo. No haréis junto a mí dioses de plata, ni os haréis dioses de oro.» (Éxodo 20:22-24)

Vemos aquí, nuevamente, la importancia de terminar con la adoración a otros dioses.

Luego, se enumeran leyes de todo tipo: cómo tratar a los esclavos, cómo actuar ante este conflicto o ante este otro, qué hacer con los robos, los accidentes, y muchas otras cuestiones.

Un código civil y penal muy resumido de temas básicos y claves en la vida de esta gente para ese momento.

Está claro que el nivel de atraso de la humanidad en ese tiempo era muy notorio. La pena de muerte estaba a la orden del día.

Me imagino que no sería fácil mantener quietas a estas personas. Si la amenaza no era grande no se detendrían, aún así no se detenían. Basta con percatarnos que, aunque podían ver delante de ellos una manifestación de poder tal como la columna de fuego de Dios, ellos igual protestaban, igual hacían lo que estaba explícitamente prohibido, como crear ídolos de otros dioses, o intentar volver a Egipto porque "allá estábamos mejor".

Es posible que castigos que no estuviesen a la altura de la pena de muerte les parecieran una broma.

Hay momentos, al leer la Biblia, en que pienso, ¿cómo Dios era parte de esta clase de cosas?, ¿cómo se las permitía?, o, es más, ¿cómo se las validaba? Pero, si tenemos en cuenta que ese tipo de actitudes era lo habitual entre esa gente, vemos, que para llegar a otras formas más evolucionadas de castigos sociales -por expresarlo de alguna manera-, era necesario partir de lo que era "normal". Me refiero a la relación existente entre la ley o las legislaciones y los hechos o actitudes a legislar.

Este otro párrafo nos puede dar una idea más precisa aún de la barbarie de estos pueblos, y del porqué era necesario un cambio, una evolución.

>>«Vino, pues, Moisés y refirió al pueblo todas las palabras de Yahveh y todas sus normas. Y todo el pueblo respondió a una voz: "Cumpliremos todas las palabras que ha dicho Yahveh". Entonces escribió Moisés todas las palabras de Yahveh; y, levantándose de mañana, alzó al pie del monte un altar y doce estelas por las doce tribus de Israel. Luego mandó a algunos jóvenes, de los israelitas, que ofreciesen holocaustos e inmolaran novillos como sacrificios de comunión para Yahveh. Tomó Moisés la mitad de la sangre y la echó en vasijas; la otra mitad la derramó sobre el altar. Tomó después el libro de la Alianza y lo leyó ante el pueblo, que respondió: "Obedeceremos y haremos todo cuanto ha dicho Yahveh". Entonces tomó Moisés la sangre, roció con ella al pueblo y dijo: "Esta es la sangre de la Alianza que Yahveh ha hecho con vosotros, según todas estas palabras".
>> Moisés subió con Aarón, Nadab y Abihú y setenta de los ancianos de Israel, y vieron al Dios de Israel. Bajo sus pies había como un pavimento de zafiro tan puro como el mismo cielo.

No extendió él su mano contra los notables de Israel, que vieron a Dios, comieron y bebieron.» (Éxodo 24:1-10)

O sea, la mitad de la sangre la vertió sobre el altar, ¡y la otra mitad se la arrojó a la gente!
No nos asustemos luego de algunas prácticas de los pueblos Mayas y Aztecas de América, este ritual es lo mismo; eso sí, al menos, no incluía sacrificios humanos.

Después de avanzar en la lectura de estos textos a uno ya le empiezan a parecer normales estas actitudes, estos hechos. Ya nos dejan de llamar la atención, hasta nos empiezan a pasar inadvertidas; pero esto no debe ser así, es fundamental siempre mantener fresco el contexto. Hay que estar concientes, en todo momento, de la calidad de gente con la que Dios está, por decirlo así, trabajando. Con qué tipo de situación está lidiando, y desde dónde debe actuar para llevarlos a ideas nuevas como las de Jesús, como las de "pon la otra mejilla", "ama a tu prójimo como a ti mismo".
¿Se imaginan a estas personas poniendo la otra mejilla? ¿No…? Yo tampoco.

***

Al leerle la Biblia a Lautaro, veo con sus ojos estas barbaridades, que trato de ocultárselas lo más posible; si matan un rey le digo que lo encarcelaron y cosas así. Imposible leerle la Biblia tal cual a un pequeño de nueve años. Al ver todos estos hechos con sus ojos, con los ojos de un niño, veo la extrema violencia que encierran estas páginas. La violencia que existía en esos pueblos, y de allí, logro entender, la extrema necesidad de la intervención de Dios para terminar con esa forma de cultura, la imperiosa necesidad de corregir una forma errada de vida, y de revertir la falta de conciencia de sus actos.

***

Igual, hoy, a través del diario o la televisión -si tenemos suerte de estar lejos de los conflictos, o sino, aquellos menos afortunados que los presencian personalmente-, somos espectadores de hechos casi igual de terribles como las guerras mundiales; EE UU lanzando armas atómicas sobre Japón; Korea, Viet Nam, Europa central; las invasiones de EEUU en Afganistán o Irak, donde la tierra quedó arrasada, y las poblaciones civiles fueron casi exterminadas. El mismo pueblo israelita que no deja de perseguir a la población de Palestina. En su momento Rusia y sus países satélites. China y el Tibet, e infinitas otras muestras de que la evolución espiritual humana es lenta, muy lenta. Aún somos salvajes, muy salvajes. Sólo hay que mirar unos minutos la televisión para ver un desfile de muerte y destrucción sin sentido.

La evolución tecnológica no acompaña la evolución espiritual.

La evolución de la tecnología no puede compararse con la evolución espiritual.

Miremos los últimos doscientos años. Hoy, en vez de correr a caballo para matar a los supuestos enemigos y saquear sus ciudades, lo hacemos con un tanque, un portaaviones y satélites; pero, de todas maneras, seguimos saqueando a nuestros supuestos enemigos para quedarnos con lo que tienen. El cambio, me parece a mí, reside en que ya no nos parece bien. Parecería que cada vez lo vemos peor, que ya no avalamos tanto esas acciones, y que a los poderosos les cuesta cada vez más justificar sus barbaridades.

Toda la evolución es lenta, lenta, muy lenta.

Las Tablas de la Ley

«Después de hablar con Moisés en el monte Sinaí, le dio las dos tablas del Testimonio, tablas de piedra, escritas por el dedo de Dios.

Cuando el pueblo vio que Moisés tardaba en bajar del monte, se reunió el pueblo en torno a Aarón y le dijeron: "Anda, haznos un dios que vaya delante de nosotros, ya que no sabemos qué ha sido de Moisés, el hombre que nos sacó de la tierra de Egipto". Aarón les respondió: "Quitad los pendientes de oro de las orejas de vuestras mujeres, de vuestros hijos y vuestras hijas, y traédmelos". Y todo el pueblo se quitó los pendientes de oro que llevaba en las orejas, y los entregó a Aarón. Los tomó él de sus manos, hizo un molde y fundió un becerro. Entonces ellos exclamaron: "Este es tu Dios, Israel, el que te ha sacado de la tierra de Egipto". Viendo esto Aarón, erigió un altar ante el becerro y anunció: "Mañana habrá fiesta en honor de Yahveh". Al día siguiente se levantaron de madrugada y ofrecieron holocaustos y presentaron sacrificios de comunión. Luego se sentó el pueblo a comer y beber, y después se levantaron para solazarse.

«Acusación divina y primera intercesión de Moisés

«Entonces habló Yahveh a Moisés, y dijo: "¡Anda, baja! Porque tu pueblo, el que sacaste de la tierra de Egipto, ha pecado. Bien pronto se han apartado el camino que yo les había prescrito. Se han hecho un becerro fundido y se han postrado ante él; le han ofrecido sacrificios y han dicho: "Este es tu Dios, Israel, el que te ha sacado de la tierra de Egipto".

Y dijo Yahveh a Moisés: "Ya veo que este pueblo es un pueblo de dura cerviz. Déjame ahora que se encienda mi ira contra ellos y los devore; de ti, en cambio, haré un gran pueblo". Pero Moisés trató de aplacar a Yahveh su Dios, diciendo: "¿Por qué, oh Yahveh, ha de encenderse tu ira contra tu pueblo, el que tú sacaste de la tierra de Egipto con gran poder y mano fuerte? ¿Van a poder decir los egipcios: Por malicia los ha sacado, para matarlos en las montañas y exterminarlos de la faz de la tierra? Abandona el ardor de tu cólera y renuncia a lanzar el mal contra tu pueblo. Acuérdate de Abraham, de Isaac y de Israel, siervos tuyos, a los cuales juraste por ti mismo: Multiplicaré vuestra descendencia como las estrellas del cielo; toda esta tierra que os tengo prometida, la daré a vuestros descendientes, y ellos la poseerán como herencia para siempre". Yahveh renunció a lanzar el mal con que había amenazado a su pueblo.» (Éxodo 31:18), (Éxodo 32:1-15)

¿Se dan cuenta? Un momento en que Moisés se ausenta y el pueblo Israelita ya está, otra vez, fabricando ídolos de otros dioses. No sólo eso, sino que, además, la persona a la que dejan a su cuidado, Aarón, es quien se encarga de organizar la fundición de la estatua.

¿Podemos culpar a Dios por querer eliminarlos a todos? La verdad es que no, porque realmente no había pasado mucho tiempo, digamos años, ni Moisés había desaparecido y no había vuelto. No, fueron simplemente unos días, y ellos sabían bien dónde estaba Moisés y qué era o qué estaba haciendo.

En fin…

«Volvióse Moisés y bajó del monte, con las dos tablas del Testimonio en su mano, tablas escritas por ambos lados; por una y otra cara estaban escritas.

Las tablas eran obra de Dios, y la escritura, grabada sobre las mismas, era escritura de Dios. Cuando Josué oyó la voz del pueblo que gritaba, dijo a Moisés: "Gritos de guerra en el campamento". Respondió Moisés: "No son gritos de victoria, ni alarido de derrota. Cantos a coro es lo que oigo".

«Cuando Moisés llegó cerca del campamento y vio el becerro y las danzas, ardió en ira, arrojó de su mano las tablas y las hizo añicos al pie del monte. Luego tomó el becerro que habían hecho, lo quemó y lo molió hasta reducirlo a polvo, que esparció en el agua, y se lo dio a beber a los israelitas. Y dijo Moisés a Aarón: "¿Qué te hizo este pueblo para que hayas traído sobre él tan gran pecado?" Aarón respondió: "No se encienda la ira de mi señor. Tú mismo sabes que este pueblo es inclinado al mal. Me dijeron: "Haznos un dios que vaya delante de nosotros, ya que no sabemos qué le ha sucedido a Moisés, el hombre que nos sacó de la tierra de Egipto". Yo les contesté: "El que tenga oro despréndase". Ellos se lo quitaron y me lo dieron; yo lo eché al fuego y salió este becerro".

Vio Moisés al pueblo desenfrenado -pues Aarón les había permitido entregarse a la idolatría en medio de sus adversarios- y se puso Moisés a la puerta del campamento, y exclamó: "¡A mí los de Yahveh!" y se le unieron todos los hijos de Leví. El les dijo: "Así dice Yahveh, el Dios de Israel: Cíñase cada uno su espada al costado; pasad y repasad por el campamento de puerta en puerta, y matad cada uno a su hermano, a su amigo y a su pariente".

Cumplieron los hijos de Leví la orden de Moisés; y cayeron aquel día unos 3000 hombres del pueblo. Y dijo Moisés: "Hoy habéis recibido la investidura como sacerdotes de Yahveh, cada uno a costa de vuestros hijos y vuestros hermanos, para que él os dé hoy la bendición".

«Al día siguiente dijo Moisés al pueblo: "Habéis cometido un gran pecado. Yo voy a subir ahora donde Yahveh; acaso pueda obtener la expiación de vuestro pecado".

Volvió Moisés donde Yahveh y dijo: "¡Ay! Este pueblo ha cometido un gran pecado al hacerse un dios de oro. Con todo, si te dignas perdonar su pecado..., y si no, bórrame del libro que has escrito". Yahveh respondió a Moisés: Al que peque contra mí, le borraré yo de mi libro. Ahora ve y conduce al pueblo adonde te he dicho. He aquí que mi ángel irá delante de ti, mas en el día de mi visita los castigaré yo por su pecado".

Y Yahveh castigó al pueblo a causa del becerro

fabricado por Aarón.» (Éxodo 32:15-35)

Luego de esto, Moisés le pide a Dios que lo acompañe personalmente en todo lo que iba a tener que realizar para llegar a la tierra que le había prometido y éste accede.

Le vuelve a dar instrucciones sobre lo que tendrían que hacer al encontrarse con los pueblos que Dios les iba a entregar, y recalca nuevamente el hecho de que debían destruir sus dioses y sus altares, los dioses y los altares de "los otros".

Dios le vuelve a dar dos tablas del "*Testimonio*".

– Pienso: a ver si esta vez no las arruinan…

> «Dijo Yahveh a Moisés: "Consigna por escrito estas palabras, pues a tenor de ellas hago alianza contigo y con Israel".
>
> Moisés estuvo allí con Yahveh cuarenta días y cuarenta noches, sin comer pan ni beber agua. Y escribió en las tablas las palabras de la alianza, las diez palabras.» (Éxodo 34:27-29)

Cuando Moisés terminaba de hablar con Dios su rostro brillaba, por lo que lo cubría con un velo hasta que volvía a hablar con Él de nuevo.

Moisés, con expresas instrucciones de Dios, fabrica una Tienda del Encuentro donde se realizarían sus conversaciones de ahí en más.

> «Por fin alzó el atrio que rodeaba la Morada y el altar, y colgó el tapiz a la entrada del atrio. Así acabó Moisés los trabajos.
>
> La Nube cubrió entonces la Tienda del Encuentro y la gloria de Yahveh llenó la Morada.
>
> Moisés no podía entrar en la Tienda del En-

cuentro, pues la Nube moraba sobre ella y la gloria de Yahveh llenaba la Morada.

En todas las marchas, cuando la Nube se elevaba de encima de la Morada, los israelitas levantaban el campamento. Pero si la Nube no se elevaba, ellos no levantaban el campamento, en espera del día en que se elevara. Porque durante el día la Nube de Yahveh estaba sobre la Morada y durante la noche había fuego a la vista de toda la casa de Israel.

Así sucedía en todas sus marchas.» (Éxodo 40:34-37)

Algunas leyes

Durante el éxodo, en el desierto, Dios le da las leyes y preceptos a cumplir, algunas con severos, muy severos castigos.

Ciertas normas me llamaron la atención, digamos que la mayoría me llamaron la atención, pero algunas más que otras.

No se podía desangrar a los animales en cualquier parte, eso sólo podía hacerse sobre el altar de Yahveh. No se podía comer la sangre. «De este modo ellos ya no seguirán sacrificando sus sacrificios a los sátiros tras los cuales estaban prostituyéndose» (Levítico 17:7-8)

Ya mencionamos que era una costumbre de estos pueblos, tanto del israelita, que al parecer las había adquirido en Egipto, como de los otros pueblos de la región. Y eran esas costumbres de sacrificios con sangre, las que Dios, quería terminar.

Me da la impresión de que es similar a la actitud que tiene un adulto con los niños, cuando se procede así: "A ver, ¿qué están haciendo?, ¿están jugando con fuego?, bueno, pero cuando quieran prender fósforos háganlo aquí conmigo". Algo como: "ya que no puedo sacarles los fósforos, todavía, al menos que no termine en un desastre".

Pensar que hoy, tres o cuatro mil años después, aún hay gente que es capaz de matar animales para efectuar ofrendas a dioses, o entidades. Aún hay personas que son capaces de creer que Dios pueda ver bien ese tipo de rituales, y que esos actos no tendrán consecuencias.

Todavía vemos rescoldos de esos politeístas bárbaros, esos niños espirituales, personas que son capaces de pedirle a Dios, o a distintas entidades, que le hagan mal a sus semejantes. ¿Qué piensan esas personas? ¿Creerán que Dios no las ve? ¿Que Dios no sabe lo que están haciendo? ¿Que Dios no ve dentro de sus almas sus intenciones? No entiendo su razonamiento. Probablemente creen en entidades bajas, que son capaces de matar por encargo, debido a que ven sólo lo malo que hay a su alrededor, y no pueden percibir que lo maligno es sólo una fracción menor, que la creación es maravillosa, y que la gente es en su mayoría buena, que aman a sus hijos, y que quieren que sus padres les den afecto y los cuiden, que tienen mascotas a las que tratan como parte de su familia.

Siempre pienso cómo se da la evolución, sólo hay que observar.

No es cierto que todo tiempo pasado fue mejor, sino, recapacitemos sobre estas historias que hemos leído. Por ejemplo, cada vez existe menos gente que le pega a sus hijos, cuando hace veinte años era algo habitual.

Ya casi no existe la pena de muerte en el mundo. Es cierto

que hay países muy atrasados que aún la implementan, pero hace doscientos años esto era algo absolutamente normal y cotidiano, al igual que la esclavitud o la discriminación.

La evolución es lenta, muy lenta, y Dios es paciente, muy paciente.

«"No hagáis como se hace en la tierra de Egipto, donde habéis habitado, ni hagáis como se hace en la tierra de Canaán a donde os llevo; no debéis seguir sus costumbres".» (Levítico 18:3-4)

Justamente, la idea de Dios es terminar con esas costumbres, de eso se trata su plan.

«"Cumplid mis normas y guardad mis preceptos, caminando según ellos. Yo soy Yahveh, vuestro Dios. Guardad mis preceptos y mis normas. El hombre que los cumpla, por ellos vivirá.

Ninguno de vosotros se acerque a una consanguínea suya para descubrir su desnudez. Yo, Yahveh.

No descubrirás la desnudez de tu padre ni la desnudez de tu madre. Es tu madre; no descubrirás su desnudez.

No descubrirás la desnudez de la mujer de tu padre; es la misma desnudez de tu padre.

No descubrirás la desnudez de tu hermana, hija de tu padre o hija de tu madre, nacida en casa o fuera de ella.

No descubrirás la desnudez de la hija de tu hijo o de la hija de tu hija, pues es tu propia desnudez.

No descubrirás la desnudez de la hija de la

mujer de tu padre, engendrada de tu padre, que es tu hermana.

No descubrirás la desnudez de la hermana de tu padre; es carne de tu padre.

No descubrirás la desnudez de la hermana de tu madre; es carne de tu madre.

No descubrirás la desnudez del hermano de tu padre; no te acercarás a su mujer; es la mujer de tu tío.

No descubrirás la desnudez de tu nuera, es la mujer de tu hijo; no descubrirás su desnudez.

No descubrirás la desnudez de la mujer de tu hermano; es la desnudez de tu hermano.

No descubrirás la desnudez de una mujer y la de su hija, ni tomarás la hija de su hijo ni la hija de su hija para descubrir su desnudez; son tu propia carne; sería un incesto.

No tomarás a una mujer juntamente con su hermana, haciéndola rival de ella y descubriendo su desnudez mientras viva la primera. Tampoco te acercarás a una mujer durante la impureza menstrual, para descubrir su desnudez. Levítico

No te juntes carnalmente con la mujer de tu prójimo, contaminándote con ella.

No darás ningún hijo tuyo para hacerlo pasar ante Mólek; no profanarás así el nombre de tu Dios. Yo, Yahveh.

No te acostarás con varón como con mujer; es abominación.

No te unirás con bestia haciéndote impuro por ella. La mujer no se pondrá ante una bestia para unirse con ella; es una infamia.

No os hagáis impuros con ninguna de estas

acciones, pues con ellas se han hecho impuras las naciones que yo voy a arrojar ante vosotros. Se ha hecho impuro el país; por eso he castigado su iniquidad, y el país ha vomitado a sus habitantes.

Vosotros, pues, guardad mis preceptos y mis normas, y nos cometáis ninguna de estas abominaciones, ni los de vuestro pueblo ni los forasteros que residen entre vosotros. Porque todas estas abominaciones han cometido los hombres que habitaron el país antes que vosotros, y por eso el país se ha llenado de impurezas. Y no os vomitará la tierra por vuestras impurezas, del mismo modo que vomitó a las naciones anteriores a vosotros; sino que todos los que cometan una de estas abominaciones, ésos serán exterminados de en medio de su pueblo.

Guardad, pues, mis observancias; no practicaréis ninguna de las costumbres abominables que se practicaban antes de vosotros, ni os hagáis impuros con ellas. Yo, Yahveh, vuestro Dios."» (Levítico 18:4-30)

«Habló Yahveh a Moisés, diciendo:
"Habla a toda la comunidad de los israelitas y diles: "Sed santos, porque yo, Yahveh, vuestro Dios, soy santo.

Respete cada uno de vosotros a su madre y a su padre. Guardad mis sábados. Yo, Yahveh, vuestro Dios.

No os volváis hacia los ídolos, ni os hagáis dioses de fundición.

Cuando sacrifiquéis a Yahveh un sacrificio

de comunión, sacrificadlo de modo que le seáis gratos.

La víctima se ha de comer el mismo día en que la inmoléis, o al día siguiente; y lo que sobre hasta el día tercero, será quemado.

Si se come algo al tercer día, será un manjar corrompido; el sacrificio no será grato. El que lo coma, cargará con su iniquidad, porque ha profanado la Santidad de Yahveh. Esa persona será extirpada de entre su parentela.

Cuando cosechéis la mies de vuestra tierra, no siegues hasta el borde de tu campo, ni espigues los restos de tu mies. Tampoco harás rebusco de tu viña, ni recogerás de tu huerto los frutos caídos; los dejarás para el pobre y el forastero.

No hurtaréis; no mentiréis ni os defraudaréis unos a otros.

No juraréis en falso por mi nombre: profanarías el nombre de tu Dios. Yo, Yahveh.

No oprimirás a tu prójimo, ni lo despojarás.

No retendrás el salario del jornalero hasta el día siguiente.

No maldecirás a un mudo, ni pondrás tropiezo ante un ciego, sino que temerás a tu Dios. Yo, Yahveh. Siendo juez no hagas injusticia, ni por favor del pobre, ni por respeto al grande: con justicia juzgarás a tu prójimo.

No andes difamando entre los tuyos; no demandes contra la vida de tu prójimo. Yo, Yahveh.

No odies en tu corazón a tu hermano, pero corrige a tu prójimo, para que no te cargues con pecado por su causa.

No te vengarás ni guardarás rencor contra los

hijos de tu pueblo.

Amarás a tu prójimo como a ti mismo. Yo, Yahveh.

Guardad mis preceptos.

No aparearás ganado tuyo de diversa especie.

No siembres tu campo con dos clases distintas de grano.

No uses ropa de dos clases de tejido. Si un hombre se acuesta maritalmente con una mujer que es una sierva perteneciente a otro, sin que haya sido rescatada ni liberada, será él castigado, pero no con pena de muerte, pues ella no era libre. El ofrecerá un carnero, su sacrificio de reparación para Yahveh, a la entrada de la Tienda del Encuentro; será un carnero de reparación. Con el carnero de reparación, el sacerdote hará expiación por él ante Yahveh por el pecado que cometió, y se le perdonará su pecado.

Cuando entréis en la tierra y plantéis toda clase de árboles frutales, consideraréis impuro su fruto, como incircunciso; por tres años os serán como incircuncisos y no se podrán comer. Al cuarto año todos sus frutos serán consagrados en fiesta de alabanza en honor de Yahveh. Y en el quinto año podréis comer de su fruto y almacenar en vuestro provecho su producto. Yo, Yahveh, vuestro Dios.

No comáis nada con sangre.

No practiquéis encantamiento ni astrología.

No rapéis en redondo vuestra cabellera, ni cortes los bordes de tu barba.

No haréis incisiones en vuestra carne por los muertos; ni os haréis tatuaje.

No profanarás a tu hija, prostituyéndola; no sea que la tierra se prostituya y se llene de incestos.

Guardad mis sábados y respetad mi santuario. Yo, Yahveh.

No os dirijáis a los nigromantes, ni consultéis a los adivinos haciéndoos impuros por su causa. Yo, Yahveh, vuestro Dios.

Ponte en pie ante las canas y honra el rostro del anciano; teme a tu Dios. Yo, Yahveh.

Cuando un forastero resida junto a ti, en vuestra tierra, no le molestéis.

Al forastero que reside junto a vosotros, le miraréis como a uno de vuestro pueblo y lo amarás como a ti mismo; pues forasteros fuisteis vosotros en la tierra de Egipto. Yo, Yahveh, vuestro Dios.

No cometáis injusticia en los juicios, ni en las medidas de longitud, de peso o de capacidad: tened balanza justa, peso justo, medida justa y sextario justo. Yo soy Yahveh vuestro Dios, que os saqué del país de Egipto.

Guardad todos mis preceptos y todas mis normas, y ponedlos en práctica. Yo, Yahveh."» (Levítico 19:1-37)

Repasemos un poco estos párrafos.

"*Sed santos*", el pueblo elegido debía ser santo.

Además, si existía la necesidad de una ley, se debía a que se trataba de legislar lo que ocurría.

Por un lado vemos que no hay nada nuevo bajo el sol, ya en esa época había jueces que no impartían justicia, o que beneficiaban injustamente a unos o perjudicaban a otros. También se reitera nuevamente la advertencia de no hacer ídolos, como si no los hubiese dicho ya unas mil veces, pero parece que va a tener que decirlo otras mil veces más.

Ya se vislumbra el "*amarás a tu prójimo como a ti mismo*", no sólo al prójimo -porque está claro que todo se toma al pie de la letra con tal de no cumplir-, también se agrega y aclara al extranjero: "*Al forastero que reside junto a vosotros, le miraréis como a uno de vuestro pueblo y lo amarás como a ti mismo*", si Él no lo aclara, el extranjero, que no era prójimo…, no iba a entrar en la norma.

Recordemos que, como era importante no mezclarse, entonces, hacerles entender que los otros también tenían derechos era complicado.

Entre las normas, además se habla permanentemente de no rendir culto a Molek, también llamado Melek, Milcom, Moloch, dependiendo de la traducción, a este dios de los cananeos se le realizaban sacrificios de niños o bebés. Estos crímenes se pagaban con la muerte, no había perdón para semejantes actos.

«"Dirás a los israelitas: "Si un hombre cualquiera de entre los israelitas o de los forasteros que residen en Israel entrega uno de sus hijos a Mólek, morirá sin remedio; el pueblo de la tierra lo lapidara. Yo mismo volveré mi rostro contra ese hombre y los exterminaré de en medio de su pueblo, por haber entregado un hijo suyo a Mólek, haciendo impuro mi santuario y profanando mi nombre santo.

Si el pueblo de la tierra cierra los ojos ante ese hombre que entregó uno de sus hijos a Mólek, y no le da muerte, yo mismo volveré mi rostro contra ese hombre y contra su familia, y lo exterminaré de entre su pueblo, a él y a todos los que como él se prostituyan tras Mólek".» (Levítico 20:1-6)

La aclaración de los seis días para trabajar y el descanso del séptimo específicamente es para tener presente en todo momento el sistema de creación de Dios. Recordemos el Génesis. Todo tiene su motivo, y es necesario que todos los que vean lo que hacen los israelitas recuerden porqué se hace. Cada vez que se habla de normas, se vuelve sobre el tema de los días de trabajo y el día de descanso.

«"Seis días se trabajará, pero el séptimo día será de descanso completo, reunión sagrada en que no haréis trabajo alguno. Será descanso de Yahveh dondequiera que habitéis".» (Levítico 23:3-4)

Dios creó los cielos y la tierra en siete días, Dios, el único dios, Yahveh, el dios de los israelitas.

La ley del talión, ojo por ojo, diente por diente [15]

«"Si alguno causa una lesión a su prójimo, como él hizo así se le hará: fractura por fractura, ojo por ojo, diente por diente; se le hará la misma lesión que él haya causado a otro."» (Levítico 24:20-22)

Debemos pensar en el contexto. Tengamos en cuenta qué tipo de gente tenía Dios entre manos.

Para poder controlarlos y que entendieran cómo debían comportarse no podía darles mucho lugar, mucho espacio de movimiento, porque carecían de límites. Tenían que comprender, en su mente, como fuera, que no podían hacerle mal a nadie.

Esto me ha hecho pensar mucho, ¡qué gente difícil!, ¡qué pueblos complicados!, ¿habría otros pueblos tan difíciles en esa época?, ¿alguno que justificara una intervención de Dios directa para apaciguarlo?, ¿o eliminarlo definitivamente?

Investigando un poco observo, por un lado, a África, en la que por esa época existían civilizaciones que estaban muy, muy atrasadas, casi ancladas en la prehistoria; en cambio Asia, ya presentaba culturas más avanzadas en la región de

---

15 El término ley del talión (latín: lex talionis) se refiere a un principio jurídico de justicia retributiva en el que la norma imponía un castigo que se identificaba con el crimen cometido. El término "talión" deriva de la palabra latina "talis" o "tale" que significa idéntica o semejante, de modo que no se refiere a una pena equivalente sino a una pena idéntica. Históricamente, constituye el primer intento por establecer una proporcionalidad entre daño recibido en un crimen y daño producido en el castigo, siendo así el primer límite a la venganza.

India y China. Europa y América, también se encontraban en la prehistoria. Recordemos que la última en ser colonizada fue América, a la que el hombre llegó a través del estrecho de Bering, y posiblemente también por mar, -no me refiero a Colon sino a los habitantes primigenios-.

Analizando sus mitologías se comprueba que no había dioses tan viles ni costumbres tan bárbaras. Por ejemplo, en la región de India, el texto sagrado del hinduismo, el Bhagavad Gita, se escribe en el año tres mil antes de Cristo. En este libro se relata la conversación entre Arjuna, un príncipe, y su escudero, su primo Krishna, quien es una manifestación de Dios en forma de persona. Krishna le explica a Arjuna todo acerca de Dios.

En ese mismo momento la región en la que transcurre la Biblia era totalmente politeísta, sin embargo el Bhagavad Gita es monoteísta.

Normalmente mucha gente, al hablar del hinduismo, opina que es una religión politeísta, pero esto ocurre simplemente por un profundo desconocimiento de su filosofía.

Para el hinduismo Dios es uno solo. Este dios tienen infinitas manifestaciones, y esas manifestaciones adquieren diferentes formas y características, pero Dios es uno solo.

De esta filosofía o cosmovisión me maravillan sus explicaciones, en las que los períodos son enormes, de miles de millones de años.

Por ejemplo: Según las escrituras védicas, los cuatro yugás (eras) forman un ciclo de 4.320.000 años (un majá-yugá, o 'gran era'), que se repite de esta forma: Satyá-yugá ('era de la verdad'), la primera era, de 1.728.000 años de duración en la que el promedio de vida era de 100 000 años. Era de oro, según otra nomenclatura. Duapára-yugá ('segunda era') de 1.296.000 años con un promedio de vida de 10.000 años. Era de plata. Treta-yugá ('tercera era') de 864.000 años cuyo promedio de vida era de 1000 años. Era de bronce (no se pretende que coincida con la Edad de Bronce en la India). Finalmente Kali-yugá ('era de riña') de 432 000 años. El promedio de vida es de 100 años (al comienzo de la era, hace 5100 años). Era de hierro (que tampoco se pretende que coincida con la Edad de Hierro en la India).

Interesante ¿no? Además su filosofía está basada en el Dharma, la acción correcta, y el Karma, la consecuencia de los actos.

Solemos escuchar hablar del Karma como de algo malo, cuando en realidad no es ni bueno ni malo, ya que es simplemente la consecuencia de los actos. Si se actúa correctamente se tendrá un buen karma y si se actúa de manera maliciosa se obtendrá un mal karma. Y Dios siempre puede perdonar y revertir el karma de alguien.

Los pueblos de Europa son Indoeuropeos, lo que significa que han recibido una gran influencia de India, por eso su mitología es bastante "tranquila", mucho menos violenta podríamos decir, de hecho no hubo choques a la llegada del cristianismo a Europa.

Es posible que los místicos, los religiosos, comprendieran que, aunque el dios tenía otro nombre, si era uno solo, era el mismo.

La mitología china también tiene su base, como la de la India en la acción correcta.

Según las narraciones mitológicas del pueblo chino, hay una deidad superior, creadora del mundo y de todo cuanto existe, rey de los mortales y de los demás dioses. Recibe el nombre genérico de "Venerable Celeste del Origen Primero".

Basan su filosofía en lo moral como único aspecto regulador de toda relación social, ya sea pública o privada, que debería de desembocar, por obligación, en una ética del altruismo, del desprendimiento, de la solidaridad, del respeto y de la tolerancia entre los humanos. Se trataría de erradicar la beligerancia, el odio y las guerras y, al mismo tiempo, sustituirlos por el amor universal y la paz.

Luego, en el año quinientos antes de Cristo, Siddharta Gautama -de origen indú- "El Buda", da origen con su enseñanza al Budismo, el cual se extiende por China e India y posteriormente por todo el mundo.

Buda es un ser autorrealizado, Siddharta alcanza la iluminación.

Al final de su periplo Siddhartha camina hasta el lugar llamado Bodhgaya, en el estado indio Bihar, y se sienta bajo la sombra de un árbol llamado bo o bodhi (ficus religiosa), considerado el árbol de la sabiduría. Al fin, decide no levantarse hasta hallar la respuesta al sufrimiento.

La culminación de sus meditaciones llega, cuando toma conciencia de que ya se ha liberado definitivamente. Comprende las Cuatro Nobles Verdades[16]. Ya no pesa sobre él la ilusión del falso yo: su verdadero ser está más allá de las dualidades del aferramiento y la repulsión; ha trascendido el espacio y el tiempo, la vida y la muerte. Comprende que nunca más volverá a renacer, que ha roto el eterno girar de la rueda del samsara[II]. Esto es el nirvana, la liberación del ciclo de reencarnaciones.

---

16   Toda existencia es sufrimiento (duh.kha). El origen del sufrimiento es el anhelo (o deseo, sed, "tanha-") El sufrimiento puede extinguirse, extinguiendo su causa. Para extinguir la causa del sufrimiento, debemos seguir el Noble camino óctuple.

Contando para entonces treinta y cinco años, según la leyenda, Siddhartha emergió de sus meditaciones como un Buda ('despierto', 'iluminado') y siguió sentado bajo el árbol bodhi durante cierto tiempo, disfrutando de la dicha de la renunciación, de la liberación. Después comenzó a enseñar sobre el nirvana a quien lo oyera; fundando lo que se conoce en Oriente como Buddha-Dharma (la enseñanza del buda); en occidente se conoce más comúnmente como Budismo.

Adoptó varios discípulos. Algunos de ellos también alcanzaron la Iluminación y enseñaron a su vez a nuevas personas, y la enseñanza perdura hasta el día de hoy.

La rueda el samsara es el ciclo de reencarnaciones, a través del cual las almas se purifican hasta alcanzar la iluminación.

Todos podemos alcanzar la iluminación según el hinduismo–budismo.

***

Nos hemos desviado un poco, pero valía la pena, así podemos ver mejor la situación general del mundo en ese momento y el porqué Dios elige ese lugar en particular para esta cruzada contra el politeísmo y contra esas seudo religiones bárbaras.

Las civilizaciones más sangrientas y más alejadas de la mano de Dios estaban, al parecer, en la Mesopotamia. Allí, los sacrificios humanos y todo tipo de costumbres muy desviadas, estaban a la orden del día, al igual que la falta de comprensión de que se debía actuar moralmente, correctamente.

***

Mientras las otras grandes culturas de Oriente ya habían asumido el monoteísmo, y habían comprendido el "ama a tu prójimo como a ti mismo" los sumerios, los acadios, los egipcios, los caldeos, y los otros pueblos de Mesopotamia estaban abocados al peor politeísmo, si es que podemos hablar de mejores y peores politeísmos.

No hay duda de que el trabajo que Dios le había dado a su pueblo elegido iba a ser muy duro, iba a ser una tarea tremenda, una misión prácticamente militar; debían de arrasar con pueblos que Dios, estaba claro, consideraba irrecuperables.

La Marcha en el Desierto

«El pueblo profería quejas amargas a los oídos de Yahveh, y Yahveh lo oyó. Se encendió su ira y ardió un fuego de Yahveh entre ellos y devoró un extremo del campamento.

El pueblo clamó a Moisés y Moisés intercedió ante Yahveh, y el fuego se apagó. Por eso se llamó aquel lugar Taberá, porque había ardido contra ellos el fuego de Yahveh.

La chusma que se había mezclado al pueblo se dejó llevar de su apetito. También los israelitas volvieron a sus llantos diciendo: "¿Quién nos dará carne para comer? Cómo nos acordamos del pescado que comíamos de balde en Egipto, y de los pepinos, melones, puerros, cebollas y ajos! En cambio ahora tenemos el alma seca. No hay de nada. Nuestros ojos no ven más que el maná.

«El maná era como la semilla del cilantro; su aspecto era como el del bedelio.

El pueblo se desparramaba para recogerlo; lo molían en la muela o lo majaban en el mortero; luego lo cocían en la olla y hacían con él tortas. Su sabor era parecido al de una torta de aceite.

Cuando, por la noche, caía el rocío sobre el campamento, caía también sobre él el maná.

«Moisés oyó llorar al pueblo, cada uno en su familia, a la puerta de su tienda. Se irritó mucho la ira de Yahveh. A Moisés le pareció mal, y le dijo a Yahveh: "¿Por qué tratas mal a tu siervo? ¿Por qué no he hallado gracia a tus ojos, para que hayas echado sobre mí la carga de todo este pueblo? ¿Acaso he sido yo el que ha concebido a todo este pueblo y lo ha dado a luz, para que me digas: "Llévalo en tu regazo, como lleva la nodriza al niño de pecho, hasta la tierra que prometí con juramento a sus padres?" ¿De dónde voy a sacar carne para dársela a todo este pueblo, que me llora diciendo: Danos carne para comer? No puedo cargar yo solo con todo este pueblo: es demasiado pesado para mí. Si vas a tratarme así, mátame, por favor, si he hallado gracia a tus ojos, para que no vea más mi desventura".» (Números 11:1-15)

Así habrían de ser los cuarenta años que duró la marcha en el desierto. Quejas continuas de parte el pueblo israelita y Dios perdiendo la paciencia. ¿Qué muestras necesitaban para creer? ¿Es que no habían tenido suficientes?

Creo que ellos se sentían arrastrados hacia un destino que no habían pedido, y que posiblemente no les importaba. No les importaba la alianza hecha entre Dios y Abraham, ni las alianzas siguientes.

Me parece que el sentimiento era el de percibirse atrapados. No podían volver, y lo que veían por delante era, por lo menos, muy complicado. No creían que Dios les fuera a dar la *"Tierra Prometida"*, y ni siquiera se la querían ganar. No les interesaba.

El punto clave e irrevocable era, que no tenían opción; y eso los asustaba.

En un punto, me parece, que no se los puede culpar, no se daban cuenta del papel que cumplían en esta obra de Dios. El papel protagónico que Dios les había dado en una historia que era fundamental para la humanidad, que iba a cambiar a la vida de los hombres, que iba a generar un antes y un después, un papel para el cual habían sido escogidos, el papel del *"pueblo elegido"*. El problema era que ellos, los israelitas no entendían para qué habían sido elegidos.

***

Lautaro se ríe y me dice:
– *"Estábamos tan bien en Egipto"*.

Si, comparto con él, la frase resume la incomprensión del pueblo elegido acerca de su destino, de su motivo de ser.

El pueblo hebreo iba a tener que encargarse de erradicar el politeísmo y preparar el terreno para la llegada de una nueva era y aún no lo sabían, es más, es posible que nunca llegaran a darse cuenta.

***

Bien. Dios escuchó a Moisés, cedió su enojo, y les dio carne. Sopló un viento que trajo codornices, muchas codornices, codornices para alimentar a novecientas mil personas. Pero

Dios le dijo a Moisés:

> «"Y al pueblo le dirás: Santificaos para mañana, que vais a comer carne, ya que os habéis lamentado a oídos de Yahveh, diciendo: "¿Quién nos dará carne para comer? Mejor nos iba en Egipto". Pues Yahveh os va a dar carne, y comeréis. No un día, ni dos, ni cinco, ni diez ni veinte la comeréis, sino un mes entero, hasta que os salga por las narices y os dé náuseas, pues habéis rechazado a Yahveh, que está en medio de vosotros, y os habéis lamentado en su presencia, diciendo: ¿Por qué salimos de Egipto?"» (Números 11:18-20)

Y el pueblo juntó a las codornices y comieron, y comieron, y comieron.

> «Y todavía tenían la carne entre los dientes, todavía la estaban masticando, cuando se encendió la ira de Yahveh contra el pueblo, y lo hirió Yahveh con una plaga muy grande.
>
> Se llamó a aquel lugar Quibrot Hattaavá, porque allí sepultaron a la muchedumbre de glotones.» (Números 11:33-34)

Sobran los comentarios...

12
"EN ESTE DESIERTO NO QUEDARÁ UNO: EN EL HAN DE MORIR"

Exploración de Canaán

Dios envía a un grupo a explorar el país de Canaán. Ésta era la tierra que Dios iba a dar a los israelitas tal como se los había prometido.

«Yahveh habló a Moisés y le dijo: "Envía algunos hombres, uno por cada tribu paterna, para que exploren la tierra de Canaán que voy a dar a los israelitas. Que sean todos principales entre ellos".

Los envió Moisés, según la orden de Yahveh, desde el desierto de Parán: todos ellos eran jefes de los israelitas.» (Números 13:1-2)

«Al cabo de cuarenta días volvieron de explorar la tierra. Y se presentaron a Moisés, a Aarón y a toda la comunidad de los israelitas, en el desierto de Parán, en Cadés.

Les hicieron una relación a ellos y a toda la comunidad, y les mostraron los productos del país.

Les contaron lo siguiente: "Fuimos al país al que nos enviaste, y en verdad que mana leche y miel; éstos son sus productos. Sólo que el pueblo que habita en el país es poderoso; las ciudades, fortificadas y muy grandes; hasta hemos visto allí descendientes de Anaq.

El amalecita ocupa la región del Négueb; el hitita, el amorreo y el jebuseo ocupan la montaña; el cananeo, la orilla del mar y la ribera del Jordán".

Caleb acalló al pueblo delante de Moisés, diciendo: "Subamos, y conquistaremos el país, porque sin duda podremos con él". Pero los hombres que habían ido con él dijeron: "No podemos subir contra ese pueblo, porque es más fuerte que nosotros". Y empezaron a hablar mal a los israelitas del país que habían explorado, diciendo: "El país que hemos recorrido y explorado es un país que devora a sus propios habitantes. Toda la gente que hemos visto allí es gente alta. Hemos visto también gigantes, hijos de Anaq, de la raza de los gigantes. Nosotros nos teníamos ante ellos como saltamontes, y eso mismo les parecíamos a ellos".» (Números 13:25-33)

«Entonces toda la comunidad alzó la voz y se puso a gritar; y la gente estuvo llorando aquella noche. Luego murmuraron todos los israelitas contra Moisés y Aarón, y les dijo toda la comunidad: "¡Ojalá hubiéramos muerto en Egipto! Y si no, ¡ojalá hubiéramos muerto en el desierto! ¿Por qué Yahveh nos trae a este país para hacernos caer a filo de espada y que nuestras mujeres y niños caigan en cautiverio? ¿No es mejor que volvamos a Egipto?" Y se decían unos a otros: "Nombremos a uno jefe y volvamos a Egipto".

Moisés y Aarón cayeron rostro en tierra delante de toda la asamblea de la comunidad de los israelitas. Pero Josué, hijo de Nun, y Caleb, hijo de Yefunné, que eran de los que habían explorado el país, rasgaron sus vestiduras dijeron a toda la comunidad de los israelitas: "La tierra que hemos recorrido y explorado es muy buena tierra. Si Yahveh nos es favorable, nos llevará a esa tierra y nos la entregará. Es una tierra que mana leche y miel. No os rebeléis contra Yahveh, ni temáis a la gente del país, porque son pan comido. Se ha retirado de ellos su sombra, y en cambio Yahveh está con nosotros. No tengáis miedo".

Toda la comunidad hablaba de apedrearlos, cuando la gloria de Yahveh se apareció en la Tienda del Encuentro, a todos los israelitas. Y dijo Yahveh a Moisés: "¿Hasta cuándo me va a despreciar este pueblo? ¿Hasta cuándo van a desconfiar de mí, con todas las señales que he hecho entre ellos? Los heriré de peste y los desheredaré. Pero a ti te convertiré en un pueblo más grande y poderoso que ellos". Moisés respondió a Yahveh: "Pero los egipcios saben muy bien que, con tu poder, sacaste a este pueblo de en medio de ellos. Se lo han contado a los habitantes de este país. Estos se han enterado de que tú, Yahveh, estás en medio de este pueblo, y te das a ver cara a cara; de que tú, Yahveh, permaneces en tu Nube sobre ellos, y caminas delante de ellos de día en la columna de Nube, y por la noche en la columna de fuego. Si haces perecer a este pueblo como un solo hombre, dirán los pueblos que han oído hablar de ti: Yahveh, como no ha podido introducir a ese pueblo en la tierra que les había prometido con juramento, los ha matado en el desierto". Muestra, pues, ahora tu poder, mi Señor, como prometiste diciendo: Yahveh es tardo a la cólera y rico en bondad, tolera iniquidad y rebeldía; aunque nada deja sin castigo, castigando la iniquidad de los padres en los hijos hasta la tercera y cuarta generación". Perdona, pues, la iniquidad de este pueblo conforme a la grandeza de tu bondad, como has soportado a este pueblo desde Egipto hasta aquí". Yahveh: "Le perdono, según tus palabras. Pero, vivo yo y la gloria de Yahveh llena toda la tierra, ninguno de los que han visto mi gloria y las señales que he realizado en Egipto y en el desierto, que me han puesto a prueba ya diez veces y no han escuchado mi voz, verá la tierra que prometí con juramento a sus padres. No la verá ninguno de los que me han despreciado. Pero a mi siervo Caleb, ya que fue animado de otro espíritu y me obedeció puntualmente, le haré entrar en la tierra donde estuvo, y su descendencia la poseerá. El amalecita y el cananeo habitan en el llano. Mañana, volveos y partid para el desierto, camino del mar de Suf".

Yahveh habló a Moisés y Aarón y dijo: "¿Hasta cuándo esta comunidad perversa, que está murmurando contra mí? He oído las quejas de los israelitas, que están murmurando contra mí. Diles: Por mi vida -oráculo de Yahveh- que he de hacer con vosotros lo que habéis hablado a mis oídos. Por haber murmurado contra mí, en este desierto caerán vuestros cadáveres, los de todos los que fuisteis revistados y contados, de veinte años para arriba. Os juro que no entraréis en la tierra en la que, mano en alto, juré estableceros. Sólo a Caleb, hijo de Yefunné y a Josué, hijo de Nun, y a vuestros pequeñuelos, de los que dijisteis que caerían en cautiverio, los introduciré, y conocerán la tierra que vosotros habéis despreciado. Vuestros cadáveres caerán en este desierto, y vuestros hijos serán nómadas cuarenta años en el desierto, cargando con vuestra infidelidad, hasta que no falte uno solo de vuestros cadáveres en el desierto. Según el número de los días que empleasteis en explorar el país, cuarenta días, cargaréis cuarenta años con vuestros pecados, un año por cada día. Así sabréis lo que es apartarse de mí. Yo, Yahveh, he hablado. Eso es lo que haré con toda esta comunidad perversa, amotinada contra mí. En este desierto no quedará uno: en él han de morir".

«Los hombres que había enviado Moisés a explorar la tierra, que al volver habían incitado a toda la comunidad a murmurar contra él, poniéndose a hablar mal del país, aquellos hombres que habían hablado mal del país, cayeron muertos delante de Yahveh. En cambio, Josué, hijo de Nun, y Caleb, hijo de Yefunné, sobrevivieron de entre los hombres que habían ido a explorar la tierra. Refirió Moisés estas palabras a todos los israelitas y se afligió mucho el pueblo.

Madrugaron y subieron a la cumbre del monte, diciendo: "Vamos a subir a ese lugar respecto del cual ha dicho Yahveh que hemos pecado". Moisés les respondió: "¿Por qué hacéis eso, pasando por encima de la orden de Yahveh? Eso no tendrá buen éxito. No subáis, porque Yahveh no está en medio de vosotros, no vayáis a ser derrotados frente a vuestros enemigos. Porque el amalecita y el cananeo están allí contra vosotros, y caeréis a filo de espada, pues después de haber abandonado vosotros a Yahveh, Yahveh no está con vosotros". Pero ellos se obstinaron en subir a la cumbre del monte. Ni el arca de la alianza de Yahveh, ni Moisés se movieron del campamento.

Bajaron los amalecitas y los cananeos que habitaban en aquella montaña, los batieron y los destrozaron hasta llegar a Jormá.» (Números 14:1-45)

En este párrafo se encuentra el motivo de los cuarenta años en el desierto. Los israelitas, otra vez, reniegan de Dios y desconfían de Él. Nuevamente olvidan que no hay opción y que, por más que argumenten o busquen excusas, no van a poder volver a Egipto. Dios no lo va a permitir, ya se los ha dicho; pero su gente no termina de entender. Este pueblo no logra comprender y resignarse a la idea de que Dios tiene para ellos una tarea y que no los va a liberar de ella hasta que la hayan realizado, y concluido exitosamente. No hay lugar para el fallo, para el fracaso. En el plan de Dios ellos ya habían vencido y eliminado a los pueblos de esa zona, pueblos que habían caído en la degradación, pueblos que no tenían redención posible.

Para Dios esto era casi un trámite, pero un trámite inexorable, no había ninguna posibilidad de desistir de esta empresa. Pero lo más grave, era, que no lo hacían con la frente en alto, sino a regañadientes, llorando y pataleando, como un niño malcriado, excepto unos pocos, como Josué, Num y Caleb, quienes tenían fe en Yahveh y sabían que debían obedecer lo que Dios mandaba.

Al mirar toda la situación se me ocurren dos cosas. Por un lado, Dios continúa mostrando su enorme poder, por supuesto, obligando a este pueblo a que persevere en esta "marcha por el desierto" haciendo una campaña militar de tierra arrasada. Su ejército, el ejército de Dios, el cual había sido, por decirlo así, entrenado en Egipto a través de cuatrocientos años de opresión.

Cuatrocientos años de casi esclavitud que habían forjado su carácter, era obvio, que habían generado gente dura, capaces de todo, un ejército de temer. Esto era necesario, porque los pueblos a los que iban a tener que enfrentarse eran, también, belicosos, peligrosos, y de costumbres sanguinarias, no había lugar para "blandos".

Por otra parte, Dios se asegura de que los peores del pueblo elegido, los menos evolucionados, los que menos fe tuviesen, los menos confiables, no formen parte de los fundadores de la Tierra Prometida, ya que, declara: «"En este desierto no quedará uno: en él han de morir"» (Números 14:35). Y se asegura de que eso ocurra a la vista de todos, tanto de los propios, el pueblo israelita, como a la vista de "los otros", los otros pueblos que miraban lo que pasaba. ¿Cómo es esto de que ocurra a la vista de todos? Pensemos: si tenemos en cuenta que Dios, para eliminar a uno, o a un grupo, no necesita cuarenta años -ya lo ha demostrado-, sin embargo se toma cuarenta años para hacerlo, es porque algo quiere demostrar. Posiblemente, es que de todos los que salieron de Egipto, de todos esos adultos, que son conocidos por "los otros", y que "los otros" conocen y saben que más de uno era politeísta, adorador de dioses prohibidos por Yahveh, esos y sólo esos, no tomen posesión de la Tierra Prometida. Ésta debe ser obtenida por gente que tiene fe en Yahveh, o al menos, que no llegue con una carga tan pesada como la que traían los que salieron de Egipto.

Me imagino el típico comentario de: "Quién se cree ése que es, si yo lo conozco bien, ése estaba en Egipto y adoraba a los dioses egipcios, y ahora dice que Yahveh es su único dios. No le creo nada", o cosas por el estilo. Parece una tontería, pero no lo es, estamos hablando de actos, en esta historia, muy graves. Ser adorador de otros dioses era penado con la muerte por Dios, y de hecho esta campaña militar tenía ese fin, para eliminar de la manera más eficiente posible a la adoración de dioses falsos, las costumbres bárbaras y sangrientas. Era como una lucha entre el bien y el mal. La eterna lucha entre el bien y el mal. El bien encarnado en Yahveh y las nuevas costumbres, ritos y leyes, y el mal representado por todos esos pueblos sangrientos que eran capaces de ofrecer en sacrificio a sus bebés a dioses como Molec.

El ejército de Dios debía ser santo o perecer, ya que su tarea era una cruzada, una cruzada santa, una cruzada contra el mal.

Este concepto de bien y mal parece muy básico, pero en este mundo donde hay una permanente dualidad de: bien, mal, lindo, feo, blanco, negro, derecha, izquierda..., queda en evidencia que entre dos extremos hay grises. El punto es, me parece, que en ese lugar había un desbalance y las cosas se habían corrido demasiado hacia el extremo negativo.

***

Pienso ahora, si las cruzadas de la Edad Media, de la Iglesia Católica, no habrán tenido como inspiración o modelo esta cruzada de los israelitas. Si la Iglesia Católica no asumió que la tarea no se había terminado y que debía continuarse contra los "herejes", asumiendo una tarea que Dios había mandado.

Nunca debemos olvidar que el catolicismo es la continuación del judaísmo, ya que en realidad la religión es la misma, sólo que los judíos no reconocieron al Mesías, Jesús, y los católicos sí, y por ese motivo se separaron. Mientras los judíos siguen esperando al Mesías, los católicos avanzan con la línea trazada desde el principio.

***

«Los israelitas, toda la comunidad, llegaron al desierto de Sin el mes primero, y se quedó todo el pueblo en Cadés.

Allí murió María y allí la enterraron.

No había agua para la comunidad, por lo que se amotinaron contra Moisés y contra Aarón.

El pueblo protestó contra Moisés, diciéndole: "Ojalá hubiéramos perecido igual que perecieron nuestros hermanos delante de Yahveh. ¿Por qué habéis traído la asamblea de Yahveh a este desierto, para que muramos en él nosotros y nuestros ganados? ¿Por qué nos habéis subido de Egipto, para traernos a este lugar pésimo: un lugar donde no hay sembrado, ni higuera, ni viña, ni ganado, y donde no hay ni agua para beber?"

Moisés y Aarón dejaron la asamblea, se fueron a la entrada de la Tienda del Encuentro, y cayeron rostro en tierra. Y se les apareció la gloria de Yahveh. Yahveh habló con Moisés y le dijo: "Toma la vara y reúne a la comunidad, tú con tu hermano Aarón. Hablad luego a la peña en presencia de ellos, y ella dará sus aguas. Harás brotar para ellos agua de la peña, y darás de be-

ber a la comunidad y a sus ganados".
Tomó Moisés la vara de la presencia de Yahveh como se lo había mandado.
Convocaron Moisés y Aarón la asamblea ante la peña y él les dijo: "Escuchadme, rebeldes. ¿Haremos brotar de esta peña agua para vosotros?" Y Moisés alzó la mano y golpeó la peña con su vara dos veces. El agua brotó en abundancia, y bebió la comunidad y su ganado.
Dijo Yahveh a Moisés y Aarón: "Por no haber confiado en mí, honrándome ante los israelitas, os aseguro que no guiaréis a esta asamblea hasta la tierra que les he dado".» (Números 20:1-12)

Queda claro que ni Aaron ni Moisés debían llegar a la Tierra Prometida. Dios les hace saber a ambos que le habían fallado y que por eso no entrarían en la tierra que había prometido a su pueblo. Es más, Aaron muere es la frontera con Edom, cerca de donde había ocurrido la rebelión del agua de Meribá.

Habían pasado rodeando Edom, pueblo al que los israelitas no agreden, por lo que debemos pensar que debían ser "rescatables". Pero al llegar al Negueb, el rey de Arab los ataca y toman algunos israelitas prisioneros. Con estos sí combaten y destruyen sus ciudades.

Luego, al continuar su marcha:

«Partieron de Hor de la Montaña, camino del mar de Suf, rodeando la tierra de Edom. El pueblo se impacientó por el camino. Y habló el pueblo contra Dios y contra Moisés: "¿Por qué nos habéis subido de Egipto para morir en el desierto? Pues no tenemos ni pan ni agua, y estamos cansados de ese manjar miserable".

Envió entonces Yahveh contra el pueblo serpientes abrasadoras, que mordían al pueblo; y murió mucha gente de Israel.

El pueblo fue a decirle a Moisés: "Hemos pecado por haber hablado contra Yahveh y contra ti. Intercede ante Yahveh para que aparte de nosotros las serpientes," Moisés intercedió por el pueblo. Y dijo Yahveh a Moisés: "Hazte un Abrasador y ponlo sobre un mástil. Todo el que haya sido mordido y lo mire, vivirá".

Hizo Moisés una serpiente de bronce y la puso en un mástil. Y si una serpiente mordía a un hombre y éste miraba la serpiente de bronce, quedaba con vida.» (Números 21:4-9)

¿No hemos escuchado esto antes? "*¿Por qué nos habéis subido de Egipto para morir en el desierto?*", otra vez..., sí, otra vez, y lo vamos a escuchar muchas veces más. No hay caso. Esta gente no aprende. Pero tiene que hacerlo, o por su propia voluntad, o por voluntad de Dios. Sin embargo, no aprenden.

Así va a ser toda la marcha en el desierto, los cuarenta años, una y otra vez, Dios les entrega una ciudad o varias, ellos la toman gracias a que Él está con ellos. Pero, luego, o antes, se quejan, Dios se enoja porque nuevamente lo decepcionan, los castiga, vuelven a agachar la cabeza, piden disculpas, hacen lo que tienen que hacer, y el círculo se cierra y recomienza otra vez.

Y todo ello en un contexto de milagros permanentes y acciones maravillosas, como es esto de curarse del veneno de las serpientes con sólo mirar un mástil.

Estos ciclos que se reiteran los vamos a ver infinidad de veces.

Lo triste de ellos, es la violencia inherente, las muertes, las ciudades arrasadas.

En este camino de eliminación de la idolatría de dioses falsos Dios ha dejado un río de sangre.

***

Leer la Biblia, tratando de comprenderla, analizando, no sólo lo que dice sino, también lo que no dice, es una tarea absolutamente abrumadora. Por un lado, es maravilloso presenciar cómo Dios arma determinadas historias para que se cumplan sus designios y ejemplos. Pero por otra parte, se descubre que toda la gente, el material humano, de esa pequeña parte del mundo, dejaba mucho que desear.

Los pueblos de esa región eran tremendamente primitivos, abocados a cultos primitivos y sanguinarios, y verlos entregados a prácticas violentas puede llegar a ser, cuanto menos, agobiante.

Leerle todas estas historias a Lautaro, tratando de dilucidar, qué leerle de manera textual, qué interpretar, y qué directamente ocultarle, me cansó un poco.

Cada vez que le leo a Lautaro esta frase "*¿Por qué nos habéis subido de Egipto para morir en el desierto?*", Lautaro se toma la cabeza, y nos reímos, pero la realidad está lejos de la risa.

Se pueden imaginar lo que me costó leerle esta "marcha por el desierto" a Lautaro sin que tuviese pesadillas.

Porque yo las tuve…

13
LA TIERRA PROMETIDA

Y llegaron al Jordán

Quien relata es Moisés.

«Cuando la muerte había hecho desaparecer a todos los hombres de guerra en medio del pueblo, Yahveh me habló y me dijo: "Vas a pasar hoy la frontera de Moab, por Ar, y vas a encontrarte con los hijos de Ammón. No los ataques ni les provoques; pues yo no te daré nada del país de los hijos de Ammón, ya que se lo he entregado a los hijos de Lot en posesión. (También éste era considerado país de refaítas; los refaítas habitaron aquí antiguamente; y los ammonitas los llamaban zanzumitas, pueblo grande, numeroso y corpulento como los anaquitas; Yahveh los exterminó ante los ammonitas, que los desalojaron y se establecieron en su lugar; así había hecho también en favor de los hijos de Esaú, que habitaban en Seír, exterminando delante de ellos a los joritas; aquéllos los desalojaron y se establecieron en su lugar hasta el día de hoy. Y también a los avitas, que habitan en los campos hasta Gaza; los kaftoritas, venidos de Kaftor, los exterminaron y se establecieron en su lugar).

«Levantaos, partid y pasad el torrente Arnón. Mira, yo pongo en tus manos a Sijón, el amorreo, rey de Jesbón, y todo su país. Comienza la conquista; provócale al combate. Desde hoy comienzo a infundir terror y miedo de ti entre todos los pueblos que hay debajo del cielo: al tener noticia de tu llegada temblarán todos y se estremecerán".

«Del desierto de Quedemot envié mensajeros a Sijón, rey de Jesbón, con estas palabras de paz: "Voy a pasar por tu país; seguiré el camino sin desviarme a derecha ni a izquierda.

La comida que coma véndemela por dinero, el agua que beba dámela por dinero; sólo deseo pasar a pie, como me han dejado los hijos de Esaú que habitan en Seír y los moabitas que habitan en Ar, hasta cruzar el Jordán para ir hacia la tierra que nos da Yahveh nuestro Dios". Pero Sijón, rey de Jesbón, no quiso dejarnos pasar por allí porque Yahveh tu Dios le había empedernido el espíritu y endurecido el corazón, a fin de entregarle en tus manos, como lo está todavía hoy. Yahveh me dijo: "Mira, he comenzado a entregarte a Sijón y su país; empieza la conquista, apodérate de su territorio".

«Sijón salió a nuestro encuentro con todo su pueblo, y nos presentó batalla en Yahás. Yahveh nuestro Dios nos lo entregó y le derrotamos a él, a sus hijos y a todo su pueblo.

Nos apoderamos entonces de todas sus ciudades y consagramos al anatema toda ciudad: hombres, mujeres y niños, sin dejar superviviente. Tan sólo guardamos como botín el ganado y los despojos de las ciudades tomadas.

Desde Aroer, al borde del valle del Arnón, y la ciudad que está en el valle, hasta Galaad, no hubo ciudad inaccesible para nosotros; Yahveh nuestro Dios nos las entregó todas. Únicamente respetaste el país de los ammonitas, toda la ribera del torrente Yabboq y las ciudades de la montaña, todo lo que Yahveh nuestro Dios había prohibido.» (Deuteronomio 2:16-37)

Avanzamos con la lectura y comprobamos que hay países que son entregados al pueblo elegido para su destrucción y otros que le son prohibidos.

Interesante lo de "prohibidos", ¿prohibidos por qué? Lo vamos a ir descubriendo.

Es claro que no todos eran irrecuperables.

Dios prohíbe el paso de Moisés a la Tierra Prometida

Dice Moisés:

«Entonces hice esta súplica a Yahveh: "Yahveh, Señor mío, tú has comenzado a manifestar a tu siervo tu grandeza y tu mano fuerte; pues ¿qué Dios hay, en los cielos ni en la tierra, que pueda hacer obras y proezas como las tuyas? Déjame, por favor, pasar y ver la tierra buena de allende el Jordán, esa buena montaña y el Líbano". Pero, por culpa vuestra, Yahveh se irritó contra mí y no me escuchó; antes bien me dijo: "¡Basta ya! No sigas hablándome de esto. Sube a la cumbre del Pisgá, alza tus ojos al occidente, al norte, al mediodía y al oriente; y contempla con tus ojos, porque no pasarás ese Jordán. Da tus órdenes a Josúe, dale ánimos y fortalécele, porque él pasará al frente de este pueblo: él le pondrá en posesión de esa tierra que ves". Y nos quedamos, en el valle, enfrente de Bet Peor.» (Deuteronomio 3:23-29)

Continúa:

«Y ahora, Israel, escucha los preceptos y las normas que yo os enseño para que las pongáis en práctica, a fin de que viváis y entréis a tomar posesión de la tierra que os da Yahveh, Dios de vuestros padres.

«No añadiréis nada a lo que yo os mando, ni quitaréis nada; para así guardar los mandamientos de Yahveh vuestro Dios que yo os prescribo. Vuestros propios ojos han visto lo que hizo Yahveh con Baal Peor: a todos los que habían seguido a Baal Peor, Yahveh tu Dios los exterminó de en medio de ti; en cambio vosotros, que habéis seguido unidos a Yahveh vuestro Dios, estáis hoy todos vivos.

«Mira, como Yahveh mi Dios me ha mandado, yo os enseño preceptos y normas para que los pongáis en práctica en la tierra en la que vais a entrar para tomarla en posesión. Guardadlos y practicadlos, porque ellos son vuestra sabiduría y vuestra inteligencia a los ojos de los pueblos que, cuando tengan noticia de todos estos preceptos, dirán: "Cierto que esta gran nación es un pueblo sabio e inteligente". Y, en efecto, ¿hay alguna nación tan grande que tenga los dioses tan cerca como lo está Yahveh nuestro Dios siempre que le invocamos? Y ¿cuál es la gran nación cuyos preceptos y normas sean tan justos como toda esta Ley que yo os expongo hoy? Pero ten cuidado y guárdate bien, no vayas o olvidarte de estas cosas que tus ojos han visto, ni dejes que se aparten de tu corazón en todos los días de tu vida; enséñaselas, por el contrario, a tus hijos y a los hijos de tus hijos.

«El día que estabas en el Horeb en presencia de Yahveh tu Dios, cuando Yahveh me dijo: "Reúneme al pueblo para que yo les haga oír mis palabras a fin de que aprendan a tenerme mientras vivan en el suelo y se las enseñen a sus hijos", vosotros os acercasteis y permanecisteis al pie de la montaña, mientras la montaña ardía en llamas hasta el mismo cielo, entre tinieblas de nube y densa niebla. Yahveh os habló de en medio del fuego; vosotros oíais rumor de palabras, pero no percibíais figura alguna, sino sólo una voz. El os reveló su alianza, que os mandó poner en práctica, las diez Palabras que escribió en dos tablas de piedra. Y a mí me mandó entonces Yahveh que os enseñase los preceptos y normas que vosotros deberíais poner en práctica en la tierra en la que vais a entrar para tomarla en posesión.

Tened mucho cuidado de vosotros mismos: puesto que no visteis figura alguna el día en que Yahveh os habló en el Horeb de en medio del fuego, no vayáis a pervertiros y os hagáis alguna escultura de cualquier representación que sea: figura masculina o femenina, de alguna de las bestias de la tierra, figura de alguna de las aves que vuelan por el cielo, figura de alguno de los reptiles que serpean por el suelo, figura de alguno de los peces que hay en las aguas debajo de la tierra. Cuando levantes tus ojos al cielo, cuando veas el sol, la luna, las estrellas y todo el ejército de los cielos, no vayas a dejarte seducir y te postres ante ellos para darles culto. Eso se lo ha repartido Yahveh tu Dios a todos los pueblos que hay debajo del cielo, pero a vosotros os tomó Yahveh y os sacó del horno de hierro, de Egipto, para que fueseis el pueblo de su heredad, como lo sois hoy.

«Por culpa vuestra Yahveh se irritó contra mí y juró que yo no pasaría el Jordán ni entraría en la tierra buena que Yahveh tu Dios te da en herencia.

Yo voy a morir en este país y no pasaré el Jordán. Vosotros en cambio lo pasaréis y poseeréis esa tierra buena.

Guardaos, pues, de olvidar la alianza que Yahveh vuestro Dios ha concluido con vosotros, y de haceros alguna escultura o representación de todo lo que Yahveh tu Dios te ha prohibido; porque Yahveh tu Dios es un fuego devorador, un Dios celoso.

«Cuando hayas engendrado hijos y nietos y hayáis envejecido en el país, si os pervertís y hacéis alguna escultura de cualquier representación, si hacéis lo malo a los ojos de Yahveh tu Dios hasta irritarle, hoy por testigos contra vosotros al cielo y a la tierra que desapareceréis rápidamente de esa tierra que vais a tomar en posesión al pasar el Jordán. No prolongaréis en ella vuestros días, porque seréis completamente destruidos. Yahveh os dispersará entre los pueblos y no quedaréis más que unos pocos, en medio de las naciones adonde Yahveh os lleve. Allí serviréis a dioses hechos por manos de hombre, de madera y piedra, que ni ven ni oyen, ni comen ni huelen. Allí buscarás a Yahveh tu Dios; y le encontrarás si le buscas con todo tu corazón y con toda tu alma.

«Cuando estés angustiado y te alcancen todas estas palabras, al fin de los tiempos, te volverás a Yahveh tu Dios y escucharás su voz; porque Yahveh tu Dios es un Dios misericordioso: no te abandonará ni te destruirá, y no se olvidará de la alianza que con juramento concluyó con tus padres.

«Pregunta, pregunta a los tiempos antiguos, que te han precedido desde el día en que Dios creó al hombre sobre la tierra: ¿Hubo jamás desde un extremo a otro del cielo palabra tan grande como ésta? ¿Se oyó semejante? ¿Hay algún pueblo que haya oído como tú has oído la voz del Dios vivo hablando de en medio del fuego, y haya sobrevivido? ¿Algún dios intentó jamás venir a buscarse una nación de en medio de otra nación por medio de pruebas, señales, prodigios y guerra, con mano fuerte y tenso brazo, por grandes terrores, como todo lo que Yahveh vuestro Dios hizo con vosotros, a vuestros mismos ojos, en Egipto?

A ti se te ha dado a ver todo esto, para que sepas que Yahveh es el verdadero Dios y que no hay otro fuera de él.

Desde el cielo te ha hecho oír su voz para instruirte, y en la tierra te ha mostrado su gran fuego, y de en medio del fuego has oído sus palabras". Porque amó a tus padres y eligió a su descendencia después de ellos, te sacó de Egipto personalmente con su gran fuerza, desalojó ante ti naciones más numerosas y fuertes que tú, te introdujo en su tierra y te la dio en herencia, como la tienes hoy.

Reconoce, pues, hoy y medita en tu corazón que Yahveh es el único Dios allá arriba en el cielo, y aquí abajo en la tierra; no hay otro.» (Deuteronomio 4:1-39)

14
Yahveh me ha dicho:
"Tú no pasarás este Jordán"

La línea que se inició en el Génesis permanece inalterada.

Es la línea que ata cada perla de esta joya que es la historia narrada en la Biblia. Ese hilo conductor, ese motivo de ser, esa causa primaria, es este mandato: no se deben hacer figuras para adorar, no se debe adorar a fuerzas naturales ni objetos del espacio celeste, no se debe adorar a otro dios que no sea Yahveh, no existe otro dios que no sea Yahveh, el dios del pueblo elegido es el único dios.

Al mismo tiempo se producen las demostraciones de poder que deben hacer la diferencia con respecto a "los otros": "*¿Hay algún pueblo que haya oído como tú has oído la voz del Dios vivo hablando de en medio del fuego, y haya sobrevivido?*".

Recapitulemos.

Dios crea los cielos y la tierra. Entre la creación aparece la humanidad la que toma un camino errado que debe ser corregido. Dios crea y envía un pueblo elegido generado especialmente para ser el ejecutor de esa reparación, y para que este pueblo pueda cumplir esa tarea, Dios realiza todo tipo de demostraciones. Esos testimonios de su poder son fundamentales para que los otros pueblos modifiquen sus acciones y adopten a Yahveh como único Dios.

Dios planta a su pueblo elegido en Egipto -donde lo prepara para la tarea-, que será el primero en ser devastado por los israelitas y su dios, arrasado desde sus entrañas, y a partir de allí se inicia una erradicación sistemática del politeísmo de la región, al menos por ahora de ese territorio, ya veremos que esta erradicación continuará más allá de lo imaginado.

Moisés relata las leyes

Un pequeño extracto del Código Deuteronómico[III]:

> «Cuando hayas entrado en la tierra que Yahveh tu Dios te da, no aprenderás a cometer abominaciones como las de esas naciones.
> No ha de haber en ti nadie que haga pasar a su hijo o a su hija por el fuego, que practique adivinación, astrología, hechicería o magia, ningún encantador ni consultor de espectros o adivinos, ni evocador de muertos. Porque todo el que hace estas cosas es una abominación para Yahveh tu Dios y por causa de estas abominaciones desaloja Yahveh tu Dios a esas naciones delante de ti.
> Has de ser íntegro con Yahveh tu Dios. Porque esas naciones que vas a desalojar escuchan a astrólogos y adivinos, pero a ti Yahveh tu Dios no te permite semejante cosa.
> Yahveh tu Dios suscitará, de en medio de ti, entre tus hermanos, un profeta como yo, a quien escucharéis".» (Deuteronomio 18:9-15)

La ley del Talión[17]

«"No tendrá piedad tu ojo. Vida por vida, ojo por ojo, diente por diente, mano por mano, pie por pie".» (Deuteronomio 18:9-15)

¡Qué diferencia existe entre esta ley y el "ofrecer la otra mejilla" de Jesús! ¡Qué cambio de paradigma va a significar Jesús! Pero no nos adelantemos, todo llega.

Muerte de Moisés

«Moisés acabó diciendo estas palabras a todo Israel: "He cumplido 120 años. Ya no puedo salir ni entrar. Y Yahveh me ha dicho: Tú no pasarás este Jordán. Yahveh tu Dios pasará delante de ti, él destruirá ante ti esas naciones y las desalojará. Será Josué quien pasará delante de ti, como ha dicho Yahveh.

Yahveh las tratará como trató a Sijón y a Og, reyes amorreos, y a su país, a los cuales destruyó.

Yahveh os los entregará, y vosotros los trataréis exactamente conforme a la orden que yo os he dado.

---

17   El término ley del talión (latín: lex talionis) se refiere a un principio jurídico de justicia retributiva en el que la norma imponía un castigo que se identificaba con el crimen cometido. De esta manera, no sólo se habla de una pena equivalente, sino de una pena idéntica. La expresión más famosa de la ley del talión es "ojo por ojo, diente por diente". Históricamente, constituye el primer intento por establecer una proporcionalidad entre daño recibido en un crimen y daño producido en el castigo, siendo así el primer límite a la venganza libre.

¡Sed fuertes y valerosos!, no temáis ni os asustéis ante ellos, porque Yahveh tu Dios marcha contigo: no te dejará ni te abandonará".

«Después Moisés llamó a Josué y le dijo en presencia de todo Israel: "¡Se fuerte y valeroso!, tú entrarás con este pueblo en la tierra que Yahveh juró dar a sus padres, y tú se la darás en posesión. Yahveh marchará delante de ti, él estará contigo; no te dejará ni te abandonará. No temas ni te asustes".» (Deuteronomio 31:1-8)

(...)

« Yahveh dijo a Moisés: "He aquí que vas a acostarte con tus padres, y este pueblo se levantará para prostituirse yendo en pos de dioses extraños, los de la tierra en la que va a entrar. Me abandonará y romperá mi alianza, que yo he concluido con él. Aquel día montaré en cólera contra él, los abandonaré y les ocultaré mi rostro. Será pasto y presa de un sin fin de males y adversidades, de suerte que dirá aquel día: "¿No me habrán llegado estos males porque mi Dios no está en medio de mí?". Pero yo ocultaré mi rostro aquel día, a causa de todo el mal que habrá hecho, yéndose en pos de otros dioses".» (Deuteronomio 31:16-18)

Leo esto y siento pena por Moisés, Dios no le va a permitir entrar a la Tierra Prometida y ahora además debe ceder el mando a Josué, quien había sido su ayudante.

«Moisés subió de las Estepas de Moab al monte Nebo, cumbre del Pisgá, frente a Jericó, y Yahveh le mostró la tierra entera: Galaad hasta Dan, todo Neftalí, la tierra de Efraím y de Manasés, toda la tierra de Judá, hasta el mar Occidental, el Négueb, la vega del valle de Jericó, ciudad de las palmeras, hasta Soar. Y Yahveh le dijo:
"Esta es la tierra que bajo juramento prometí a Abraham, Isaac y Jacob, diciendo: A tu descendencia se la daré. Te dejo verla con tus ojos, pero no pasarás a ella".

«Allí murió Moisés, servidor de Yahveh, en el país de Moab, como había dispuesto Yahveh.
Le enterró en el Valle, en el País de Moab, frente a Bet Peor. Nadie hasta hoy ha conocido su tumba. Tenía Moisés 120 años cuando murió; y no se había apagado su ojo ni se había perdido su vigor.

«Los israelitas lloraron a Moisés treinta días en las Estepas de Moab; cumplieron así los días de llanto por el duelo de Moisés. Josué, hijo de Nun, estaba lleno del espíritu de sabiduría, porque Moisés le había impuesto las manos.

«A él obedecieron los israelitas, cumpliendo la orden que Yahveh había dado a Moisés.

«No ha vuelto a surgir en Israel un profeta como Moisés, a quien Yahveh trataba cara a cara, nadie como él en todas las señales y prodigios que Yahveh le envió a realizar en el país de Egipto, contra Faraón, todos sus siervos y todo su país, y en la mano tan fuerte y el gran terror que Moisés puso por obra a los ojos de todo Israel".» (Deuteronomio 34:1-12)

15
SE INICIA LA CONQUISTA DE LA TIERRA PROMETIDA

Campañas de "tierra arrasada"

«Sucedió después de la muerte de Moisés, siervo de Yahveh, que habló Yahveh a Josué, hijo de Nun, y ayudante de Moisés, y le dijo:
"Moisés, mi siervo, ha muerto; arriba, pues; pasa ese Jordán, tú con todo este pueblo, hacia la tierra que yo les doy (a los israelitas).

Os doy todo lugar que sea hollado por la planta de vuestros pies, según declaré a Moisés. Desde el desierto y el Líbano hasta el Río grande, el Éufrates, (toda la tierra de los hititas) y hasta el mar Grande de poniente, será vuestro territorio.

Nadie podrá mantenerse delante de ti en todos los días de tu vida: lo mismo que estuve con Moisés estaré contigo; no te dejaré ni te abandonaré.

Sé valiente y firme, porque tú vas a dar a este pueblo la posesión del país que juré dar a sus padres".» (Josué 1:1-6)

Josué envía exploradores a investigar a la ciudad de Jericó. Estos exploradores van como espías, ya que no deben ser vistos por la gente que vive allí, y duermen en la casa de una prostituta llamada Rajab.

El rey de Jericó es alertado, le informan que se han visto

espías de los israelitas en la ciudad, por eso envía a preguntar a Rajab, quien le miente, oculta a los israelitas y les dice:

> "Ya sé que Yahveh os ha dado la tierra, que nos habéis aterrorizado y que todos los habitantes de esta región han temblado ante vosotros: porque nos hemos enterado de cómo Yahveh secó las aguas del mar de Suf delante de vosotros a vuestra salida de Egipto, y lo que habéis hecho con los dos reyes amorreos del otro lado del Jordán, Sijón y Og, a quienes consagrasteis al anatema. Al oírlo, ha desfallecido nuestro corazón y no se encuentra ya nadie con aliento en vuestra presencia, porque Yahveh vuestro Dios, es Dios arriba en los cielos y abajo en la tierra. Juradme, pues, ahora por Yahveh, ya que os he tratado con bondad, que vosotros también trataréis con bondad a la casa de mi padre, y dadme una señal segura; que respetaréis la vida de mi padre y de mi madre, de mis hermanos y hermanas, y de todos los suyos, y que libraréis nuestras vidas de la muerte". Los hombres le respondieron: "Muramos nosotros en vez de vosotros, con tal de que no divulguéis nuestro asunto. Cuando Yahveh no haya entregado la tierra, te trataremos a ti con bondad y lealtad".» (Josué 2:8-14)

Aquí está claro que la marcha de los israelitas por el desierto había generado una gran expectativa entre los pueblos que se encontraban en su camino. Todos estaban pendientes de lo que ellos hacían y las rutas que tomarían. A estos pueblos les generaba terror saber que iban a estar entre los que deberían enfrentarse con el pueblo de Yahveh.

¿Recuerdan cuando decíamos que todo se hacía para que lo vieran los otros?, ¿que las muestras de poder tan reiterativas y excesivas eran justamente para que todos las vieran? Bueno, pues, las vieron, las vieron…, y el efecto fue justo el buscado.

Ahora estamos ante la ciudad de Jericó desesperada al ver que se acerca su final y que no había nada que pudiesen hacer para evitarlo.

Para conquistar Jericó, los israelitas debían atravesar el Jordán, y en este cruce, vuelve a ocurrir algo similar a lo que había ocurrido cuando Moisés tuvo que atravesar el mar Rojo.

> «Cuando el pueblo partió de sus tiendas para pasar el Jordán, los sacerdotes llevaban el arca de la alianza a la cabeza del pueblo. Y en cuanto los que llevaban el arca llegaron al Jordán, y los pies de los sacerdotes que llevaban el arca tocaron la orilla de las aguas, y el Jordán baja crecido hasta los bordes todo el tiempo de la siega, las aguas que bajaban de arriba se detuvieron y formaron un solo bloque a gran distancia, en Adam, la ciudad que está al lado de Sartán, mientras que las que bajaban hacia el mar de la Arabá, o mar de la Sal, se separaron por completo, y el pueblo pasó frente a Jericó.
> Los sacerdotes que llevaban el arca de la alianza de Yahveh se estuvieron a pie firme, en seco, en medio del Jordán, mientras que todo Israel pasaba en seco, hasta que toda la gente acabó de pasar el Jordán".» (Josué 3:14-17)

Si antes de que los israelitas cruzaran el Jordán todavía había alguien en Jericó que no les tuviese miedo, después del cruce "en seco" todos habrían entrado en pánico. Esto, por supuesto, iba a influenciar mucho en el momento de la conquista, lo que ahora llamaríamos "acción psicológica".

> «Cuando oyeron todos los reyes de los amorreos que habitaban al otro lado del Jordán, al poniente, y todos los reyes de los cananeos que vivían hacia el mar, que Yahveh había secado las aguas del Jordán ante los israelitas hasta que pasaron, desfalleció su corazón y les faltó el aliento ante la presencia de los israelitas".» (Josué 5:1)

Y sí...

> «En aquel tiempo dijo Yahveh a Josué:
> "Hazte cuchillos de pedernal y vuelve a circuncidar (por segunda vez) a los israelitas".
> Josué se hizo cuchillos de pedernal y circuncidó a los israelitas en el Collado de los Prepucios. Por este motivo hizo Josué esta circuncisión: toda la población masculina salida de Egipto, los útiles para la guerra, había muerto en el desierto, por el camino, después de la salida de Egipto.
> Estaba circuncidada toda la población que había salido, pero el pueblo nacido en el desierto, de camino, después de la salida de Egipto, no había sido circuncidado. Porque durante cuarenta años anduvieron los israelitas por el desierto, hasta que pereció toda la nación, los hombres salidos de Egipto útiles para la guerra. No obedecieron a la voz de Yahveh y Yahveh les juró que no les dejaría ver la tierra que había prometido a sus padres que nos daría, tierra que mana leche

y miel. En su lugar puso a sus hijos y éstos son los que Josué circuncidó, porque eran incircuncisos, ya que no los habían circuncidado por el camino.

Cuando acabó de circuncidarse toda la gente, se quedaron donde estaban en el campamento hasta que se curaron".» (Josué 5:2-8)

Se estaban preparando para lo que vendría de allí en más. Otra vez iban a poder ser reconocidos por una marca que se podría ver, que resultaba evidente, una marca que los identificaba como el pueblo elegido, el pueblo de Yahveh.

Caen las murallas de Jericó

«Jericó estaba cerrada a cal y canto por miedo a los israelitas: nadie salía ni entraba. Yahveh dijo a Josué:
"Mira, yo pongo en tus manos a Jericó y a sus rey. Vosotros, valientes guerreros, todos los hombres de guerra, rodearéis la ciudad, (dando una vuelta alrededor. Así harás durante seis días.

Siete sacerdotes llevarán las siete trompetas de cuerno de carnero delante del arca.

El séptimo día daréis la vuelta a la ciudad siete veces y los sacerdotes tocarán las trompetas).

Cuando el cuerno de carnero suene (cuando oigáis la voz de la trompeta), todo el pueblo prorrumpirá en un gran clamoreo y el muro de la ciudad se vendrá abajo. Y el pueblo se lanzará al asalto cada uno por frente a sí".» (Josué 6:1-5)

«Prendieron fuego a la ciudad con todo lo que contenía.

Sólo la plata, el oro y los objetos de bronce y de hierro los depositaron el el tesoro de la casa de Yahveh. Pero a Rajab, la prostituta, así como a la casa de su padre y a todos los suyos, Josúe los conservó con vida. Ella se quedó en Israel hasta el día de hoy, por haber escondido a los emisarios que Josué había enviado a explorar Jericó. En aquel tiempo Josué pronunció este juramento: "¡Maldito sea delante de Yahveh el hombre que se levante y reconstruya esta ciudad (de Jericó)! ¡Sobre su primogénito echará su cimiento y sobre su pequeño colocará las puertas!"» (Josué 6:24-26)

Es maravilloso que sólo con las trompetas y los gritos caen las murallas. En realidad quien tira las murallas es Dios, por supuesto, lo de las trompetas y los gritos simplemente es parte de la actuación para quien lo presenciara, o pasara por el lugar, y la leyenda posterior.

También es interesante observar que Jericó debe haber sido muy pequeña, pensemos que el último día, antes de derribarla, dieron, alrededor de la ciudad, siete vueltas a pie y todavía tuvieron tiempo de conquistarla antes de que el día terminara. De todas maneras, esto no quita mérito al haber derribado las murallas sin haber hecho otra cosa que hacer sonar unas trompetas.

Se puede vislumbrar que todas estas "ciudades" que conquistan tienen que haber sido pequeñas, como tribus o aldeas, porque la conquista, normalmente, se hacía en el mismo día.

En la historia de Jericó parece quedar un cabo suelto: Rajab, la mujer que ayuda a los espías de Israel. Esta mujer va a tener un protagonismo especial, al final de toda la historia, y ya la veremos, es otra pieza de este rompecabezas.

Conquista de Ay

«Yahveh dijo entonces a Josué:
"¡No tengas miedo ni te asustes! Toma contigo a toda la gente de guerra; levántate y sube contra Ay. Mira que entrego en tus manos al rey de Ay, a su pueblo, su ciudad y su territorio.

Harás con Ay y con su rey lo que has hecho con Jericó y con su rey. Pero como botín sólo tomaréis los despojos y el ganado. Pon una emboscada a espaldas de la ciudad".» (Josué 8:1-2)

La idea era hacerle creer a la gente de Ay que el ejército de los israelitas no podía contra ellos y por eso, emprendían la retirada; con este engaño conseguirían que los de Ay los persiguieran y dejaran sola la ciudad. Eso es exactamente lo que ocurrió y entonces el verdadero ejército de Israel entró desde atrás a la ciudad y la quemó.

«Yahveh dijo entonces a Josué:
"Tiende hacia Ay el dardo que tienes en tu mano porque en tu mano te la entrego".

Josué tendió el dardo que tenía en la mano hacia la ciudad.

Tan pronto como extendió la mano, los emboscados surgieron rápidamente de su puesto, corrieron y entraron en la ciudad, se apoderaron de ella y a toda prisa la incendiaron.

Cuando los hombres de Ay volvieron la vista atrás y vieron la humareda que subía de la ciudad hacia el cielo, no tuvieron fuerza para huir por un lado o por otro.

El pueblo que iba huyendo hacia el desierto se volvió contra los perseguidores.

Viendo Josué y todo Israel que los emboscados habían tomado la ciudad y que subía de ella una humareda, se volvieron y batieron a los hombres de Ay.

Los otros salieron de la ciudad a su encuentro, de modo que los hombres de Ay se encontraron en medio de los israelitas, unos por un lado y otros por otro.

Estos los derrotaron hasta que no quedó superviviente ni fugitivo. Pero al rey de Ay lo prendieron vivo y lo condujeron ante Josué.

Cuando Israel acabó de matar a todos los habitantes de Ay en el campo y en el desierto, hasta donde habían salido en su persecución, y todos ellos cayeron a filo de espada hasta no quedar uno, todo Israel volvió a Ay y pasó a su población a filo de espada.

El total de los que cayeron aquel día, hombres y mujeres, fue 12.000, todos los habitantes de Ay. Josué no retiró la mano que tenía extendida con el dardo hasta que consagró al anatema a todos los habitantes de Ay. Israel se repartió solamente el ganado y los despojos de dicha ciudad, según la orden que Yahveh había dado a Josué. Josué incendió Ay y la convirtió para siempre en una ruina, en desolación hasta el día de hoy.

Al rey de Ay lo colgó de un árbol hasta la tarde; y a la puesta del sol ordenó Josué que bajaran el cadáver del árbol.

Lo echaron luego a la entrada de la puerta de la ciudad y amontonaron sobre él un gran montón de piedras, que existe todavía hoy.» (Josué 8:18-29)

Queda claro que no era una simple cuestión de conquistar una ciudad sino que había otro objetivo en juego, sino ¿por qué exterminarlos a todos, incluido al rey a quien habían capturado vivo?

No me queda claro si el pueblo de Israel[18] tenía conciencia del trabajo que estaba realizando, si se daban cuenta de que estaban haciendo una "limpieza" -por decirlo de alguna manera-.

Ya hemos visto que esta "limpieza" tiene sus exclusiones, los pueblos prohibidos por Yahveh. ¿Y por qué se prohibía que ellos fueran tocados por el ejército de Dios? Seguramente porque no merecían ese castigo, es posible que fueran pueblos honestos, que no eran corruptos, a los que Dios conocía y quería conservar.

¿Cuál es el sentido de esta "limpieza" que Dios lleva a cabo? Imaginemos que para edificar una casa, primero se debe rastrillar el terreno; nada bien hecho se puede construir en un campo lleno de piedras y maleza. ¿Qué es lo que Dios iba a construir? No nos apuremos, ya lo vamos a descubrir. Cada pieza en su lugar, la obra está bastante avanzada, esta "obra de

---

18 Recordemos que llamamos pueblo de Israel, no porque sean el pueblo de un país que se llama Israel sino porque era el pueblo que descendía de la persona que se llamó Israel, que fue Jacob.

teatro" montada por Dios, esta ópera, esta tragedia.

La línea central de la obra es cada vez mas clara y se refuerza una y otra vez. Todo gira entorno a la eliminación del politeísmo y su reemplazo por un único Dios, el dios de los hebreos, así como la preparación del terreno para la llegada de aquél que va a realizar el mayor cambio de paradigmas jamás visto, el Mesías, Jesús.

**

Cómo un pueblo logra ser excluido de la "limpieza" del pueblo elegido

«En cuanto se enteraron todos los reyes que estaban de este lado del Jordán, en la Montaña, en la Tierra Baja, a lo largo de la costa del mar Grande hasta la región del Líbano, hititas, amorreos, cananeos, perizitas, jivitas y jebuseos, se aliaron para combatir como un solo hombre contra Josué e Israel. Pero los habitantes de Gabaón se enteraron de lo que había hecho Josué con Jericó y Ay, y recurrieron también ellos a la astucia.

Fueron y se proveyeron de víveres, tomaron alforjas viejas para sus asnos y odres de vino viejos, rotos y recosidos; sandalias viejas y remendadas en sus pies y vestidos viejos. Todo el pan que llevaban para su alimento era seco y desmigado.

Fueron donde Josué, al campamento de Guilgal, y le dijeron a él y a los hombres de Israel: "Venimos de un país lejano: haced, pues, alianza con nosotros.

Los hombres de Israel respondieron a aquellos jivitas: "Acaso habitáis en medio de nosotros y entonces no podemos hacer alianza con vosotros". Respondieron a Josué: "Somos tus siervos". Josué les dijo: "¿Quiénes sois vosotros y de dónde venís?". Le respondieron: "De muy lejana tierra vienen tus siervos, por la fama de Yahveh tu Dios, pues hemos oído hablar de él, de todo lo que ha hecho en Egipto y de todo lo que ha hecho con los dos reyes amorreos del otro lado del Jordán, Sijón, rey de Jesbón y Og, rey de Basán, que vivía en Astarot. Y nos han dicho nuestros ancianos y todos los habitantes de nuestra tierra: "Tomad en vuestras manos provisiones para el viaje, id a su encuentro y decidles: "Siervos vuestros somos: haced, pues, alianza con nosotros". Este nuestro pan estaba caliente cuando hicimos provisión de él en nuestras casas para el viaje, el día en que partimos para venir a vuestro encuentro: miradlo ahora duro y desmigado. Estos odres de vino, que eran nuevos cuando los llenamos, se han roto; nuestras sandalias y nuestros vestidos están gastados por lo largo del camino".

Los hombres hicieron aprecio de sus provisiones sin consultar el oráculo de Yahveh. Josué hizo las paces con ellos, hizo con ellos pacto de conservarles la vida, y los principales de la comunidad se lo juraron.

Sucedió que, al cabo de tres días de cerrado este pacto, supieron que vivían cerca y habitaban en medio de Israel. Los israelitas partieron del campamento y llegaron al tercer día a sus ciudades, que eran Gabaón, Kefirá, Beerot y Quiryat

Yearim. Los israelitas no los mataron porque los principales de la comunidad se lo habían jurado por Yahveh Dios de Israel. Pero toda la comunidad murmuró de los principales.

Todos los principales declararon a la comunidad reunida: "Nosotros lo hemos jurado por Yahveh Dios de Israel; no podemos, pues, tocarlos. Lo que hemos de hacer con ellos es: Déjalos con vida para que no venga sobre nosotros la Cólera por el juramento que hemos hecho".

Les dijeron también los principales: "Que vivan, pero que sean leñadores y aguadores de toda la comunidad". Así les dijeron los principales. Josué los llamó y les dijo: "¿Por qué nos habéis engañado diciendo: "Vivimos muy lejos de vosotros», siendo así que habitáis en medio de nosotros? Sois, pues, unos malditos y nunca dejaréis de servir como leñadores y aguadores de la casa de mi Dios". Le respondieron a Josué: "Es que tus siervos estaban bien enterados de la orden que había dado Yahveh tu Dios a Moisés su siervo, de entregaros todo este país y exterminar delante de vosotros a todos sus habitantes. Temimos mucho por nuestras vidas a vuestra llegada y por eso hemos hecho esto. Ahora, aquí estamos en tus manos: haz con nosotros lo que te parezca bueno y justo".

Así hizo con ellos, los salvó de la mano de los israelitas, que no los mataron.

Aquel día los puso Josué como leñadores y aguadores de la comunidad y del altar de Yahveh hasta el día de hoy, en el lugar que Yahveh había de elegir.» (Josué 9:1-27)

Si nos guiamos por una lógica que nos lleva a pensar que Dios todo lo ve, obviamente no es difícil deducir que Él sabía que esta gente estaba mintiendo y aún así dejó que engañaran a los israelitas. Entonces deberíamos creer que este pueblo que se convirtió a último momento, no eran gente mala, no serían parte de la degradación general, y que habían aceptado a Yahveh como su dios y, por lo tanto no tendrían tantas culpas como para que Él, de todas maneras, los arrasara. Así que con ese "engaño" lograron ser excluidos de la masacre.

No sólo no los atacaron, a estos gabaonitas, sino que además los defendieron del ataque de otros pueblos.

«Los gabaonitas mandaron a decir a Josué al campamento de Guilgal: No dejes solos a tus siervos; sube aprisa donde nosotros, sálvanos y socórrenos, porque se han aliado contra nosotros todos los reyes amorreos que habitan en la montaña".

Josué subió de Guilgal con toda la gente de guerra y todos los guerreros valientes. Y Yahveh dijo a Josué: "No les temas, porque los he puesto en tus manos; ninguno de ellos te podrá resistir".

Josué cayó sobre ellos de improviso, tras haber caminado toda la noche desde Guilgal.

Yahveh los puso en fuga delante de Israel y les causó una gran derrota en Gabaón: los persiguió por el camino de la subida de Bet Jorón, y los batió hasta Azecá (y hasta Maquedá).

Mientras huían ante Israel por la bajada de Bet Jorón, Yahveh lanzó del cielo sobre ellos hasta Azecá grandes piedras, y murieron. Y fueron más los que murieron por las piedras que los que mataron los israelitas a filo de espada. Entonces habló Josué a Yahveh, el día que Yahveh entregó al amorreo en manos de los israelitas, a los ojos de Israel y dijo: "Detente, sol, en Gabaón, y tú, luna, en el valle de Ayyalón". Y el sol se detuvo y la luna se paró hasta que el pueblo se vengó de sus enemigos.

¿No está esto escrito en el libre del Justo? El sol se paró en medio del cielo y no tuvo prisa en ponerse como un día entero.

No hubo día semejante ni antes ni después, en que obedeciera Yahveh a la voz de un hombre.

Es que Yahveh combatía por Israel.» (Josué 10:6-14)

Dios realiza prodigios para salvar a la gente de un pueblo que no pertenece al pueblo elegido, al mismo tiempo, envía un claro mensaje a los que observan: si aceptan a Yahveh como su Dios, Él los va a proteger.

Esta situación se repetirá muchas otras veces, no de la misma forma pero sí con el mismo resultado. El pueblo elegido no podrá tocar a determinados pueblos, a los excluidos de la "limpieza", Dios no se los va a entregar como hizo con tantos otros.

El último discurso de Josué

«Sucedió, mucho tiempo después de que Yahveh concediera a Israel la paz de todos los enemigos de alrededor, -Josué era ya viejo y avanzado en días- que Josué convocó a todo Israel, a sus ancianos, sus jefes, sus jueces, sus escribas y les dijo:

"Yo ya soy viejo, avanzado en días; y vosotros habéis visto todo lo que Yahveh, vuestro Dios, ha hecho en atención a vosotros con todos estos pueblos; pues Yahveh vuestro Dios era el que combatía por vosotros. Mirad, yo os he dado por suertes, como heredad para vuestras tribus, esos pueblos que quedan por conquistar, así como todos los pueblos que yo exterminé desde el Jordán hasta el mar Grande de occidente. Yahveh mismo, vuestro Dios, los arrojará delante de vosotros, los expulsará de delante de vosotros, y vosotros tomaréis posesión de su tierra, como os lo ha prometido Yahveh vuestro Dios.

"Esforzaos mucho en guardar y cumplir todo lo que está escrito en el libro de la Ley de Moisés, no apartándoos de ella ni a la derecha ni a la izquierda, no mezclándoos con esos pueblos que quedan todavía entre vosotros. No recordaréis el nombre de sus dioses ni juraréis por ellos, no les serviréis ni os postraréis ante ellos, sino manteneos unidos a Yahveh vuestro Dios, como habéis hecho hasta el día de hoy. Yahveh ha arrojado de vuestra presencia a pueblos numerosos y fuertes, y nadie os ha podido resistir hasta el presente. Uno solo de vosotros perseguía a mil, porque Yahveh mismo, vuestro Dios, peleaba por vosotros, como os lo había prometido. Tendréis buen cuidado, por vuestra vida, de amar a Yahveh vuestro Dios.

"Pero si os desviáis y os unís a ese resto de naciones que quedan todavía entre vosotros, emparentáis con ellas y entráis en tratos con ellas, tened por sabido que Yahveh vuestro Dios no seguirá arrojando de delante de vosotros a esos pueblos; serán para vosotros red, lazo, espinas en vuestros costados y aguijones en vuestros ojos, hasta que desaparezcáis de esta espléndida tierra que os ha dado Yahveh vuestro Dios". (..)» (Josué 23:1-13)

Aquí se da la orden de no mezclarse y se respeta. Ya lo leímos antes: para esta historia, es muy importante mantener la cadena de sangre intacta, ¿pero intacta?, ¿intacta hasta cuándo? y ¿por qué? Ya se revelará, esta máquina está a pleno funcionamiento y no va a detenerse.

Muere Josué

«Entonces Josué dijo al pueblo:
"No podréis servir a Yahveh, porque es un Dios santo, es un Dios celoso, que no perdonará ni vuestras rebeldías ni vuestros pecados.
Si abandonáis a Yahveh para servir a los dioses del extranjero, él a su vez traerá el mal sobre vosotros y acabará con vosotros, después de haberos hecho tanto bien". El pueblo respondió a

Josué: "No; nosotros serviremos a Yahveh". Josué dijo al pueblo: "Vosotros sois testigos contra vosotros mismos de que habéis elegido a Yahveh para servirle". Respondieron ellos: "¡Testigos somos!» - "Entonces, apartad los dioses del extranjero que hay en medio de vosotros e inclinad vuestro corazón hacia Yahveh, Dios de Israel". El pueblo respondió a Josué: "A Yahveh nuestro Dios serviremos y a sus voz atenderemos".

Aquél día, Josué pactó una alianza para el pueblo; le impuso decretos y normas en Siquem. Josué escribió estas palabras en el libro de la Ley de Dios. Tomó luego una gran piedra y la plantó allí, al pie de la encina que hay en el santuario de Yahveh.

Josué dijo al todo el pueblo: "Mirad, esta piedra será testigo contra nosotros, pues ha oído todas las palabras que Yahveh ha hablado con nosotros; ella será testigo contra vosotros para que no reneguéis de vuestro Dios".

Josué despidió al pueblo cada uno a su heredad.

Después de estos acontecimientos, murió Josué, hijo de Nun, siervo de Yahveh, a la edad de 110 años.» (Josué 24:19-29)

Al fallecer Josué, los israelitas le preguntan a Dios quién será primero en ir a combatir a los cananeos, Yahveh les responde que será Juda, que Él ya ha puesto al país en sus manos.

Juda conquista Canaán y sus hermanos someten a otras de las ciudades; sin embargo no arrasan con todos, dejan que esos pueblos convivan con ellos. Pero eso no era lo que Él les había ordenado. Estos sucesos molestan a Dios y por ello envía a un ángel.

«El Ángel de Yahveh subió de Guilgal a Betel y dijo:

"Yo os hice subir de Egipto y os introduje en la tierra que había prometido con juramento a vuestros padres. Yo dije: "No romperé jamás mi alianza con vosotros. Pero vosotros no pactaréis con los habitantes de este país; sino que destruiréis sus altares". Pero no habéis escuchado mi voz. ¿Por qué habéis hecho esto? Por eso os digo: No los arrojaré delante de vosotros; serán vuestros opresores y sus dioses una trampa para vosotros".

Así que el Ángel de Yahveh dijo estas palabras a todos los israelitas, el pueblo se puso a llorar a gritos.

Llamaron a aquel lugar Bokim, y ofrecieron allí sacrificios a Yahveh. Josué despidió al pueblo, y los israelitas se volvieron cada uno a su heredad para ocupar la tierra.

El pueblo sirvió a Yahveh en vida de Josué y de los ancianos que le sobrevivieron y que habían sido testigos de todas las grandes hazañas que Yahveh había hecho a favor de Israel.

Josué, hijo de Nun, siervo de Yahveh, murió a la edad de 110 años. Le enterraron en el término de su heredad, en Timnat Jeres, en la montaña de Efraím, al norte del monte Gaás.

También aquella generación fue a reunirse con sus padres y les sucedió otra generación que no conocía a Yahveh ni lo que había hecho por Israel. Entonces los hijos de Israel hicieron lo que desagradaba a Yahveh y sirvieron a los Baales.

Abandonaron a Yahveh, el Dios de sus padres, que los había sacado de la tierra de Egipto, y siguieron a otros dioses de los pueblos de alrededor; se postraron ante ellos, irritaron a Yahveh; dejaron a Yahveh y sirvieron a Baal y a las Astartés. Entonces se encendió la ira de Yahveh contra Israel. Los puso en manos de salteadores que los despojaron, los dejó vendidos en manos de los enemigos de alrededor y no pudieron ya sostenerse ante sus enemigos.

En todas sus campañas la mano de Yahveh intervenía contra ellos para hacerles daño, como Yahveh se lo tenía dicho y jurado.

Los puso así en gran aprieto.

Entonces Yahveh suscitó jueces que los salvaron de la mano de los que los saqueaban. Pero tampoco a sus jueces los escuchaban. Se prostituyeron siguiendo a otros dioses, y se postraron ante ellos. Se desviaron muy pronto del camino que habían seguido sus padres, que atendían a los mandamientos de Yahveh; no los imitaron.

Cuando Yahveh les suscitaba jueces, Yahveh estaba con el juez y los salvaba de la mano de sus enemigos mientras vivía el juez, porque Yahveh se conmovía de los gemidos que proferían ante los que los maltrataban y oprimían. Pero cuando moría el juez, volvían a corromperse más todavía que sus padres, yéndose tras de otros dioses, sirviéndoles y postrándose ante ellos, sin renunciar en nada a las prácticas y a la conducta obstinada de sus padres.

Se encendió la ira de Yahveh contra el pueblo

de Israel y dijo: "Ya que este pueblo ha quebrantado la alianza que prescribí a sus padres y no ha escuchado mi voz, yo arrojaré en adelante de su presencia a ninguno de los pueblos que dejó Josué cuando murió". Era para probar con ellos a Israel, a ver si seguían o no los caminos de Yahveh, como los habían seguido sus padres y también para seguir drenando de la comunidad a los más peligrosos.

Yahveh dejó en paz a estos pueblos, en vez de expulsarlos enseguida, y no los puso en manos de Josué.» (Jueces 2:1-23)

Estos Jueces se desempañaban como caudillos que mantenían organizados a los israelitas; pero cada vez que uno de ellos moría, el pueblo caía nuevamente en la adoración de otros dioses y la degradación. Entonces ocurría que una nación llegaba y los oprimía; los israelitas sojuzgados se acordaban de Yahveh quien volvía a socorrerlos, instalaba otro Juez, y el ciclo recomenzaba.

Veamos a estos Jueces.

«Los israelitas hicieron lo que desagradaba a Yahveh. Se olvidaron de Yahveh su Dios y sirvieron a los Baales y a las Aserás. Se encendió la ira de Yahveh contra Israel y los dejó a merced de Kusán Riseatáyim, rey de Edom, y los israelitas sirvieron a Kusán Riseatáyim durante ocho años.

Los israelitas clamaron a Yahveh y Yahveh suscitó a los israelitas un libertador que los salvó: Otniel, hijo de Quenaz y hermano menor de

Caleb.

El espíritu de Yahveh vino sobre él, fue juez de Israel y salió a la guerra.

Yahveh puso en sus manos a Kusán Riseatáyim, rey de Edom y triunfó sobre Kusán Riseatáyim.

El país quedó tranquilo cuarenta años. Y murió Otniel, hijo de Quenaz.

Los israelitas volvieron a hacer lo que desagradaba a Yahveh; y Yahveh fortaleció a Eglón, rey de Moab, por encima de Israel, porque hacían lo que desagradaba a Yahveh.

A Eglón se le juntaron los hijos de Ammón y de Amalec; salió y derrotó a Israel, y tomó la ciudad de las Palmeras.

Los israelitas estuvieron sometidos a Eglón, rey de Moab, dieciocho años.» (Jueces 3:7-14)

Así, una y otra vez, estas circunstancias se reiteran con los doce Jueces posteriores a Josué.

Esta sucesión de Jueces me recuerda a un sistema muy usado por los servicios de inteligencia de muchos gobiernos actuales, en el que se hace algo similar para poder "descabezar" -por decirlo así-, posibles futuras rebeliones. El sistema funciona más o menos así:

En tiempo de paz, por lo general, se concede una cierta libertad que hace que los rebeldes, que permanecían ocultos, se sientan tranquilos, a salvo. Esa sensación de "ya no se persigue a nadie" hace que afloren lentamente de sus refugios y retornen a sus actividades "normales", al hacerlo vuelven a ser visibles para quienes están encargados de su aniquilación. Por lo general, una vez ubicadas a estas personas o grupos, se procede a su eliminación, captura o desactivación. ¿Cómo se realiza esta desactivación? Puede ser que se los empuje estimule, muy sutil y solapadamente, a realizar algún acto, aunque fuere, mínimamente violento, para dar un motivo real al gobierno de intervención. El gobierno interviene, la gente lo apoya, porque hay un fundamento concreto para iniciar la represión y esas personas, que ya habían sido identificadas anteriormente, son sacadas de en medio. Se vuelve a la paz y el ciclo recomienza.

El pueblo común, por lo general, no llega a darse cuenta de lo que ocurrió, y de que se han llevado detenidos a determinados personajes, podríamos decirlo, "importantes".

Lo que se busca con esta metodología es que los brotes nunca lleguen a convertirse en algo realmente significativo, que sea muy difícil de controlar, se pretende evitar que estos brotes generen un caudillo de verdad o que realmente den origen a un cambio efectivo de situación. Además, el entrenamiento de los que deben elegir a quiénes desactivar les permite sacar del juego a gente potencialmente peligrosa para ellos, personas que aún no están realizando cosas que les afectan directamente en el momento, pero que, si se las deja proseguir, tienen el potencial para hacerlo en el futuro.

Como variante, y para acelerar el proceso, a veces es el mismo gobierno el que genera los puntos de atracción para este tipo de personas o grupos, haciéndose pasar, ellos mismos, por rebeldes.

Es posible que Dios a través de estas tácticas buscara eliminar los rebrotes de adoración a los dioses falsos y sus seguidores. ¿Qué mejor que su propia gente se volcara a la adoración de otros dioses? Eso haría que inmediatamente los que estaban escondidos salieran confiados a continuar con sus prácticas.

Si lo pensamos un poco, es posible que esa táctica sea común a todas las insubordinaciones constantes del pueblo israelita, con cada insubordinación hubo gente que fue eliminada.

El caso es que no hay forma de ocultarle nuestras intenciones a Dios, porque Él ve en nuestras almas, entonces ¿por qué tomarse tantas molestias? Probablemente porque hubiese sido raro ver que determinadas personas murieran sin un motivo aparente en sus casas o en la calle, sin que se supiera el porqué. Además, es posible que hubiesen dicho: ¿cómo Yahveh permite algo así?, o, ¿cómo hace algo así?

Cada acción de Dios es precedida por un motivo visible que debe dejar una enseñanza, una enseñanza que sea aprendida luego por los propios y "los otros".

No basta con prohibirles, con decirles que no hagan lo que Él les expresa claramente que no deben hacer; además, tiene que llevarlo a la práctica, mostrar qué pasa si de todas maneras lo hacen. "Un hecho vale por mil palabras", señala el refrán.

Sansón

«Los israelitas volvieron a hacer lo que desagradaba a Yahveh y Yahveh los entregó a merced de los filisteos durante cuarenta años.

Había un hombre en Sorá, de la tribu de Dan, llamado Manóaj.

Su mujer era estéril y no había tenido hijos.

El ángel de Yahveh se apareció a esta mujer y le dijo: "Bien sabes que eres estéril y que no has tenido hijos, pero concebirás y darás a luz un hijo. En adelante guárdate de beber vino ni bebida fermentada y no comas nada impuro. Porque vas a concebir y a dar a luz un hijo.

No pasará la navaja por su cabeza, porque el niño será nazir[19] de Dios desde el seno de su madre.

El comenzará a salvar a Israel de la mano de los filisteos".

La mujer fue a decírselo a su marido: "Un hombre de Dios ha venido donde mí; su aspecto era como el del Ángel de Dios, muy terrible. No le he preguntado de dónde venía ni él me ha manifestado su nombre. Pero me ha dicho: "Vas a concebir y a dar a luz un hijo. En adelante no bebas vino ni bebida fermentada y no comas nada impuro, porque el niño será nazir de Dios desde el seno de su madre hasta el día de su muerte".

---

19   Nazir significa separado ó retirado de la sociedad debido a las restricciones que la persona asume; el término nazir también significa corona ó diadema, indicativo del aura de santidad especial del nazir.

Manóaj invocó a Yahveh y dijo: "Te ruego, Señor, que el hombre de Dios que has enviado venga otra vez donde nosotros y nos enseñe lo que hemos de hacer con el niño cuando nazca".

Dios escuchó a Manóaj y el Ángel de Dios vino otra vez donde la mujer cuando estaba sentada en el campo.

Manóaj, su marido, no estaba con ella. La mujer corrió enseguida a informar a su marido y le dijo: "Mira, se me ha aparecido el hombre que vino donde mí el otro día".

Manóaj se levantó y, siguiendo a su mujer, llegó donde el hombre y le dijo: "¿Eres tú el que has hablado con esta mujer?". El respondió: "Yo soy". Le dijo Manóaj: "Cuando tu palabra se cumpla ¿cuál deberá ser la norma del niño y su conducta?". El Ángel de Yahveh respondió a Manóaj: "Deberá abstenerse él de todo lo que indiqué a esta mujer. No probará nada de lo que procede de la viña, no beberá vino ni bebida fermentada, no comerá nada impuro y observará todo lo que yo le he mandado". Manóaj dijo entonces al Ángel de Yahveh: "Permítenos retenerte y prepararte un cabrito". Pero el Ángel de Yahveh dijo a Manóaj: "Aunque me obligues a quedarme no probaré tu comida. Pero si quieres preparar un holocausto, ofréceselo a Yahveh". Porque Manóaj no sabía que era el Ángel de Yahveh. Manóaj dijo entonces al Ángel de Yahveh: "¿Cuál es tu nombre para que, cuando se cumpla tu palabra, te podamos honrar?". El Ángel de Yahveh le respondió: "¿Por qué me preguntas el nombre, si es maravilloso?".

Manóaj tomó el cabrito y la oblación y lo ofreció en holocausto, sobre la roca, a Yahveh, que obra maravillas.
Manóaj y su mujer estaban mirando.
Cuando la llama subía del altar hacia el cielo, el Ángel de Yahveh subía en la llama. Manóaj y su mujer lo estaban viendo y cayeron rostro en tierra.
Al desaparecer el Ángel de Yahveh de la vista de Manóaj y su mujer, Manóaj se dio cuenta de que era el Ángel de Yahveh. Y dijo Manóaj a su mujer: "Seguro que vamos a morir, porque hemos visto a Dios". Su mujer le respondió: "Si Yahveh hubiera querido matarnos no habría aceptado de nuestra mano el holocausto ni la oblación, no nos habría mostrado todas estas cosas ni precisamente ahora nos habría hecho oír esto".
La mujer dio a luz un hijo y le llamó Sansón.
El niño creció y Yahveh le bendijo. Y el espíritu de Yahveh comenzó a excitarle en el Campamento de Dan, entre Sorá y Estaol.» (Jueces 13:1-25)

Sansón tiene un origen directamente digitado por Dios, que lo crea especialmente, y con características propias; su enorme fuerza se basa en que no se le había cortado el cabello desde su nacimiento.

Sansón fue uno más de los Jueces de esa época.

Y continúa el relato.

«Sansón bajó a Timná y se fijó en Timná en una mujer entre las hijas de los filisteos.

Subió y se lo dijo a su padre y a su madre: "He visto en Timná una mujer de entre las hijas de los filisteos: tomádmela para esposa". Su padre y su madre le dijeron: "¿No hay ninguna mujer entre las hijas de tus hermanos y en todo mi pueblo, para que vayas a tomar mujer entre esos filisteos incircuncisos?". Pero Sansón respondió a su padre: "Toma a ésa para mí, porque esa es la que me gusta".

Su padre y su madre no sabían que esto venía de Yahveh, que buscaba un pretexto contra los filisteos, pues por aquel tiempo los filisteos dominaban a Israel.

Sansón bajó a Timná y al llegar a las viñas de Timná, vio un leoncillo que venía rugiendo a su encuentro. El espíritu de Yahveh le invadió, y sin tener nada en la mano, Sansón despedazó al león como se despedaza un cabrito; pero no contó ni a su padre ni a su madre lo que había hecho. Bajó y habló con la mujer, la cual le agradó.

Algún tiempo después, volvió Sansón para casarse con ella. Dio un rodeo para ver el cadáver del león y he aquí que en el cuerpo del león había un enjambre de abejas con miel. La recogió en su mano y según caminaba la iba comiendo. Cuando llegó donde su padre y su madre les dio miel y comieron, pero no les dijo que la había cogido del cadáver del león. Su padre bajó donde la mujer y Sansón hizo allí un banquete, pues así suelen hacer los jóvenes. Pero, al verle, eligieron treinta compañeros para que estuvieran con él.

Sansón les dijo: "Os voy a proponer una adivinanza. Si me dais la solución dentro de los siete días de la fiesta y acertáis, os daré treinta túnicas y treinta mudas. Pero si no podéis darme la solución, entonces me daréis vosotros treinta túnicas y treinta mudas". Ellos le dijeron: "Propón tu adivinanza, que te escuchamos". El les dijo: "Del que come salió comida, y del fuerte salió dulzura".

A los tres días aún no habían acertado la adivinanza. Al cuarto día dijeron a la mujer de Sansón: "Convence a tu marido para que nos explique la adivinanza. Si no, te quemaremos a ti y a la casa de tu padre. ¿O es que nos habéis invitado para robarnos?". La mujer de Sansón se puso a llorar sobre él, y dijo: "Tú me odias y no me amas. Has propuesto una adivinanza a los hijos de mi pueblo y a mí no me la has explicado". El le respondió: "Ni a mi padre ni a mi madre se la he explicado ¿y te la voy a explicar a ti?". Ella estuvo llorando encima de él los siete días que duró la fiesta. Por fin el séptimo día se la explicó, porque lo tenía asediado y ella explicó la adivinanza a los hijos de su pueblo. El séptimo día, antes que entrara en la alcoba, la gente de la ciudad dijo a Sansón: "¿Qué hay más dulce que la miel, y qué más fuerte que el león?". El les respondió: "Si no hubierais arado con mi novilla, no habríais acertado mi adivinanza". Luego el espíritu de Yahveh le invadió, bajó a Ascalón y mató allí a treinta hombres, tomó sus despojos y entregó las mudas a los acertantes de la adivinanza; luego, encendido en cólera, subió a la casa de su padre.

La mujer de Sansón pasó a ser de un compañero suyo, el que había sido su amigo de confianza.» (Jueces 14:1-20)

Percibimos en Sansón a una persona engreída, pedante... no es un ejemplo a seguir, no se comporta correctamente como podía esperarse de alguien que había recibido un don directamente de Dios.

¿Por qué Dios pone dones tan grandes en alguien que no lo vale?

Sigamos con la historia.

«Algún tiempo después, por los días de la siega del trigo, fue Sansón a visitar a su mujer llevando un cabrito y dijo: "Quiero llegarme a mi mujer, en la alcoba". Pero el padre de ella no le dejó entrar. Y le dijo: "Yo pensé que ya no la querías y se la di a tu compañero. ¿No vale más su hermana menor? Sea tuya en lugar de la otra". Sansón les replicó: "Esta vez no tengo culpa con los con los filisteos si les hago daño".

Se fue Sansón, y cazó trescientas zorras; cogió unas teas y, juntando a los animales cola con cola, puso una tea en medio entre las dos colas. Prendió fuego a las teas y luego, soltando las zorras por las mieses de los filisteos, incendió las gavillas y el trigo todavía en pie y hasta las viñas y olivares.

Los filisteos preguntaron: "¿Quién ha hecho esto?". Y les respondieron: "Sansón, el yerno del timnita, porque éste tomó a su mujer y se la dio a su compañero".

Entonces los filisteos subieron y quemaron a aquella mujer y la casa de su padre.

Sansón les dijo: "Ya que os portáis así no he de parar hasta vengarme de vosotros". Y les midió las costillas causándoles un gran estrago.

Después bajó a la gruta de la roca de Etam y se quedó allí.

Los filisteos subieron a acampar en Judá e hicieron una incursión por Lejí. Y les dijeron los hombres de Judá: "¿Por qué habéis subido contra nosotros?". Respondieron: "Hemos subido para amarrar a Sansón, para hacer con él lo que él ha hecho con nosotros". 3.000 hombres de Judá bajaron a la gruta de la roca de Etam y dijeron a Sansón: "¿No sabes que los filisteos nos están dominando? ¿Qué nos has hecho?". El les respondió: "Como me trataron a mí, les he tratado yo a ellos". Ellos le dijeron: "Hemos bajado para amarrarte y entregarte en manos de los filisteos". Sansón les dijo: "Juradme que no me vais a matar vosotros mismos". Le respondieron: "No; sólo queremos amarrarte y entregarte, no te mataremos". Lo amarraron, pues, con dos cordeles nuevos y lo sacaron de entre las rocas.

Cuando llegaba a Lejí y los filisteos corrían a su encuentro, con gritos de triunfo, el espíritu de Yahveh vino sobre él: los cordeles que sujetaban sus brazos fueron como hilos de lino que se queman al fuego y las ligaduras se deshicieron entre sus manos. Encontró una quijada de asno todavía fresca, alargó la mano, la cogió y mató con ella a mil hombres.

Sansón dijo entonces: "Con quijada de asno

los amontoné. Con quijada de asno, a mil hombres sacudí".

Cuando terminó de hablar, tiró la quijada: por eso se llamó aquel lugar Ramat Lejí. Entonces sintió una sed terrible e invocó a Yahveh diciendo: "Tú has logrado esta gran victoria por mano de tu siervo y ahora ¿voy a morir de sed y a caer en manos de los incircuncisos?". Entonces Dios hendió la cavidad que hay en Lejí y brotó agua de ella. Sansón bebió, recobró su espíritu y se reanimó. Por eso se dio el nombre de En Haccoré a la fuente que existe todavía hoy en Lejí.

Sansón fue juez en Israel en la época de los filisteos por espacio de veinte años.» (Jueces 15:1-20)

Sansón, a pesar de sus acciones que están lejos de ser justas, continúa recibiendo apoyo de Dios, quien le da agua, le entrega a sus enemigos…

Este hombre debió convertirse en muy poco tiempo en casi una leyenda viviente, y, probablemente, lo que pensamos ahora ya lo pensarían sus contemporáneos: "¿cómo este bendecido por Dios no es santo? Esto no puede terminar bien, Dios lo va a castigar por haber hecho mal uso de sus dones".

Y sí…

Exactamente…

La idea es, justamente, "no se crean que porque son míos no los voy a reprender", "Dios no sólo castiga a los de afuera sino que también castiga a los propios, no importa cuán cercanos hayan sido", y sino recordemos lo ocurrido con Moisés.

O el diluvio.

Además, la forma en que Sansón concluye sus días es ejemplificadora. Le sacan los ojos, lo llevan a la cárcel y lo encadenan a una muela (para moler) donde estaba condenado a girar y girar sin llegar, obviamente, a ninguna parte. Los ojos están asociados a lo sensual, y él había tenido debilidad por las mujeres, de hecho fueron su perdición, y su vida no habría tenido gran sentido. Y así termina sus días: ciego y sin sentido. No pudo ver lo que tenía que hacer, su misión, y al no verlo su existencia careció de sentido, toda una metáfora.

Termina.

«De allí Sansón se dirigió a Gaza, vio allí una meretriz y entró donde ella. Se dio aviso a los hombres de Gaza: "Ha venido Sansón". Ellos le rodearon y le estuvieron acechando a la puerta de la ciudad.

Estuvieron quietos toda la noche pensando: "Esperemos hasta que despunte el día y lo mataremos".

Sansón estuvo durmiendo hasta media noche; y a media noche se levantó, cogió las hojas de la puerta de la ciudad con sus dos jambas, las arrancó junto con la barra, se las cargó a la espalda, y las subió hasta la cumbre del monte que está frente a Hebrón. Después de esto, se enamoró de una mujer de la vaguada de Soreq, que se llamaba Dalila.

Los tiranos de los filisteos subieron donde ella y le dijeron: "Sonsácale y entérate de dónde le viene esa fuerza tan enorme, y cómo podríamos dominarlo para amarrarlo y tenerlo sujeto. Nosotros te daremos cada uno 1.100 siclos de plata".

Dalila dijo a Sansón: "Dime, por favor, ¿de dónde te viene esa fuerza tan grande y con qué habría que atarte para tenerte sujeto?". Sansón le respondió: "Si me amarraran con siete cuerdas de arco todavía frescas, sin dejarlas secar, me debilitaría y sería como un hombre cualquiera".

Los tiranos de los filisteos llevaron a Dalila siete cuerdas de arco frescas, sin secar aún, y lo amarró con ellas.

Tenía ella hombres apostados en la alcoba y le gritó: "Los filisteos contra ti, Sansón".

El rompió las cuerdas de arco como se rompe el hilo de estopa en cuanto siente el fuego. Así no se descubrió el secreto de la fuerza. Entonces Dalila dijo a Sansón: "Te has reído de mí y me has dicho mentiras; dime pues, por favor, con qué habría que atarte". Él le respondió: "Si me amarraran bien con cordeles nuevos sin usar, me debilitaría y sería como un hombre cualquiera". Dalila cogió unos cordeles nuevos, lo amarró con ellos y le gritó: "Los filisteos contra ti, Sansón". Tenía ella hombres apostados en la alcoba, pero él rompió los cordeles de sus brazos como un hilo. Entonces Dalila dijo a Sansón: "Hasta ahora te has estado burlando de mí y no me has dicho más que mentiras. Dime con qué habría de amarrarte". Él le respondió: "Si tejieras las siete trenzas de mi cabellera con la trama y las clavaras con la clavija del tejedor, me debilitaría y sería como un hombre cualquiera". Ella le hizo dormir, tejió luego las siete trenzas de su cabellera con la trama, las clavó con la clavija y le gritó: "Los filisteos contra ti, Sansón". Él se despertó de su sueño y arrancó la trama y la clavija. Así no se descubrió el secreto de su fuerza.

Dalila le dijo: "¿Cómo puedes decir: "Te amo", si tu corazón no está conmigo? Tres veces te has reído ya de mí y no me has dicho en qué consiste esa fuerza tan grande".

Como todos los días le asediaba con sus palabras y le importunaba, aburrido de la vida, le abrió todo su corazón y le dijo: "La navaja no ha pasado jamás por mi cabeza, porque soy nazir de Dios desde el vientre de mi madre. Si me rasuraran, mi fuerza se retiraría de mí, me debilitaría y sería como un hombre cualquiera".

Dalila comprendió entonces que le había abierto todo su corazón, mandó llamar a los tiranos de los filisteos y les dijo: "Venid esta vez, pues me ha abierto todo su corazón". Y los tiranos de los filisteos vinieron donde ella con el dinero en la mano.

Ella hizo dormir a Sansón sobre sus rodillas y llamó a un hombre que le cortó las siete trenzas de su cabeza. Entonces ella comenzó a humillarlo, y se retiró de él su vigor. Ella gritó: "Los filisteos contra ti, Sansón". Él se despertó de su sueño y se dijo: "Saldré como las otras veces y me desembarazaré". No sabía que Yahveh se había apartado de él.

Los filisteos le echaron mano, le sacaron los ojos, y lo bajaron a Gaza. Allí lo ataron con una doble cadena de bronce y daba vueltas a la muela en la cárcel. Pero el pelo de su cabeza, nada más rapado, empezó a crecer.

Los tiranos de los filisteos se reunieron para ofrecer un gran sacrificio a su dios Dagón y hacer gran fiesta. Decían: "Nuestro dios ha puesto en nuestras manos a Sansón nuestro enemigo".

En cuanto lo vio la gente, alababa a su dios diciendo: "Nuestro dios ha puesto en nuestras manos a Sansón nuestro enemigo, al que devastaba nuestro país y multiplicaba nuestras víctimas". Y como su corazón estaba alegre, dijeron: "Llamad a Sansón para que nos divierta". Trajeron, pues, a Sansón de la cárcel, y él les estuvo divirtiendo; luego lo pusieron de pie entre las columnas. Sansón dijo entonces al muchacho que lo llevaba de la mano: "Ponme donde pueda tocar las columnas en las que descansa la casa para que me apoye en ellas".

La casa estaba llena de hombres y mujeres. Estaban dentro todos los tiranos de los filisteos y, en el terrado, unos 3.000 hombres y mujeres contemplando los juegos de Sansón. Sansón invocó a Yahveh y exclamó: "Señor Yahveh, dígnate acordarte de mí, hazme fuerte nada más que esta vez, oh Dios, para que de un golpe me vengue de los filisteos por mis dos ojos". Y Sansón palpó las dos columnas centrales sobre las que descansaba la casa, se apoyó contra ellas, en una con su brazo derecho, en la otra con el izquierdo, y gritó: "¡Muera yo con los filisteos!" Apretó con todas sus fuerzas y la casa se derrumbó sobre los tiranos y sobre toda la gente allí reunida.

Los muertos que mató al morir fueron más que los que había matado en vida.

Sus hermanos y toda la casa de su padre bajaron y se lo llevaron. Lo subieron y sepultaron entre Sorá y Estaol, en el sepulcro de su padre Manóaj.

Había juzgado a Israel por espacio de veinte años.» (Jueces 15:1-31)

***

En esa época un hombre que vivía en la montaña de Efraim, toma una segunda mujer, y la primera, se enoja con él por eso y vuelve con su padre en Belén de Judá[20]. El hombre, su marido, decide ir a buscarla y "hablarle al corazón" para convencerla de que regrese. Cuando el padre de ella lo ve llegar sale a su encuentro contento y le ofrece su casa. El hombre había ido a buscar a su primera esposa, quien al verlo accede a volver con él y, luego de un par de días, emprenden el regreso.

Debido a que no quieren detenerse en ninguna ciudad que no perteneciera a una de las tribus de Israel, terminan parando en Guibeá de la tribu de Benjamín.

«Se desviaron hacia allí y fueron a pasar la noche en Guibeá.

El levita entró y se sentó en la plaza de la ciudad, pero no hubo nadie que les ofreciera casa donde pasar la noche.

Llegó un viejo que volvía por la tarde de sus faenas del campo. Era un hombre de la montaña de Efraím que residía como forastero en Guibeá; mientras que la gente del lugar era benjaminita. Alzando los ojos, se fijó en el viajero que estaba en la plaza de la ciudad, y el anciano le dijo: "¿A dónde vas y de dónde vienes?". Y el otro le respondió: "Estamos de paso, venimos de Belén de Judá y vamos hasta los confines de la montaña de Efraím, de donde soy. Fui a Belén de Judá y

---

20   Belén era una ciudad que estaba en territorio de la tribu de Judá.

ahora vuelvo a mi casa, pero nadie me ha ofrecido su casa. Y eso que tenemos paja y forraje para nuestros asnos, y pan y vino para mí, para tu sierva y para el joven que acompaña a tu siervo. No nos falta de nada". El viejo le dijo: "La paz sea contigo; yo proveeré a todas tus necesidades; pero no pases la noche en la plaza".

Le llevó, pues, a su casa y echó pienso a los asnos. Y ellos se lavaron los pies, comieron y bebieron.

Mientras alegraban su corazón, los hombres de la ciudad, gente malvada, cercaron la casa y golpeando la puerta le dijeron al viejo, dueño de la casa: "Haz salir al hombre que ha entrado en tu casa para que lo conozcamos". El dueño de la casa salió donde ellos y les dijo: "No, hermanos míos; no os portéis mal. Puesto que este hombre ha entrado en mi casa no cometáis esa infamia. Aquí está mi hija, que es doncella. Os la entregaré. Abusad de ella y haced con ella lo que os parezca; pero no cometáis con este hombre semejante infamia". Pero aquellos hombres no quisieron escucharle. Entonces el hombre tomó a su concubina y se la sacó fuera. Ellos la conocieron, la maltrataron toda la noche hasta la mañana y la dejaron al amanecer.» (Jueces 19:15-25)

Aquí observamos otra vez el nivel de degradación que antes se había apoderado de Sodoma y Gomorra. Es evidente que había una tendencia importante a caer en determinadas costumbres en extremo bárbaras. Y esta ciudad, en donde ocurren los hechos, era una ciudad de una de las tribus de Israel, en la Tierra Prometida. Era la tribu de Benjamín.

En ese momento no había en el pueblo de Israel ningún rey que los dirigiera y cada uno hacía lo que quería.

Este hombre al ver las condiciones en que había quedado su esposa la mata. (¿¡...!?) ¡La mata! Con esta reacción, se puede ver el nivel de esa gente, aún de los que parecían buenos. A continuación, la muestra a todas las otras tribus para que constataran en qué había caído la gente de Guibeá.

Cuando el resto de los israelitas ven lo que había sucedido en Guibeá organizan una campaña militar para arrasarla. El problema era que no se decidían a hacerlo debido a que Guibeá era una de sus ciudades y pertenecía a la tribu de Benjamín. Pero Dios les dice que vayan de todas maneras.

Ese día, la tribu de Benjamín estuvo a punto de desaparecer de entre las tribus de Israel.

No deseo relatarles lo que ocurrió en esa contienda, ya hemos visto demasiadas atrocidades, ésa no es la idea. No es necesario detallar qué clase de individuos vivían allí ni qué tipo de costumbres eran las de esa época en ese lugar.

16
RUT,
BÁLSAMO, OASIS EN EL DESIERTO

Rut es una mujer moabita, de la región de Moab que no era israelita, en la época de los Jueces.

«En los días en que juzgaban los Jueces hubo hambre en el país, y un hombre de Belén de Judá se fue a residir, con su mujer y sus dos hijos, a los campos de Moab.
Este hombre se llamaba Elimélek, su mujer Noemí y sus dos hijos Majlón y Kilyón; eran efrateos de Belén de Judá.
Llegados a los campos de Moab, se establecieron allí.

«Murió Elimélek, el marido de Noemí, y quedó ella con sus dos hijos. Estos se casaron con mujeres moabitas, una de las cuales se llamaba Orpá y la otra Rut. Y habitaron allí unos diez años. Murieron también ellos dos, Majlón y Kilyón, y quedó sola Noemí, sin sus dos hijos y sin marido. Entonces decidió regresar de los campos de Moab con sus dos nueras, porque oyó en los campos de Moab que Yahveh había visitado a su pueblo y le daba pan. Salió, pues, con sus nueras, del país donde había vivido y se pusieron en camino, para volver a la tierra de Judá.

Noemí dijo a sus dos nueras: "Andad, volveos cada una a casa de vuestra madre. Que Yahveh tenga piedad con vosotras como vosotras la habéis tenido con los que murieron y conmigo. Que Yahveh os conceda encontrar vida apacible en la casa de un marido". Y las besó. Pero ellas rompieron a llorar, y dijeron: "No; contigo volveremos a tu pueblo". Noemí respondió: "Volveos, hijas mías, ¿por qué vais a venir conmigo? ¿Acaso tengo yo aún hijos en mi seno que puedan ser maridos vuestros? Volveos, hijas mías, andad, porque yo soy demasiado vieja para casarme otra vez. Y aun cuando dijera que no he perdido toda esperanza, que esta misma noche voy a tener un marido y que tendré hijos ¿habríais de esperar hasta que fueran mayores? ¿dejaríais por eso de casaros? No, hijas mías, yo tengo gran pena por vosotros, porque la mano de Yahveh ha caído sobre mí". Ellas rompieron a llorar de nuevo; después Orpá besó a su suegra y se volvió a su pueblo, pero Rut se quedó junto a ella. Entonces Noemí dijo: "Mira, tu cuñada se ha vuelto a su pueblo y a su dios, vuélvete tú también con ella". Pero Rut respondió: "No insistas en que te abandone y me separe de ti, porque donde tú vayas, yo iré, donde habites, habitaré. Tu pueblo será mi pueblo y tu Dios será mi Dios. Donde tú mueras moriré y allí seré enterrada. Que Yahveh me dé este mal y añada este otro todavía si no es tan sólo la muerte lo que nos ha de separar". Viendo Noemí que Rut estaba decidida a acompañarla, no insistió más.

Caminaron, pues, las dos juntas hasta Belén.
Cuando llegaron a Belén se conmovió toda la ciudad por ellas. Las mujeres exclamaban: "¿No es esta Noemí?". Mas ella respondía: "¡No me llaméis ya Noemí, llamadme Mará, porque Sadday me ha llenado de amargura! Colmada partí yo, vacía me devuelve Yahveh. ¿Por qué me llamáis aún Noemí, cuando Yahveh da testimonio contra mí y Sadday me ha hecho desdichada?".

Así fue como regresó Noemí, con su nuera Rut la moabita, la que vino de los campos de Moab.

Llegaron a Belen al comienzo de la siega de la cebada.» (Rut 1:1-22)

«Tenía Noemí por parte de su marido un pariente de buena posición, de la familia de Elimélek, llamado Booz.

Rut la moabita dijo a Noemí: "Déjame ir al campo a espigar[21] detrás de aquél a cuyos ojos halle gracia"; ella respondió: "Vete, hija mía". Fue ella y se puso a espigar en el campo detrás de los segadores, y quiso su suerte que fuera a dar en una parcela de Booz, el de la familia de Elimélek.

«Llegaba entonces Booz de Belén y dijo a los segadores: "Yahveh con vosotros". Le respondieron: "Que Yahveh te bendiga". Preguntó Booz al criado que estaba al frente de los segadores: "¿De quién es esta muchacha?". El criado que estaba al frente de los segadores dijo: "Es la joven

---

21   Espigar era recoger lo que se les caía a los que cosechaban, o lo que quienes cosechaban no tomaban, eso era destinado para la gente pobre y normalmente se les permitía que lo recogieran.

moabita que vino con Noemí de los campos de Moab. Ella dijo: "Permitidme, por favor, espigar y recoger detrás de los segadores". Ha venido y ha permanecido en pie desde la mañana hasta ahora". Booz dijo a Rut: "¿Me oyes, hija mía? No vayas a espigar a otro campo ni te alejes de aquí; quédate junto a mis criados. Fíjate en la parcela que sieguen y vete detrás de ellos. ¿No he mandado a mis criados que no te molesten? Si tienes sed vete a las vasijas y bebe de lo que saquen del pozo los criados". Cayó ella sobre su rostro y se postró en tierra y le dijo: "¿Cómo he hallado gracia a tus ojos para que te fijes en mí, que no soy más que una extranjera?". Booz le respondió: "Me han contado al detalle todo lo que hiciste con tu suegra después de la muerte de tu marido, y cómo has dejado a tu padre y a tu madre y la tierra en que naciste, y has venido a un pueblo que no conocías ni ayer ni anteayer. Que Yahveh te recompense tu obra y que tu recompensa sea colmada de parte de Yahveh, Dios de Israel, bajo cuyas alas has venido a refugiarte". Ella dijo: "Halle yo gracia a tus ojos, mi señor, pues me has consolado y has hablado al corazón de tu sierva, cuando yo no soy ni siquiera como una de tus siervas".

A la hora de la comida, Booz le dijo: "Acércate aquí, puedes comer pan y mojar tu bocado en el vinagre". Ella se sentó junto a los segadores, y él le ofreció un puñado de grano tostado. Comió ella hasta saciarse y aun le sobró. Cuando se levantó ella para seguir espigando, Booz ordenó a sus criados: "Dejadla espigar también entre las gavillas y no la molestéis. Sacad incluso para ella espigas de las gavillas y dejadlas caer para que las espigue, y no la riñáis".

Estuvo espigando en el campo hasta el atardecer y, cuando desgranó lo que había espigado, había como una medida de cebada. Ella se lo llevó y entró en la ciudad, y su suegra vio lo que había espigado. Sacó lo que le había sobrado después de haberse saciado y se lo dio. Su suegra le dijo: "¿Dónde has estado espigando hoy y qué has hecho? ¡Bendito sea el que se ha fijado en ti!"

Ella contó a su suegra con quién había estado trabajando y añadió: "El hombre con quien he trabajado hoy se llama Booz". Noemí dijo a su nuera: "Bendito sea Yahveh que no deja de mostrar su bondad hacia los vivos y los muertos". Le dijo Noemí: "Ese hombre es nuestro pariente, es uno de los que tienen derecho de rescate sobre nosotros". Dijo Rut a su suegra: "Hasta me ha dicho: Quédate con mis criados hasta que hayan acabado toda mi cosecha". Dijo Noemí a Rut su nuera: "Es mejor que salgas con sus criados, hija mía, así no te molestarán en otro campo". Se quedó, pues, con los criados de Booz para espigar hasta que acabó la recolección de la cebada y la recolección del trigo, y siguió viviendo con su suegra.» (Rut 2:1-23)

«Noemí, su suegra, le dijo: "Hija mía, ¿es que no debo procurarte una posición segura que te convenga? Ahora bien: ¿Acaso no es pariente nuestro aquel Booz con cuyos criados estuviste? Pues mira: Esta noche estará aventando la cebada en la era. Lávate, perfúmate y ponte encima el manto, y baja a la era; que no te reconozca ese hombre antes que acabe de comer y beber. Cuando se acueste, mira el lugar en que se haya acostado, vas, descubres un sitio a sus pies y te acuestas; y él mismo te indicará lo que debes hacer". Ella le dijo: "Haré cuanto me has dicho".

«Bajó a la era e hizo cuanto su suegra le había mandado. Booz comió y bebió y su corazón se puso alegre. Entonces fue a acostarse junto al montón de cebada. Vino ella sigilosamente, descubrió un sitio a sus pies y se acostó.

«A media noche sintió el hombre un escalofrío, se volvió y notó que había una mujer acostada a sus pies. Dijo: "¿Quién eres tú?", y ella respondió: "Soy Rut tu sierva. Extiende sobre tu sierva el borde de tu manto, porque tienes derecho de rescate". Él dijo: "Bendita seas de Yahveh, hija mía; tu último acto de piedad filial ha sido mejor que el primero, porque no has pretendido a ningún joven, pobre o rico. Y ahora, hija mía, no temas; haré por ti cuanto me digas, porque toda la gente de mi pueblo sabe que tú eres una mujer virtuosa. Ahora bien: es verdad que tengo derecho de rescate, pero hay un pariente más cercano que yo con derecho de rescate. Pasa aquí esta noche, y mañana, si él quiere ejercer su derecho, que lo ejerza; y si no quiere, yo te rescataré, ¡vive Yahveh! Acuéstate hasta el amanecer".
Se acostó ella a sus pies hasta la madrugada; se levantó él a la hora en que todavía un hombre no

puede reconocer a otro, pues se decía: "Que no se sepa que la mujer ha venido a la era". Él dijo: "Trae el manto que tienes encima y sujeta bien". Sujetó ella, y él midió seis medidas de cebada y se las puso a cuestas, y él entró en la ciudad.

«Volvió ella donde su suegra que le dijo: "¿Cómo te ha ido, hija mía?". Y le contó cuanto el hombre había hecho por ella, y añadió: "Me ha dado estas seis medidas de cebada, pues dijo: "No debes volver de vacío donde tu suegra". Noemí le dijo: "Quédate tranquila, hija mía, hasta que sepas cómo acaba el asunto; este hombre no parará hasta concluirlo hoy mismo".» (Rut 3:1-18)

«Mientras tanto Booz subió a la puerta de la ciudad y se sentó allí.
Acertó a pasar el pariente de que había hablado Booz, y le dijo: "Acércate y siéntate aquí, fulano". Y éste fue y se sentó. Tomó diez de los ancianos de la ciudad y dijo: "Sentaos aquí". Y se sentaron. Dijo entonces al que tenía el derecho de rescate: "Noemí, que ha vuelto de los campos de Moab, vende la parcela de campo de nuestro hermano Elimélek. He querido hacértelo saber y decirte: "Adquiérela en presencia de los aquí sentados, en presencia de los ancianos de mi pueblo. Si vas a rescatar, rescata; si nos vas a rescatar, dímelo para que yo lo sepa, porque fuera de ti no hay otro que tenga derecho de rescate, pues voy yo después de ti". Él dijo: "Yo rescataré". Booz añadió: "El día que adquieras la parcela para ti de manos de Noemí tienes que adqui-

rir también a Rut la moabita, mujer del difunto, para perpetuar el nombre del difunto en su heredad". El pariente respondió: "Así no puedo rescatar, porque podría perjudicar mi herencia. Usa tú mi derecho de rescate, porque yo no puedo usarlo". Antes en Israel, en caso de rescate o de cambio, para dar fuerza al contrato, había la costumbre de quitarse uno la sandalia y dársela al otro. Esta era la manera de testificar en Israel. El que tenía el derecho de rescate dijo a Booz: "Adquiérela para ti". Y se quitó la sandalia. Entonces dijo Booz a los ancianos y a todo el pueblo: "Testigos sois vosotros hoy de que adquiero todo lo de Elimélek y todo lo de Kilyón y Majlón de manos de Noemí y de que adquiero también a Rut la moabita, la que fue mujer de Kilyón, para que sea mi mujer a fin de perpetuar el nombre del difunto en su heredad y que el nombre del difunto no sea borrado entre sus hermanos y en la puerta de su localidad. Vosotros sois hoy testigos". Toda la gente que estaba en la puerta y los ancianos respondieron: "Somos testigos. Haga Yahveh que la mujer que entra en tu casa sea como Raquel y como Lía, las dos que edificaron la casa de Israel. Hazte poderoso en Efratá y sé famoso en Belén. Sea tu casa como la casa de Peres, el que Tamar dio a Judá, gracias a la descendencia que Yahveh te conceda por esta joven".

«Booz tomó a Rut, y ella fue su mujer; se unió a ella, y Yahveh hizo que concibiera, y dio a luz un niño.

Las mujeres dijeron a Noemí: "Bendito sea

Yahveh que no ha permitido que te falte hoy uno que te rescate para perpetuar su nombre en Israel. Será el consuelo de tu alma y el apoyo de tu ancianidad, porque lo ha dado a luz tu nuera que te quiere y es para ti mejor que siete hijos".

Tomó Noemí al niño y le puso en su seno y se encargó de criarlo.

Las vecinas le pusieron un nombre diciendo: "Le ha nacido un hijo a Noemí" y le llamaron Obed. Es el padre de Jesé, padre de David.

«Estos son los descendientes de Peres. Peres engendró a Jesrón. Jesrón engendró a Ram y Ram engendró a Aminadab. Aminadab engendró a Najsón y Najsón engendró a Salmón. Salmón engendró a Booz y Booz engendró a Obed. Obed engendró a Jesé y Jesé engendró a David.» (Rut 4:1-22)

La historia de Rut es un bálsamo luego de tantas matanzas, es un momento de descanso, un oasis en la historia. Este pequeño relato es de principio triste y final feliz.

– ¿Qué tiene que ver Rut en la historia? -pregunta Lautaro.

– Va a ser la bisabuela del rey David.

– ¿La bisabuela?, ¿y eso es todo? -dice Lautaro sorprendido y casi decepcionado.

– No, lo importante de Rut va a estar al final de la historia y allí va a cobrar sentido. Esta pieza del rompecabezas es para guardarla en un bolsillo, porque luego la vamos a necesitar para terminar de entender, guardala bien porque va a tener su lugar, y es un lugar muy importante -le explico.

Rut junto con Rajab validan, de alguna manera, el hecho de que el dios de los hebreos es para todo el mundo y no sólo para los hebreos. Si Dios permite que ellas formen parte del árbol genealógico del personaje más importante de esta historia, es claro, que Dios está diciendo que "los otros" van a tener los mismos derechos que el pueblo elegido llegado el momento.

Lo que ocurre es que en esos años, en los que fue escrita la historia de Rut, sólo Dios sabía cual era el motivo de su existencia, el porqué de que alguien que no era del pueblo elegido formase parte de esta cadena de sangre en particular.

Me sigue sorprendiendo y maravillando como Dios va preparando, a través de miles de años, las piezas de esta obra, los papeles de cada uno, -los que en su momento, no parecen tener ninguna importancia, ningún sentido-. Es como si dijera: voy a poner un cartel aquí, en el medio del campo, porque dentro de trescientos años va a pasar un camino y se va a necesitar una señal, o, les voy a dar de comer del árbol del conocimiento a Adán y Eva porque tres mil años después le van a preguntar a su descendencia como saben lo que saben.

El mismo pueblo elegido, mientras camina por el desierto, se pregunta "¿para que me trajeron si estaba tan bien en Egipto?", es más, es posible que hoy todavía se cuestionen: "¿era necesario hacernos caminar cuarenta años en el desierto?, ¿era necesario cruzar el mar caminando?", ¡claro que era necesario!, ¡por supuesto!, pero eso sólo se puede entender al ver el panorama completo.

Todo es como números en un dibujo de chicos, como las cuentas de un collar en el que no vemos el hilo que las une, piezas de un rompecabezas desparramadas por toda la casa, las que ni siquiera parecen ser piezas de un rompecabezas.

Si..., debemos que estar muy atentos.

Samuel

«Hubo un hombre de Ramatáyim, sufita de la montaña de Efraím, que se llamaba Elcaná, hijo de Yeroján, hijo de Elihú, hijo de Toju, hijo de Suf, efraimita. Tenía dos mujeres: una se llamaba Ana y la otra Peninná; Peninná tenía hijos, pero Ana no los tenía. Este hombre subía de año en año desde su ciudad para adorar y ofrecer sacrificios a Yahveh Sebaot en Silo, donde estaban Jofní y Pinjás, los dos hijos de Elí, sacerdotes de Yahveh.

El día en que Elcaná sacrificaba, daba sendas porciones a su mujer Peninná y a cada uno de sus hijos e hijas, pero a Ana le daba solamente una porción, pues aunque era su preferida, Yahveh había cerrado su seno. Su rival la zahería y vejaba de continuo, porque Yahveh la había hecho estéril.» (I Samuel 1:1-6)

Esta mujer, Ana, sufría mucho por no poder tener hijos -en esa época no tener hijos era considerado una maldición de Dios-, lo que la hacía parecer menos ante la comunidad. En su desesperación, y por su fe en Yahveh, ora con tanta devoción en el templo que el sacerdote, Elí, le habla y le pregunta qué le pasa, porque creía que estaba borracha. Al comprobar que no era así, que en realidad Ana está tremendamente afligida y que estaba rogándole algo a Dios, Elí le pide a Yahveh que le concediera a Ana lo que le estaba suplicando.

Dios le da un hijo a Ana. Ella, en sus plegarias, le había prometido que si le concedía un hijo se lo iba a dedicar a Él

-esto significaba entrar al sacerdocio-, y decide cumplir su promesa.

Cuando el niño es destetado lo lleva al templo para que se convierta en sacerdote.

Allí estaban también los hijos de Elí, el sacerdote, que eran personas deshonestas, se quedaban con lo mejor de las ofrendas que llevaba el pueblo para ofrecerle a Dios. Por supuesto, las acciones de los hijos de Elí habían desagradado inmensamente a Dios quien se lo comunica a Elí.

> «Vino un hombre de Dios a Elí y le dijo: "Así ha dicho Yahveh. Claramente me he revelado a la casa de tu padre, cuando ellos estaban en Egipto al servicio de la casa de Faraón. Y le elegí entre todas las tribus de Israel para ser mi sacerdote, para subir a mi altar, incensar la ofrenda y llevar el efod en mi presencia, y he concedido a la casa de tu padre parte en todos los sacrificios por el fuego de los hijos de Israel. ¿Por qué pisoteáis el sacrificio y la oblación que yo he ordenado y pesan tus hijos más que yo, cebándoos con lo mejor de todas las oblaciones de mi pueblo Israel? Por eso -palabra de Yahveh, Dios de Israel- yo había dicho que tu casa y la casa de tu padre andarían siempre en mi presencia, pero ahora -palabra de Yahveh- me guardaré bien de ello. Porque a los que me honran, yo les honro, pero los que me desprecian son viles.
>
> He aquí que vienen días en que amputarán tu brazo y el brazo de la casa de tu padre, de suerte que en tu casa los hombres no lleguen a madurar. Tú mirarás al lado de la Morada todo el bien que yo haga a Israel y nunca habrá hombres madu-

ros en tu casa. Conservaré a alguno de los tuyos cabe mi altar para que sus ojos se consuman y su alma se marchite, pero la mayor parte de los tuyos perecerá por la espada de los hombres. Será para ti señal lo que va a suceder a tus dos hijos Jofní y Pinjás: en el mismo día morirán los dos.

Yo me suscitaré un sacerdote fiel, que obre según mi corazón y mis deseos, le edificaré una casa permanente y caminará siempre en presencia de mi ungido. El que quedare de tu casa vendrá a postrarse ante él para conseguir algún dinero o una torta de pan y dirá: "Destíname, por favor, a una función sacerdotal cualquiera, para que tenga un bocado de pan que comer".»
(I Samuel 2:27-36)

La maldición de Dios ya estaba sobre los hijos de Elí, para este el enojo divino no sería algo que les llegaría sin haber sido prevenidos. Elí ya les había advertido a sus hijos que lo que hacían era incorrecto, estaba mal y que llegado el momento nadie iba a poder hacer nada por ellos para salvarlos.

En esa época no eran comunes las visiones de Dios. Cierto día Yahveh se presenta a Samuel, cuando ya Elí era muy anciano, y le dice que Él, Dios, va a realizar algo muy grande en el pueblo de Israel, y que ese día va a dar curso a la maldición contra la casa de Elí, y que él, Samuel, será quien la lleve a cabo.

Samuel crecía y, por sus cualidades, ya era un profeta reconocido por todo el pueblo de Israel.

«Ocurrió en aquel tiempo que los filisteos se reunieron para combatir a Israel, y los israelitas salieron a su encuentro para el combate.

Acamparon cerca de Eben Haézer, mientras que los filisteos habían acampado en Afeq.

Se pusieron los filisteos en orden de batalla contra Israel; se libró un gran combate y fue batido Israel por los filisteos, muriendo en las filas, en campo abierto, cerca de 4.000 hombres.

Volvió el ejército al campamento, y los ancianos de Israel dijeron: "¿Por qué nos ha derrotado hoy Yahveh delante de los filisteos? Vamos a buscar en Silo el arca de nuestro Dios; que venga en medio de nosotros y que nos salve del poder de nuestros enemigos".

«El pueblo envió a Silo y sacaron de allí el arca de Yahveh Sebaot que está sobre los querubines; acompañaron al arca Jofní y Pinjás, los dos hijos de Elí.

«Cuando el arca de Yahveh llegó al campamento, todos los israelitas lanzaron un gran clamor que hizo retumbar las tierras. Los filisteos oyeron el estruendo del clamoreo y dijeron: "¿Qué significa este gran clamor en el campamento de los hebreos?". Y se enteraron de que el arca de Yahveh había llegado al campamento. Temieron entonces los filisteos, porque se decían: "Dios ha venido al campamento". Y exclamaron: "¡Ay de nosotros! Nunca había sucedido tal cosa. ¡Ay de nosotros! ¿Quién nos librará de la mano de estos dioses poderosos? ¡Estos son los dioses que castigaron a Egipto con toda clase de plagas en el desierto! ¡Cobrad ánimo y sed hombres, filisteos, para no tener que servir a los hebreos como ellos os han servido a vosotros; sed hombres y pelead!"

Trabaron batalla los filisteos. Israel fue batido y cada cual huyó a sus tiendas; la mortandad fue muy grande, cayendo de Israel 30.000 infantes.

El arca de Dios fue capturada y murieron Jofní y Pinjás, los dos hijos de Elí.

«Un hombre de Benjamín salió corriendo del campo de batalla y llegó a Silo aquel mismo día, con los vestidos rotos y la cabeza cubierta de polvo. Cuando llegó, estaba Elí en su asiento, a la puerta, atento al camino, porque su corazón temblaba por el arca de Dios. Vino, pues, este hombre a traer la noticia a la ciudad, y toda la ciudad comenzó a gritar. Oyó Elí los gritos y preguntó: "¿Qué tumulto es éste?". Dióse prisa el hombre y se lo anunció a Elí. Contaba éste 98 años, tenía las pupilas inmóviles y no podía ver. El hombre dijo a Elí: "Vengo del campo de batalla, he huido hoy del campo". Elí preguntó: ¿Qué ha pasado, hijo mío?". El mensajero respondió: "Israel ha huido ante los filisteos. Además el ejército ha sufrido una gran derrota, también han muerto tus dos hijos y hasta el arca de Dios ha sido capturada". A la mención del arca de Dios, cayó Elí de su asiento, hacia atrás, en medio de la puerta, se rompió la nuca y murió, pues era anciano y estaba ya torpe. Había sido juez en Israel durante cuarenta años.

Su nuera, la mujer de Pinjás, estaba encinta y para dar a luz. Cuando oyó la noticia de que el arca de Dios había sido capturada y la muerte de su suegro y su marido, se encogió y dio a luz, pues la habían acometido sus dolores. Estando a la muerte, las que la asistían le dijeron: "Ánimo, que es un niño lo que has dado a luz", pero ella no respondió ni prestó atención. Llamó al niño Ikabod, diciendo: "La gloria ha sido desterrada de Israel", aludiendo a la captura del arca de Dios, a su suegro y a su marido.» (I Samuel 4:1-22)

Ese día se cumple la profecía que Dios le había hecho a Samuel, o al menos parte; ya habían muerto Elí y sus dos hijos. Ya se había escuchado el clamor, los alaridos de los israelitas.

Los filisteos eran parte de "los otros" de los que venimos hablando, estos otros pueblos le tenían mucho miedo al dios de los Israelitas, su fama los precedía.

Los filisteos se llevan el arca a la ciudad de Asdod, y la ponen en el templo dedicado a su dios Dagón, la colocaron al lado de la estatua de este ídolo. A la mañana siguiente, encuentran al ídolo tirado en el piso delante del arca, lo levantan y lo vuelven a poner en su lugar. Al día siguiente, otra vez lo encuentran en el piso, pero en esta ocasión, además, el ídolo tenía cortadas las manos y la cabeza. Luego de esos hechos cayó sobre Asdod una plaga enviada por Dios, que le hizo salir tumores a toda la gente. Al ver esto, los filisteos pensaron que debían sacar el arca de los israelitas de la ciudad y decidieron llevarla a Gat. Allí también cayó la plaga sobre todos los varones, y grandes y chicos, tuvieron tumores.

«Enviaron entonces el arca de Dios a Ecrón, exclamaron los ecronitas: "Han encaminado hacia mí el arca del Dios de Israel para hacerme perecer con mi pueblo".

Hicieron convocar a todos los tiranos de los filisteos y dijeron: "Devolved el arca del Dios de Israel; que vuelva a su sitio y no me haga morir a mí y a mi pueblo". Pues había un terror mortal en toda la ciudad, porque descargó allí duramente la mano de Dios.

Los que no murieron fueron atacados de tumores y los alaridos de angustia de la ciudad subieron hasta el cielo.» (I Samuel 5:10-12)

«Siete meses estuvo el arca de Yahveh en territorio filisteo.

Llamaron los filisteos a los sacerdotes y adivinos y preguntaron: "¿Qué debemos hacer con el arca de Yahveh? Hacednos saber cómo la hemos de enviar a su sitio". Ellos respondieron: "Si queréis devolver el arca del Dios de Israel, no la devolváis de vacío, ofrecedle una reparación y entonces sanaréis y sabréis por qué no se ha apartado su mano de vosotros". Preguntaron ellos: "¿Qué reparación hemos de ofrecer?". Y respondieron: "Conforme al número de los tiranos de los filisteos, cinco tumores de oro y cinco ratas de oro, porque el mismo castigo sufrís vosotros que vuestros tiranos. Haced imágenes de vuestros tumores y de vuestras ratas que devastan el país y dad gloria al Dios de Israel. Acaso aligere su mano de sobre vosotros, vuestros dioses y vuestra tierra. ¿Por qué habéis de endurecer vuestros corazones como endurecieron su corazón los egipcios y Faraón? ¿No los tuvieron que dejar partir después que Dios los hubo maltratado? Ahora, pues tomad y preparad una carreta nueva y dos vacas que estén criando y que no hayan llevado yugo; unciréis las vacas a la carreta y haréis volver sus becerros al establo. Tomaréis el arca de Yahveh y la pondréis sobre la carreta. Cuanto a los objetos de oro que le habéis ofrecido como reparación, los meteréis en un cofre a su lado, y la dejaréis marchar. Y fijaos: si toma el camino de su país, hacia Bet Semes, es él el que nos ha causado esta gran calamidad; si no, sabremos que no ha sido su mano la que nos ha castigado y que todo esto nos ha sucedido por casualidad".

Así lo hicieron aquellos hombres: tomaron dos vacas que estaban criando y las uncieron a la carreta, pero retuvieron las crías en el establo.

Colocaron sobre la carreta el arca de Yahveh y el cofre con las ratas de oro y las imágenes de sus tumores.

Tomaron las vacas en derechura por el camino de Bet Semes y mantuvieron la misma ruta; caminaban mugiendo, sin desviar ni a derecha ni a izquierda.

Los tiranos de los filisteos las siguieron hasta los confines de Bet Semes. Los de Bet Semes segando el trigo en el valle, y alzando la vista vieron el arca y fueron gozosos a su encuentro.» (I Samuel 6:1-13)

Los pobladores de Bet Semes se alegraron al ver llegar el arca y fueron a buscarla. La bajaron de la carreta y ofrecieron ofrendas a Yahveh por haberla recuperado. De entre los de Bet Semes, los hijos de Jaconías, no se alegraron al ver el arca. Dios los castigó y mató a setenta de sus hombres.

«Dijeron entonces las gentes de Bet Semes: "¿Quién podrá resistir delante de Yahveh, el Dios Santo? ¿A quién subirá, alejándose de nosotros?"

Enviaron mensajeros a los habitantes de Quiryat Yearim para decirles: "Los filisteos han devuelto el arca de Yahveh. Bajad y subidla con vosotros".» (I Samuel 6:20-21)

«Vinieron las gentes de Quiryat Yearim y subieron el arca de Yahveh.

La llevaron a la casa de Abinadab, en la loma, y consagraron a su hijo Eleazar para que custodiase el arca de Yahveh.

Pasaron muchos días -veinte años- desde el día en que el arca se instaló en Quiryat Yearim, y toda la casa de Israel suspiró por Yahveh. Entonces Samuel habló así a toda la casa de Israel: "Si os volvéis a Yahveh con todo vuestro corazón, quitad de en medio de vosotros los dioses extranjeros y las Astartés, fijad vuestro corazón en Yahveh y servidle a él solo y entonces él os librará de la mano de los filisteos".

Los israelitas quitaron los Baales y las Astartés y sirvieron sólo a Yahveh.

Samuel dijo: "Congregad a todo Israel en Mispá y yo suplicaré a Yahveh por vosotros". Se congregaron, pues, en Mispá, sacaron agua, que derramaron ante Yahveh, ayunaron aquel día y dijeron: "Hemos pecado contra Yahveh".

Samuel juzgó a los israelitas en Mispá.

Cuando los filisteos supieron que los israelitas se habían reunido en Mispá, subieron los tiranos de los filisteos contra Israel. Habiéndolo oído los israelitas, temieron a los filisteos y dijeron los israelitas a Samuel: "No dejes de invocar a Yahveh nuestro Dios, para que él nos salve de la mano de los filisteos".» (I Samuel 7:1-8)

Aquí aparece el motivo que subyace en toda esta historia y la razón de la conducta de Dios, que hasta ahora no me resultaba evidente, ¿qué había ocurrido con el pueblo de Israel para que Dios los entregara a los filisteos? Aquellos nuevamente habían sucumbido al culto de dioses falsos: "Los israelitas quitaron los Baales y las Astartés y sirvieron sólo a Yahveh".

Otra vez se habían desviado del camino. Este desvío de los israelitas también hace que Dios elimine a muchos de los filisteos, que seguramente, también habían llegado a límites muy altos de degradación e idolatría. Nuevamente, sus tajantes acciones hacen "remojar las barbas" de propios y ajenos.

«Tomó Samuel un cordero lechal y lo ofreció entero en holocausto a Yahveh, invocó a Yahveh en favor de Israel y Yahveh le escuchó.

Estaba Samuel ofreciendo el holocausto, cuando los filisteos presentaron batalla a Israel, pero tronó Yahveh aquel día con gran estruendo sobre los filisteos, los llenó de terror y fueron batidos ante Israel.

Los hombres de Israel salieron de Mispá y persiguieron a los filisteos desbaratándolos hasta más abajo de Bet Kar.

Tomó entonces Samuel una piedra y la erigió entre Mispá y Yesaná y le dio el nombre de Eben Haézer, diciendo: "Hasta aquí nos ha socorrido Yahveh".

Los filisteos fueron humillados.

No volvieron más sobre el territorio de Israel y la mano de Yahveh pesó sobre los filisteos durante toda la vida de Samuel.

«Las ciudades que los filisteos habían tomado a los israelitas fueron devueltas a Israel, desde Ecrón hasta Gat, liberando Israel su territorio del dominio de los filisteos. Y hubo paz entre Israel y los amorreos.

Samuel juzgó a Israel todos los días de su vida. Hacía cada año un recorrido por Betel, Guilgal, Mispá, juzgando a Israel en todos estos lugares. Después se volvía a Ramá porque allí tenía su casa, y juzgaba a Israel. Y edificó allí un altar a Yahveh.» (I Samuel 7:9-17)

17
LA MONARQUÍA
"*Me han rechazado a mí*"

El pueblo de Israel pide un Rey

El pueblo elegido al ver que todos los otros pueblos de la región tenían un rey, le pide a Samuel que les designe un rey para que los dirija.

> «Cuando Samuel se hizo viejo, puso a sus hijos como jueces en Israel.
> Su primogénito se llamaba Joel y el otro, Abías; juzgaban en Israel en Berseba. Pero sus hijos no siguieron su camino: fueron atraídos por el lucro, aceptaron regalos y torcieron el derecho. Se reunieron, pues, todos los ancianos de Israel y se fueron donde Samuel a Ramá, y le dijeron: "Mira, tú te has hecho viejo y tus hijos no siguen tu camino. Pues bien, ponnos un rey para que nos juzgue, como todas las naciones".
> Disgustó a Samuel que dijeran: "Danos un rey para que nos juzgue" e invocó a Yahveh. Pero Yahveh dijo a Samuel: "Haz caso a todo lo que el pueblo te dice. Porque no te han rechazado a ti, me han rechazado a mí, para que no reine sobre ellos. Todo lo que ellos me han hecho desde el día que los saqué de Egipto hasta hoy, abandonándome y sirviendo a otros dioses, te han hecho también a ti".» (I Samuel 8:1-8)

No hace falta ser muy perspicaz para vislumbrar que Dios está bastante disgustado porque nuevamente los israelitas se alejan de él, emulando lo que "los otros" hacían. Dios igual les permite que lo hagan, pero les advierte lo que les ocurrirá: el rey que tengan los va a utilizar, van a tener que fabricar armas para él, quien va a tomar a sus hijas y se va a quedar con los mejores campos para él y sus servidores. O sea, nada nuevo, ya sabemos cómo funciona el nivel más alto de la dirigencia y más aún en una monarquía, y más aún en esos tiempos.

Dios elige a Saúl para que se convierta en el rey de los israelitas. Saúl es una persona común, alguien menor del pueblo, menor en el sentido de que no era nadie especial, nadie en particular, no se destacaba por ningún motivo, al punto tal que cuando se lo presentan a los israelitas éste se esconde para que no lo vean y lo tienen que sacar a la rastra.

> «Samuel convocó al pueblo en Mispá junto a Yahveh. Y dijo a los israelitas: Así ha dicho Yahveh, el Dios de Israel: Yo hice subir a Israel de Egipto y os libré de los egipcios y de todos los reinos que os tenían oprimidos. Pero vosotros ahora habéis rechazado a vuestro Dios, a aquel mismo que os salvó de todos vuestros males y aprietos, y le habéis dicho: "No: tú ponnos un rey". Ahora, pues, compareced delante de Yahveh distribuidos por tribus y familias".
>
> Samuel hizo acercarse a todas las tribus de Israel y fue designada la tribu de Benjamín.
>
> Hizo que se acercara la tribu de Benjamín por familias y fue designada la familia de Matrí, y luego mandó acercarse a la familia de Matrí

por individuos y quedó finalmente Saúl, hijo de Quis, y le buscaron, pero no le encontraron. Entonces volvieron a interrogar a Yahveh: "¿Ha venido ése?". Dijo Yahveh: "Aquí le tenéis escondido entre la impedimenta". Corrieron y lo sacaron de allí y, puesto en medio del pueblo, les llevaba a todos la cabeza.

Dijo Samuel a todo el pueblo: "¿Veis al que ha elegido Yahveh? No hay como él en todo el pueblo". Y todo el pueblo gritó: "¡Viva el rey!".

Samuel dictó al pueblo el fuero real y lo puso por escrito, depositándolo delante de Yahveh, y despidió Samuel a cada cual a su casa.

También Saúl se fue a su casa, a Guibeá; le acompañaron algunos valientes a quienes Dios tocó el corazón. Pero algunos malvados dijeron: "Qué nos va a salvar ése!" Y le despreciaron y no le llevaron regalos.» (I Samuel 10:18-27)

Analicemos esta actitud de Dios, que se puede traducir o interpretar de esta manera: "así que quieren un rey, muy bien ahí tienen un rey". Y les da alguien que difícilmente pueda dirigir un pueblo y menos un pueblo del tenor de los israelitas. De hecho algunos se dan cuenta de que esa persona no tenía condiciones para encargarse de semejante cuestión.

De todas maneras se puede ver en esta narración que Dios trata a su pueblo como a chicos caprichosos que están creciendo y aprendiendo, que empiezan a tomar sus propias decisiones. Reflexionando tal vez así: "bueno, vamos a ver si esto les sale bien, están errando el camino, ya se darán cuenta".

Los ammonitas les hacen saber a los habitantes de Yabés de Galad, israelitas estos, que iban a ser atacados, por lo que los de Yabés les piden que les den siete días para ver si pueden defenderse.

En esos siete días, Saúl les dice a los israelitas que quien no lo siguiera para pelear contra los ammonitas iba a ser despedazado. Con esta motivación consigue trescientos treinta mil hombres, los que combaten y ganan a los ammonitas.

Con este triunfo Saúl afianza su reinado.

Samuel habla al pueblo

«Aquí tenéis ahora al rey que os habéis elegido. Yahveh ha establecido un rey sobre vosotros. Si teméis a Yahveh y le servís, si escucháis su voz y no os rebeláis contra las órdenes de Yahveh; si vosotros y el rey que reine sobre vosotros seguís a Yahveh vuestro Dios, está bien. Pero si no escucháis la voz de Yahveh, si os rebeláis contra las órdenes de Yahveh, entonces la mano de Yahveh pesará sobre vosotros y sobre vuestro rey. Una vez más, quedaos para ver este gran prodigio que Yahveh realiza a vuestros ojos. ¿No es ahora la cosecha del trigo? Pues bien, voy a invocar a Yahveh para que haga tronar y llover. Reconoced y ved el gran mal que habéis hecho a los ojos de Yahveh, a pedir un rey para vosotros".

Invocó Samuel a Yahveh, que hizo tronar y llover aquel mismo día, y todo el pueblo cobró mucho temor a Yahveh y a Samuel.

Dijo todo el pueblo a Samuel: "Suplica a Yahveh tu Dios en favor de tus siervos, para que no muramos; hemos colmado nuestros pecados pidiendo en rey para nosotros". Pero Samuel dijo al pueblo: "No temáis. Cierto que habéis hecho esta maldad. Pero ahora, no os alejéis de Yahveh y servidle con todo vuestro corazón, y no os apartéis en pos de los que no son nada, que no sirven ni salvan porque no son nada. Pues Yahveh no rechazará a su pueblo por el honor de su gran nombre, porque Yahveh se ha dignado hacer de vosotros su pueblo. Por mi parte, lejos de mí pecar contra Yahveh dejando de suplicar por vosotros y de enseñaros el camino bueno y recto. Sólo a Yahveh temeréis y le serviréis fielmente, con todo vuestro corazón, porque habéis visto esta cosa grandiosa que ha realizado en medio de vosotros. Pero si os portáis mal, pereceréis, vosotros y vuestro rey".» (I Samuel 12:14-25)

Con esta demostración Dios trata que entiendan que, aunque tienen rey, es Él quien reina.

Saúl se rebela contra los filisteos y mata a su gobernador Guibeá. Estos se aprestan para ir a la guerra contra los israelitas. Aunque el ejército de Saúl es muy numeroso y está bien armado, sus soldados apenas suman seiscientos. De todas formas, ganan la batalla de manera milagrosa y puede verse en esta victoria la mano de Dios.

Yahveh envía a Samuel para que le indique a Saúl, rey de los israelitas, que debían arrasar Amalec, por haberles cortado el camino cuando salían de Egipto.

«Esto dice Yahveh Sebaot: He decidido castigar lo que Amalec hizo a Israel, cortándole el camino cuando subía de Egipto. Ahora, vete y castiga a Amalec, consagrándolo al anatema[22] con todo lo que posee, no tengas compasión de él, mata hombres y mujeres, niños y lactantes, bueyes y ovejas, camellos y asnos".

«Convocó Saúl al pueblo y le pasó revista en Telam: 200.000 infantes y 10.000 hombres de Judá. Avanzó Saúl hasta la capital de Amalec y se emboscó en el barranco.

Dijo Saúl a los quenitas: "Marchaos, apartaos de los amalecitas, no sea que os haga desaparecer con ellos, pues os portasteis bien con todos los israelitas cuando subían de Egipto"; y los quenitas se apartaron de los amalecitas.

«Batió Saúl a los amalecitas desde Javilá, en dirección de Sur que está al este de Egipto. Capturo vivo a Agag, rey de los amalecitas, y pasó a todo el pueblo a filo de espada en cumplimiento del anatema. Pero Saúl y la tropa perdonaron a Agag y a lo más escogido del ganado mayor y menor, las reses cebadas y los corderos y todo lo bueno. No quisieron consagrarlo al anatema, pero consagraron al anatema toda la hacienda vil y sin valor".» (I Samuel 15:2-9)

Al no cumplir con lo mandado por Dios, éste destituye a

---

22   Anatema etimológicamente significa ofrenda; pero su uso principal equivale al de maldición, en el sentido de condena a ser apartado o separado, cortado como se amputa un miembro, de una comunidad de creyentes.

Saúl del puesto de rey de los israelitas. Saúl asegura que el ganado era para realizar sacrificios a Yahveh, una excusa vacía e inútil a los ojos de Dios a quien nada se le puede ocultar; el hecho es que Samuel le dice: "Porque has rechazado la palabra de Yahveh, él te rechaza para que no seas rey".» (I Samuel 15:23)

Saúl toma decisiones que no debe, que no son suyas. ¿Cómo va a poner en duda lo que Dios dice? ¿Acaso Dios envía a arrasar un pueblo y esto puede hacerse por la mitad? Saúl no tiene la menor idea de por qué Dios hace lo que hace. Esto prueba que Saúl no estaba preparado para ese cargo, obviamente Dios lo sabía desde el principio, qué duda cabe.

Saúl también muestra la clase de persona que era, el muy pícaro se reserva el mejor ganado, y, finalmente, para justificar lo que había hecho inventa una excusa: argumenta que era para los sacrificios, como si se pudiera engañar a Dios.

Recordemos que detrás de todo esto está el pueblo israelita que es el que pidió un rey. Y Dios está, en cierta forma, diciendo "a ver dónde termina esta cuestión del rey", "a ver cómo les explotan en la cara sus reyes", "dejémosle actuar y que se atengan a sus consecuencias".

Es el libre albedrío.

También creo que existe en el pueblo la necesidad de tener alguien más visible a quien obedecer. Me da la impresión de que Yahveh, para la mayoría, es alguien tan inalcanzable que, por eso, al final terminaban cayendo nuevamente en ídolos de piedra, porque a esos ídolos los podían tener en sus casas, en sus habitaciones, pero con Yahveh eso no se podía hacer. Tal vez la presencia de un monarca servía para subsanar esa necesidad.

Además, del rey se podía hablar mal, al rey se lo podía poner en duda, hasta, llegado el caso, destituir, cosa imposible de hacer con Yahveh. Tal vez por eso Él no los castiga y los deja hacer.

Se nota el fastidio que le genera toda esta situación a Dios, pero bueno, si no es el momento… no lo es. Si los chicos no crecen como uno quiere, no hay nada que se pueda hacer; además no es tan grave, podría haber sido peor.

Bien, sigamos.

Samuel no vuelve a ver a Saúl hasta el día de su muerte, le da la espalda porque Dios lo rechaza por su crimen, pero sufre a causa de ello.

El rey David

Examinemos un poco esta narración.

> «Dijo Yahveh a Samuel: "¿Hasta cuándo vas a estar llorando por Saúl, después que yo le he rechazado para que no reine sobre Israel? Llena tu cuerno de aceite y vete. Voy a enviarte a Jesé, de Belén, porque he visto entre sus hijos un rey para mí". Samuel replicó: "¿Cómo voy a ir? Se enterará Saúl y me matará". Respondió Yahveh: "Lleva contigo una becerra y di: "He venido a sacrificar a Yahveh".» (I Samuel 16:1-2)

¿No parecen niños con su padre? ¿Y acaso Dios no se presenta como un padre compasivo y comprensivo, que debe tratar con sus hijos que son chicos y no pueden ver más allá?

Da la sensación que su actitud se acerca a un: "Anda, y haz lo que te digo…, yo sé por qué.., no me discutas.", pero bien, con buen tono, sin enojarse…, al menos esta vez.

Dios le indica a Samuel que vaya a buscar el nuevo rey, le aclara que Él le va a señalar quién es.

Samuel se dirige a la casa de Jesé quien le presenta a sus hijos, pero el más pequeño, David, no estaba entre ellos. Dios no le señala a ninguno, por eso Samuel le dice a Jesé que esperarán a David.

Dios arma los escenarios y las historias, lo que parece casual en realidad es causal. Va colocando pequeñas y grandes piezas del rompecabezas, que por momentos parecen carecer de importancia, sin embargo son como joyas engarzadas en un cordel, sólo hay que ver ese cordel y seguirlo, porque ese cordel es el que une todas las piezas y les da sentido.

David es pastor, es el pastor que cuida las ovejas.

Moisés también era pastor y apacentaba las ovejas de su suegro.

***

– ¿Ves la idea del buen pastor? -le digo a Lautaro.

La imagen del buen pastor es fundamental en la historia general, se refuerza una y otra vez, porque Dios es el pastor, Dios es el buen pastor, el que va a hacer lo que sea necesario para recuperar a las ovejas extraviadas, las almas extraviadas, esta humanidad extraviada.

Vamos a ver luego, cerca del final, a Jesús, encarnando esta idea primordial del buen pastor. He aquí otra pieza de este maravilloso rompecabezas.

– Los reyes deberían ser buenos pastores -me dice Lautaro.

Si…, los reyes deberían ser buenos pastores -pienso.

¿Será toda esta historia que nos narra la Biblia desde Adán a Cristo un intento de recuperar a las ovejas extraviadas? Pero, ¿qué ovejas?, ¿de qué rebaño?

El gran rebaño es la humanidad, Dios el pastor, las ovejas

descarriadas los pueblos sumidos en la adoración a los dioses falsos, sumidos en la adoración a las fuerzas de la naturaleza como si fuesen dioses. Entonces vemos como Dios recupera las ovejas que pueden ser devueltas al rebaño y sacrifica a las que ya no pueden ser recuperadas para que no extiendan la enfermedad al resto. Todo ello realizado en el marco de un infinito amor y misericordia, aún cuando debe tomar acciones dolorosas.

**

Volvamos a la historia...

> «Mandó, pues, que lo trajeran; era rubio, de bellos ojos y hermosa presencia.
> Dijo Yahveh: "Levántate y úngelo, porque éste es".
> Tomó Samuel el cuerno de aceite y le ungió[23] en medio de sus hermanos. Y a partir de entonces, vino sobre David el espíritu de Yahveh.
> Samuel se levantó y se fue a Ramá.» (I Samuel 16:12-13)

Samuel lo unge delante de sus hermanos, y muestra que el espíritu de Dios está con él.

Continúa.

> «El espíritu de Yahveh se había apartado de Saúl y un espíritu malo que venía de Yahveh le

---

23   Se llama unción (del latín ungere, 'untar') al proceso de embadurnar con aceite perfumado, grasa animal o mantequilla derretida, presente en los rituales de muchas religiones y razas. Las personas y cosas se ungen para simbolizar la introducción de una influencia sacramental o divina, una emanación, espíritu o poder sagrados. En este caso al ungirlo con aceite se le está dando el poder de ser rey, se lo está coronando a través del espíritu de Dios.

perturbaba. Dijéronle, pues, los servidores de Saúl: "Mira, un espíritu malo de Dios te aterroriza; permítenos, señor, que tus siervos que están en tu presencia te busquen un hombre que sepa tocar la cítara, y cuando te asalte el espíritu malo de Dios tocará y te hará bien". Dijo Saúl a sus servidores: "Buscadme, pues, un hombre que sepa tocar bien y traédmelo". Tomó la palabra uno de los servidores y dijo: "He visto a un hijo de Jesé el belemita que sabe tocar; es valeroso, buen guerrero, de palabra amena, de agradable presencia y Yahveh está con él".

Despachó Saúl mensajeros a Jesé que le dijeran: "Envíame a tu hijo David, el que está con el rebaño".

Tomó Jesé cinco panes, un odre de vino y un cabrito y lo envió a Saúl con su hijo David.

Llegó David donde Saúl y se quedó a su servicio.

Saúl le cobró mucho afecto y le hizo su escudero.

Mandó Saúl a decir a Jesé: "Te ruego que tu hijo David se quede a mi servicio, porque ha hallado gracia a mis ojos".

Cuando el espíritu de Dios asaltaba a Saúl, tomaba David la cítara, la tocaba, Saúl, encontraba calma y bienestar y el espíritu malo se apartaba de él.» (I Samuel 16:14-23)

Observemos que Dios envía un espíritu para que moleste a Saúl con el fin de justificar, de esta manera, la entrada de David.

Vemos cómo Dios se ingenia para que David llegue a su lugar sin que Saúl se enoje, o lo maltrate, o le hiciese cosas peores.

Y ahora... Goliat.

«Reunieron los filisteos sus tropas para la guerra y se concentraron en Soko de Judá, acampando entre Soko y Azeca, en Efes Dammim.

Se reunieron Saúl y los hombres de Israel, acamparon en el valle del Terebinto y se ordenaron en batalla frente a los filisteos.

Ocupaban los filisteos una montaña por un lado y los israelitas ocupaban la montaña frontera, quedando el valle por medio.

Salió de las filas de los filisteos un hombre de las tropas de choque, llamado Goliat, de Gat, de seis codos y un palmo de estatura; tenía un yelmo de bronce sobre su cabeza y estaba revestido de una coraza de escamas, siendo el peso de la coraza 5.000 siclos de bronce.

Tenía en las piernas grebas de bronce y una jabalina de bronce entre los hombros.

El asta de su lanza era como enjullo de tejedor y la punta de su lanza pesaba seiscientos siclos de hierro.

Su escudero le precedía.

Goliat se plantó y gritó a las filas de Israel diciéndoles: "¿Para qué habéis salido a poneros en orden de batalla? ¿Acaso no soy yo filisteo y vosotros servidores de Saúl? Escogeos un hombre y que baje contra mí. Si es capaz de pelear conmigo y me mata, seremos vuestros esclavos pero si yo le venzo y le mato, seréis nuestros esclavos y nos serviréis". Y añadió el filisteo: "Yo desafío hoy a las filas de Israel; dadme un hombre y lucharemos mano a mano".

Oyó Saúl y todo Israel estas palabras del filisteo y se consternaron y se llenaron de miedo.» (I Samuel 17:1-11)

Es posible que este hombre, Goliat, midiera cerca de dos metros y medio o más, y que también tuviera una contextura bastante grande; su presencia debía de ser tremenda, intimidaría de sólo verlo.

David era un chico, un pastor; pero era un pastor bastante aguerrido, él mismo refiere que para cuidar sus ovejas mató osos y leones.

«Están Saúl, ellos y todos los hombres de Israel en el valle del Terebinto, guerreando con los filisteos".

Se levantó David de madrugada, dejó el rebaño al guarda y, tomado las cosas, se fue como le había mandado Jesé, y llegó al círculo del campamento justo cuando salía el ejército para ordenarse en batalla, lanzando el grito de guerra.

Israel y los filisteos se pusieron en orden de batalla, fila contra fila. Dejó David las cosas en manos del guardia de la impedimenta y corrió a las filas y fue a preguntar a sus hermanos cómo estaban. Mientras hablaba con ellos el hombre de las tropas de choque, llamado Goliat, el filisteo de Gat, subía de las filas de los filisteos, diciendo las mismas palabras, y le oyó David. En viéndole todos los hombres de Israel huyeron delante de él, llenos de miedo. Los hombres de Israel decían: "¿Habéis visto a este hombre que sube? Sube a provocar a Israel. A quien lo mate colmará el rey de grandes riquezas y le dará su hija y librará de tributo la casa de su padre en Israel". Preguntó, pues, David a los hombres que estaban a su lado: "¿Qué se hará al hombre que mate a ese filisteo y aparte la afrenta de Israel? Pues ¿quién es ese filisteo incircunciso para injuriar a las huestes de Dios vivo?". Y el pueblo le repitió las mismas palabras: "Así se hará al hombre que lo mate".

Se enteró Eliab, su hermano mayor, de su pregunta a los hombres y se encendió en cólera Eliab contra David, y le dijo: "¿Para qué has bajado, y a quién has dejado aquel pequeño rebaño en el desierto? Ya sé yo tu atrevimiento y la maldad de tu corazón. Has bajado para ver la batalla". Respondió David: "Pues ¿qué he hecho yo? ¿es que uno no puede hablar?". Y volviéndose se dirigió a otro y preguntó lo mismo y la gente le respondió como la primera vez. Fueron oídas las palabras que decía David y se lo contaron a Saúl, que le hizo venir. Dijo David a Saúl: "Que nadie se acobarde por ése. Tu siervo irá a combatir con ese filisteo". Dijo Saúl a David: "No puedes ir contra ese filisteo para luchar con él, porque tú eres un niño y él es hombre de guerra desde su juventud". Respondió David a Saúl: "Cuando tu siervo estaba guardando el rebaño de su padre y venía el león o el oso y se llevaba una oveja del rebaño, salía tras él, le golpeaba y se la arrancaba de sus fauces, y si se revolvía contra mí, lo sujetaba por la quijada y lo golpeaba hasta matarlo. Tu siervo ha dado muerte al león y al oso, y ese filisteo incircunciso será como uno de ellos, pues ha insultado a las huestes de Dios vivo". David: "Yahveh que me ha librado de las garras del león y del oso, me librará de la mano de ese filisteo".

Dijo Saúl a David: "Vete, y que Yahveh sea contigo".

Mandó Saúl que vistieran a David con sus propios vestidos y le puso un casco de bronce en la cabeza y le cubrió con una coraza. Ciñó a David su espada sobre su vestido. Intentó David caminar, pues aún no estaba acostumbrado, y dijo a Saúl: "No puedo caminar con esto, pues nunca lo he hecho". Entonces se lo quitaron. Tomó su cayado en la mano, escogió en el torrente cinco cantos lisos y los puso en su zurrón de pastor, en su morral, y con su honda en la mano se acercó al filisteo. El filisteo fue avanzando y acercándose a David, precedido de su escudero. Volvió los ojos el filisteo, y viendo a David, lo despreció, porque era un muchacho rubio y apuesto. Dijo el filisteo a David: "¿Acaso soy un perro, pues vienes contra mí con palos?". Y maldijo a David el filisteo por sus dioses, y dijo el filisteo a David: "Ven hacia mí y daré tu carne a las aves del cielo y a las fieras del campo". Dijo David al filisteo: "Tú vienes contra mí con espada, lanza y jabalina, pero yo voy contra ti en nombre de Yahveh Sebaot, Dios de los ejércitos de Israel, a los que has desafiado. Hoy mismo te entrega Yahveh en mis manos, te mataré y te cortaré la cabeza y entregaré hoy mismo tu cadáver y los cadáveres del ejército filisteo a las aves del cielo y a las fieras de la tierra, y sabrá toda la tierra que hay Dios para Israel. Y toda esta asamblea sabrá que no por la espada ni por la lanza salva Yahveh, porque de Yahveh es el combate y os entrega en nuestras manos".

Se levantó el filisteo y fue acercándose al encuentro de David; se apresuró David, salió de las filas y corrió al encuentro del filisteo. Metió su mano David en su zurrón, sacó de él una piedra, la lanzó con la honda e hirió al filisteo en la frente; la piedra se clavó en su frente y cayó de bruces en tierra. Y venció David al filisteo con la honda y la piedra; hirió al filisteo y le mató sin tener espada en su mano.

Corrió David, se detuvo sobre el filisteos y tomando la espada de éste de sacó de su vaina, le mató y le cortó la cabeza.

Viendo los filisteos que había muerto su campeón, huyeron.

Se levantaron los hombres de Israel y de Judá y, lanzando el grito de guerra, persiguieron a los filisteos hasta la entrada de Gat y hasta las puertas de Ecrón.

Los cadáveres de los filisteos cubrían el camino, desde Saaráyim hasta Gat y Ecrón.

Cuando los hijos de Israel regresaron de perseguir sañudamente a los filisteos, saquearon el campamento.

Tomó David la cabeza del filisteo, y la llevó a Jerusalén; pero sus armas las colocó en su tienda.» (I Samuel 17:19-54)

La historia es realmente cautivante, y a la vez terrible, el pequeño niño[24] que ni siquiera es guerrero mata con un tiro de honda al gigante.

Me encanta la simpleza del hecho: la eterna lucha del bien contra el mal, del débil contra el fuerte, del pequeño contra el grande.

Justamente, David debía ser pequeño para que fuese evidente que detrás de él estaba el dios de los israelitas, nuevamente, como en otras ocasiones, debe resultar insoslayable la diferencia de fuerzas.

Ahora, este joven también era de temer, llevaba en su mano la cabeza del gigante.

Por supuesto, ésta había sido otra muestra de poder del dios de los israelitas. Otra muestra de poder para ser vista por "los otros", cercanos y lejanos, una historia que por transmisión oral y de pueblo en pueblo debería de haber llegado muy lejos, porque era el tipo de historias que se contarían alrededor de las hogueras, historias que se narrarían en las fiestas, y por otro lado, era de la clase de historias que hacían recapacitar a "los otros".

Quienes dirían: "el dios de los israelitas pelea por ellos; no son ellos en el campo de batalla, es su dios". Tal vez pensarían: "nuestros dioses no sirven de nada frente al dios de los israelitas, no hay dudas de que ése es un dios poderoso, deberíamos adoptarlo para nosotros".

También, es muy probable que sus sacerdotes, los sacerdotes de los otros, investigaran las creencias de los israelitas para saber qué debían hacer para caer bien a su Dios, y qué diferencias había entre sus creencias y las de ellos.

De todas maneras, todo era muy lento. No se podía cam-

---

24 Es posible que la edad de David, en ese momento, estuviese en los veinte años aproximadamente.

biar de dioses de un día para otro. Al sacerdote que se le ocurriera proponer algo así, aunque estuviese en lo cierto y fuese lo mejor para su pueblo, corría el riesgo de ser muerto inmediatamente por su gente, tildado de traidor y hereje.

Así que, despacio, y de a poco.

Continuemos.

Saúl le había tomado inquina a David debido a que el pueblo israelita lo aplaudía, él era quien realizaba las campañas militares exitosas, sin embargo le tenían mayor aprecio que a él. Saúl estaba muy celoso de David y por eso decide matarlo.

Jonatan, el hijo de Saúl apreciaba mucho a David, -el texto dice que lo amaba como a sí mismo-, y es éste quien le advierte sobre las intenciones de matarlo que Saúl tenía.

Jonatan intercede ante su padre y lo convence de no matar a David, por el momento….

> «Habló Jonatán a Saúl su padre en favor de David y dijo: "No peque el rey contra su siervo David, porque él no ha pecado contra ti, sino que te ha hecho grandes servicios. Puso su vida en peligro, mató al filisteo y concedió Yahveh una gran victoria para todo Israel. Tú lo viste y te alegraste. ¿Por qué, pues, vas a pecar contra sangre inocente haciendo morir a David sin motivo?". Escuchó Saúl las palabras de Jonatán y juró: "¡Vive Yahveh!, no morirá". Llamó entonces Jonatán a David, le contó todas estas palabras y llevó a David donde Saúl, y se quedó a su servicio como antes.
>
> Reanudada la guerra, partió David para combatir a los filisteos, les causó una gran derrota y

huyeron ante él. Se apoderó de Saúl un espíritu malo de Yahveh; estaba sentado en medio de la casa con su lanza en su mano y David tocaba. Intentó Saúl clavar con su lanza a David en la pared; esquivó David a Saúl y la lanza se clavó en la pared; huyó David y se puso a salvo. Aquella misma noche envió Saúl gente a la casa de David para vigilarle y matarle por la mañana, pero su mujer Mikal advirtió a David: "Si no te pones a salvo esta misma noche, mañana morirás". Mikal hizo bajar a David por la ventana. El partió y huyó poniéndose a salvo.» (I Samuel 19:4-12)

Durante mucho tiempo David estuvo huyendo de Saúl, quien estaba empecinado en matarlo, y había alertado al pueblo israelita para que le avisaran si lo veían. Mientras David huía se le unieron muchos desesperados y perseguidos, llegaron a ser más de cuatrocientos, y él fue su jefe.

En un momento, a Saúl -que iba al frente de tres mil hombres seleccionados en su búsqueda-, le informan su ubicación, y así, se encuentra a merced de David sin saberlo.

«Subió de allí David y se asentó en los refugios de Engadí.

Cuando regresó Saúl de perseguir a los filisteos, le avisaron: "David está en el desierto de Engadí". Tomó entonces Saúl 3.000 hombres selectos de todo Israel y partió en busca de David y de sus hombres al este del roquedal de Yeelim.

Llegó a unos rediles de ganado junto al camino; había allí una cueva y Saúl entró en ella para hacer sus necesidades.

David y sus hombres estaban instalados en el

fondo de la cueva.

Los hombres de David le dijeron: "Mira, este es el día que Yahveh te anunció: Yo pongo a tu enemigo en tus manos, haz de él lo que te plazca".

Levantóse David y silenciosamente cortó la punta del manto de Saúl.

Después su corazón le latía fuertemente por haber cortado la punta del manto de Saúl, y dijo a sus hombres: "Yahveh me libre de hacer tal cosa a mi señor y de alzar mi mano contra él, porque es el ungido de Yahveh".

David habló con energía a sus hombres para que no se lanzasen contra Saúl.

Saúl marchó de la cueva y continuó su camino, tras lo cual se levantó David, salió de la cueva y gritó detrás de Saúl: "¡Oh rey, mi señor!" Volvió Saúl la vista, e inclinándose David, rostro en tierra, se postró ante él, y dijo David a Saúl: "¿Por qué escuchas a las gentes que te dicen: David busca tu ruina? Hoy mismo han visto tus ojos que Yahveh te ha puesto en mis manos en la cueva, pero no he querido matarte, te he perdonado, pues me he dicho: No alzaré mi mano contra mi señor, porque es el ungido de Yahveh. Mira, padre mío, mira la punta de tu manto en mi mano; si he cortado la punta de tu manto y no te he matado, reconoce y mira que no hay en mi camino maldad ni crimen, ni he pecado contra ti, mientras que tú me pones insidias para quitarme la vida. Que juzgue Yahveh entre los dos y que Yahveh me vengue de ti, pero mi mano no te tocará, pues como dice el antiguo proverbio: De los malos sale malicia, pero mi mano no te tocará. ¿Contra quién sale el rey de Israel, a quién estás persiguiendo? A un perro muerto, a una pulga. Que Yahveh juzgue y sentencie entre los dos, que él vea y defienda mi causa y me haga justicia librándome de tu mano".

Cuando David hubo acabado de decir estas palabras a Saúl, dijo Saúl:

«"¿Es ésta tu voz, hijo mío David?". Y alzando Saúl su voz, rompió a llorar, y dijo a David: "Más justo eres tú que yo, pues tú me haces beneficios y yo te devuelvo males; hoy has mostrado tu bondad, pues Yahveh me ha puesto en tus manos y no me has matado. ¿Qué hombre encuentra a su enemigo y le permite seguir su camino en paz? Que Yahveh te premie por el bien que hoy me has hecho. Ahora tengo por cierto que reinarás y que el reino de Israel se afirmará en tus manos. Ahora, pues, júrame por Yahveh que no exterminarás mi descendencia después de mí y que no borrarás mi nombre de la casa de mi padre". David se lo juró a Saúl. Saúl se fue a su casa y David y sus hombres subieron al refugio.» (I Samuel 24:1-23)

Vemos que David es mejor como persona que Saúl, que teme a Dios y respeta sus decisiones, aunque puedan costarle la vida. Puede matar a Saúl, sin embargo no lo hace, porque es conciente de que fue Dios quien ungió a Saúl rey. Quien no va a dejar de perseguirlo hasta su muerte.

David vuelve a tener otra oportunidad de matar a Saúl; sin embargo, una vez más, le demuestra que no lo hace porque respeta a Dios y el hecho de que Saúl haya sido ungido por Él.

«Llegaron los zifitas donde Saúl, en Guibeá, diciendo: "¿Acaso no está escondido David en la colina de Jakilá, hacia el este de la estepa?".

Se levantó Saúl y bajó al desierto de Zif, con tres mil hombres escogidos de Israel, para buscar a David en el desierto de Zif.

Acampó Saúl en la colina de Jakilá, que está al este de la estepa, junto al camino.

Andaba David por el desierto y vió que entraba Saúl en el desierto para perseguirle. Envió David exploradores y supo con seguridad que Saúl había venido.

Se levantó David y llegó al lugar donde acampaba Saúl. Observó el sitio en que estaban acostados Saúl y Abner, hijo de Ner, jefe de su tropa. Dormía Saúl en el círculo del campamento, estando la tropa acampada en derredor de él.

David dirigió la palabra a Ajimélek, hitita, y a Abisay, hijo de Sarvia, hermano de Joab, diciendo: "¿Quién quiere bajar conmigo al campamento, donde Saúl?". Abisay respondió: "Yo bajo contigo".

David y Abisay se dirigieron de noche hacia la tropa. Saúl dormía acostado en el centro del campamento, con su lanza, clavada en tierra, a su cabecera; Abner y el ejército estaban acostados en torno a él. Dijo entonces Abisay a David: "Hoy ha copado Dios a tu enemigo en tu mano. Déjame que ahora mismo lo clave en tierra con la lanza de un solo golpe. No tendré que repetir". Pero David dijo a Abisay: "No lo mates. ¿Quién atentó contra el ungido de Yahveh y quedó impune?". Añadió David: "Vive Yahveh, que ha de ser Yahveh quien le hiera, bien que llegue su día y muera, bien que baje al combate y perezca. Líbreme Yahveh de levantar mi mano contra el ungido de Yahveh. Ahora toma la lanza de su cabecera y el jarro de agua y vámonos". Tomó David la lanza y el jarro de la cabecera de Saúl y se fueron.

Nadie los vio, nadie se enteró, nadie se despertó. Todos dormían porque se había abatido sobre ellos el sopor profundo de Yahveh.

Pasó David al otro lado y se colocó lejos, en la cumbre del monte, quedando un gran espacio entre ellos.

Gritó David a la gente y a Abner, hijo de Ner, diciendo: "¿No me respondes, Abner?". Respondió Abner: "¿Quién eres tú que me llamas?". Dijo David a Abner: "¿No eres tú un hombre? ¿Quién como tú en Israel? ¿Por qué, pues, no has custodiado al rey tu señor? Pues uno del pueblo ha entrado para matar al rey, tu señor. No está bien esto que has hecho. Vive Yahveh que sois reos de muerte por no haber velado sobre vuestro señor, el ungido de Yahveh. Mira ahora. ¿Dónde está la lanza del rey y el jarro del agua que había junto a la cabecera?". Reconoció Saúl la voz de David y preguntó: "¿Es ésta tu voz, hijo mío David?". Respondió David: "Mi voz es, oh rey, mi señor", y añadió: "¿Por qué persigue mi señor a su siervo? ¿Qué he hecho y qué maldad hay en mí? Que el rey mi señor se digne escuchar ahora las palabras de su siervo. Si es Yahveh quien te excita contra mí, que sea aplacado con una obla-

ción, pero si son los hombres, malditos sean ante Yahveh, porque me expulsan hoy para que no participe en le heredad de Yahveh, diciéndose: "Que vaya a servir a otros dioses". Que no caiga ahora mi sangre en tierra lejos de la presencia de Yahveh, pues ha salido el rey de Israel a la caza de mi vida como quien persigue una perdiz en los montes". Respondió Saúl: "He pecado. Vuelve, hijo mío, David, no te haré ya ningún mal, ya que mi vida ha sido hoy preciosa a tus ojos. Me he portado como un necio y estaba totalmente equivocado". Respondió David: "Aquí está la lanza del rey. Que pase uno de los servidores y la tome. Yahveh devolverá a cada uno según su justicia y su fidelidad; pues hoy te ha entregado Yahveh en mis manos, pero no he querido alzar mi mano contra el ungido de Yahveh. De igual modo que tu vida ha sido hoy de gran precio a mis ojos, así será de gran precio la mía a los ojos de Yahveh, de suerte que me libere de toda angustia". Saúl a David: "Bendito seas, hijo mío David. Triunfarás en todas tus empresas". Siguió David por su camino y Saúl se volvió a su casa".»
(I Samuel 26:1-25)

David comprende que Saúl no cederá en su intención de matarlo y decide ir a vivir con los filisteos.

«Dijo David a Akís: "Si he hallado gracia a tus ojos, que se me asigne un lugar en una de las ciudades del territorio, para residir en ella. ¿Por qué ha de morar tu siervo a tu lado, en la ciudad real?". Aquel mismo día le asignó Akís Siquelag;

por esto Siquelag pertenece hasta el día de hoy a los reyes de Judá.

El número de días que moró David en territorio de los filisteos fue de un año y cuatro meses.

Subía David con su gente y hacía incursiones contra los guesuritas, los guirzitas y los amalecitas, pues éstos son los habitantes de la región, desde Telam, yendo hacia Sur, hasta la tierra de Egipto. Devastaba David la tierra y no dejaba con vida hombre ni mujer; se apoderaba de las ovejas y bueyes, asnos y camellos y vestidos, y se volvía para llevarlos a Akís. Akís preguntaba: "¿Donde habéis hecho hoy la incursión?", y David respondía: "Contra el Négueb de Judá, contra el Négueb de Yerajmeel, contra el Négueb de los quenitas". David no dejaba llevar a Gat con vida hombres ni mujeres, pues decía: "No sea que den aviso contra nosotros y digan: "Esto ha hecho David".

«"De esta forma se comportó David todo el tiempo que moró en territorio de filisteos.

Akís confiaba en David diciéndose: "Seguramente se ha hecho odioso a su pueblo Israel y será mi servidor para siempre".» (I Samuel 27:5-12)

Nuevamente, los filisteos van a la guerra contra los israelitas y David los acompaña.

«Dijeron los jefes de los filisteos: "¿Qué hacen estos hebreos?". Akís respondió a los jefes de los filisteos: "Es David, el servidor de Saúl, el rey de

Israel; ha estado conmigo un año o dos y no he hallado nada contra él desde el día en que vino a mí hasta hoy". Los tiranos de los filisteos se irritaron contra él y le dijeron: "Manda regresar a ese hombre y que se vuelva al lugar que le señalaste. Que no baje con nosotros a la batalla, no sea que se vuelva contra nosotros durante la lucha. ¿Cómo se ganará éste el favor de su dueño mejor que con las cabezas de estos hombres? No es éste David de quien cantaban en coro: Saúl mató sus millares y David sus miríadas?". Akís llamó a David y le dijo: "¡Vive Yahveh! que tú eres leal y me hubiera gustado que salieras y entraras conmigo en el campamento, pues nada malo he hallado en ti desde el día en que viniste a mí hasta hoy, pero no eres bien visto por los tiranos. Ahora vuélvete y vete en paz, y así no harás nada malo a los ojos de los tiranos de los filisteos". David dijo a Akís: "¿Qué he hecho yo y qué has hallado en tu siervo, desde el día en que me puse a tu servicio hasta hoy, para que no pueda ir a luchar contigo contra los enemigos del rey, mi señor?". Respondió Akís a David: "Bien sabes que me eres grato como un ángel de Dios; pero los tiranos filisteos han dicho: "No bajará al combate con nosotros". Levántate, pues, de mañana, con los servidores de tu señor que han venido contigo e id al sitio que os he asignado. No guardes resentimiento en tu corazón, porque me eres grato. Levantaos de mañana y partid en cuanto sea de día".

David y sus hombres se levantaron temprano para partir por la mañana y volverse a la tierra

de los filisteos.
Los filisteos por su parte subieron a Yizreel.»
(I Samuel 29:3-11)

Hagamos un resumen de la historia de David hasta aquí.
David es elegido por Dios para ser rey de los israelitas, suplantará a Saúl quien ya había caído en desgracia a sus ojos. Saúl le tiene envidia y celos y lo persigue durante toda su vida pero no logra matarlo. Sin embargo, David le perdona la vida varias veces.
David es temeroso y respetuoso de Dios, pero se comporta como uno más del pueblo, tal vez un poco mejor, pero no mucho más, -en el sentido de que realiza los mismos actos bárbaros que los demás-. Pensemos que no duda en matar a cien filisteos para llevar sus prepucios a Saúl a cambio de una de sus hijas. Tampoco duda en aliarse con los enemigos de su pueblo, los filisteos, y hacer con ellos muchas incursiones de tierra arrasada sobre los israelitas. En esta guerra, es capaz de ponerse a las órdenes de los filisteos, y marchar contra su propia gente, hasta los filisteos dudaron y se preguntaron si no sería un riesgo tener a un israelita a sus espaldas.

Es importante recordar lo que les había dicho Yahveh cuando los israelitas pidieron tener un rey. Este les advirtió que ya no iba a estar con ellos como antes, y que los reyes que tuviesen los iban a maltratar. Como hemos visto, y vamos a seguir viendo, lo que Dios dice se cumple, no hay nada que se pueda hacer al respecto.

– Dios les había avisado lo que les iba a pasar con los reyes -me dice Lautaro.

– Si así es -no se le escapa nada, pienso-. No es que Dios los castigó -le explico-, simplemente se alejó de ellos para ver como les iba sin él. Ya no los ayudó como antes, apenas si le dio algunas respuestas vagas a David, y, aunque este seguía teniendo la "suerte" de su parte, no podemos ver que tuviera claro el camino que transitaba ni hacia donde se dirigía, -digo "suerte", porque detrás de esa "suerte" siempre estuvo Dios-.

En combate con los filisteos, Saúl se suicida al ver que estaba perdido, su escudero también se suicida con él.

Así termina éste, el primer rey de los israelitas…, sin pena ni gloria.

«Después de esto, consultó David a Yahveh diciendo: "¿Debo subir a alguna de las ciudades de Judá?". Yahveh le respondió: "Sube". David preguntó: "¿A cuál subiré?". "A Hebrón", respondió.

Subió allí David con sus dos mujeres, Ajinoam de Yizreel y Abigaíl la mujer de Nabal de Carmelo.

David hizo subir a los hombres que estaban con él, cada cual con su familia, y se asentaron en las ciudades de Hebrón. Llegaron los hombres de Judá, y ungieron allí a David como rey sobre la casa de Judá. Comunicaron a David que los hombres de Yabés de Galaad habían sepultado a Saúl. Y David envió mensajeros a los hombres de Yabés de Galaad para decirles: "Benditos seáis de Yahveh por haber hecho esta misericordia con Saúl, vuestro señor, dándole sepultura. Que Yahveh sea con vosotros misericordioso y fiel. También yo os trataré bien por haber hecho esto".» (II Samuel 2:1-6)

David es ungido rey de Judá, -no de todos los israelitas-, el resto de las tribus habían nombrado a Isbaal, hijo de Saúl, como rey de Israel.

Aquí comienza una guerra intestina entre los seguidores de Isbaal y los de David.

En este tiempo, David gana cada vez más poder ante las otras tribus.

> «Durante la guerra entre la casa de Saúl y la casa de David, Abner adquirió predominio en la casa de Saúl.» (II Samuel 3:6)
>
> (…)
>
> «Envió Abner mensajeros para decir a David: "… Haz un pacto conmigo y me pondré de tu parte para traer a ti todo Israel". David respondió: "Bien. Haré un pacto contigo. Solamente te pido una cosa. No te admitiré a mí presencia si cuando vengas a verme no traes a Mikal, la hija de Saúl".
>
> Envió David mensajeros a Isbaal, hijo de Saúl, para decirle: "Devuélveme a mi mujer Mikal, que adquirí por cien prepucios de filisteos".
>
> Isbaal mandó que la tomaran de casa de su marido Paltiel, hijo de Layis. Su marido partió con ella; la seguía llorando detrás de ella, hasta Bajurim. Abner le dijo: "Anda vuélvete". Y se volvió".» (II Samuel 3:12-16)

Otro pantallazo que nos describe a David: ¿para qué quería a esta mujer Mikal que tenía marido desde hacía muchos años?; además, él ya contaba con varias mujeres y -para agregar una carga extra a su culpa-, haría sufrir al marido de ésta por su pérdida. Mikal no era soltera, Mikal no era una mujer libre.

Veamos otra pintura de la conducta de David.

«Vinieron los veteranos de David, con Joab, de hacer una correría, trayendo un gran botín. No estaba ya Abner con David en Hebrón, pues David le había despedido y él había marchado en paz.» (II Samuel 3:22)

"(…) *una correría, trayendo un gran botín*"… acota el texto, casi delincuentes…

Continuamos.

«Cuando Isbaal, hijo de Saúl, supo que había muerto Abner en Hebrón, desfallecieron sus manos y todo Israel quedó consternado.
Estaban con Isbaal, hijo de Saúl, dos hombres, jefes de banda, uno llamado Baaná y el otro Rekab, hijos de Rimmón de Beerot, benjaminitas, porque también Beerot se considera de Benjamín.
Los habitantes de Beerot habían huido a Guittáyim, donde se han quedado hasta el día de hoy como forasteros residentes.
(…)
Se pusieron en camino Rekab y Baaná, hijos de Rimmón de Beerot, y llegaron a casa de Isbaal con el calor del día, cuando dormía la siesta. Entraron en la casa. La portera se había dormido mientras limpiaba el trigo. Rekab y su hermano

Baaná se deslizaron cautelosamente y entraron en la casa; estaba Isbaal acostado en su lecho, en su dormitorio; le hirieron y le mataron; luego le cortaron la cabeza y tomándola caminaron toda la noche por la ruta de la Arabá. Llevaron la cabeza de Isbaal a David, en Hebrón, y dijeron al rey: "Aquí tienes la cabeza de Isbaal, hijo de Saúl, tu enemigo, el que buscó tu muerte. Hoy ha concedido Yahveh a mi señor el rey venganza sobre Saúl y sobre su descendencia". Respondió David a Rekab y a su hermano Baaná, hijos de Rimmón de Beerot, y les dijo: "¡Vive Yahveh, que ha librado mi alma de toda angustia! Al que me anunció que Saúl había muerto, creyendo que me daba buena noticia, le agarré y ordené matarle en Siquelag dándole este pago por su buena noticia; ¿cuánto más ahora que hombres malvados han dado muerte a un hombre justo en su casa y en su lecho no os voy a pedir cuenta de su sangre, exterminándoos de la tierra?". Y David dio una orden a sus muchachos, que los mataron, les cortaron las manos y los pies y los colgaron junto a la alberca de Hebrón. Tomaron la cabeza de Isbaal y la sepultaron en el sepulcro de Abner, en Hebrón.» (II Samuel 4:1-12)

Vemos que el texto se refiere a los soldados de David como *"muchachos"*, y a los que estaban con Isbaal como *"jefes de banda"*, ésa era la situación, en eso se habían convertido. Ya no eran el ejército de Dios, ahora eran casi bandoleros, casi forajidos. Sin Yahveh de guía, el destino de Israel empezaba a verse incierto.

David fue ungido primero rey de Judá y luego rey de Israel. Surge aquí una escisión en el pueblo elegido. La tribu de Judá abiertamente ya se ha separado y obra por su cuenta.

> «Vinieron todas las tribus de Israel donde David a Hebrón y le dijeron: "Mira: hueso tuyo y carne tuya somos nosotros. Ya de antes, cuando Saúl era nuestro rey, eras tú el que dirigías las entradas y salidas de Israel. Yahveh te ha dicho: Tú apacentarás a mi pueblo Israel, tú serás el caudillo de Israel".
> Vinieron, pues, todos los ancianos de Israel donde el rey, a Hebrón. El rey David hizo un pacto con ellos en Hebrón, en presencia de Yahveh, y ungieron a David como rey de Israel.
> Treinta años tenía cuando comenzó a reinar y reinó cuarenta años.
> Reinó en Hebrón sobre Judá siete años y seis meses.
> Reinó en Jerusalén sobre todo Israel y sobre Judá 33 años.» (II Samuel 5:1-5)

El reinado de David[25] es beneficioso para Israel, en el sentido de que vence a sus enemigos. David es un gran militar y el

---

25   En el siglo XI a. C. el rey David conquista la ciudad de Jebus, bastión del pueblo jebuseo, uno de los que habitaban Canaán. El bastión estaba fortificado con sólidos muros que lo rodeaban. El rey David se instala allí y la renombra. Este lugar está ubicado actualmente al sudoeste de la actual Ciudad Vieja y es llamado la Colina Ophel.
El hijo de David, Salomón, extiende la construcción de los muros y además edifica el templo que llevó su nombre. La ciudad pasó a llamarse Jerusalén. A la muerte de Salomón hacia 962 a.C. acaeció un cisma en el pueblo judío y se formaron dos estados: Israel, con capital en Samaria y Judá, cuya capital era Jerusalén.

pueblo está contento. Dios está con David, y éste es fiel a Dios.

Pero, no debemos olvidar lo que Yahveh le había dicho a Samuel cuando el pueblo le había pedido un rey... David no será la excepción.

«A la vuelta del año, al tiempo que los reyes salen a campaña, envió David a Joab con sus veteranos y todo Israel. Derrotaron a los ammonitas y pusieron sitio a Rabbá, mientras David se quedó en Jerusalén.

Un atardecer se levantó David de su lecho y se paseaba por el terrado de la casa del rey cuando vio desde lo alto del terrado a una mujer que se estaba bañando. Era una mujer muy hermosa.

Mandó David para informarse sobre la mujer y le dijeron: "Es Betsabé, hija de Eliam, mujer de Urías el hitita".

David envió gente que la trajese; llegó donde David y él se acostó con ella, cuando acababa de purificarse de sus reglas. Y ella se volvió a su casa.

La mujer quedó embarazada y envió a decir a David: "Estoy encinta". David mandó decir a Joab: "Envíame a Urías el hitita". Joab envió a Urías adonde David. Llegó Urías donde él y David le preguntó por Joab, y por el ejército y por la marcha de la guerra. Y dijo David a Urías: "Baja a tu casa y lava tus pies". Salió Urías de la casa del rey, seguido de un obsequio de la mesa real. Pero Urías se acostó a la entrada de la casa del rey, con la guardia de su señor, y no bajó a su casa. Avisaron a David: "Urías no ha bajado a su casa". Preguntó David a Urías: "¿No vienes de un viaje? ¿Por qué no has bajado a tu casa? Urías respondió a David: "El arca, Israel y Judá habitan en tiendas; Joab mi señor y los siervos de mi señor acampan en el suelo ¿y voy a entrar yo en mi casa para comer, beber y acostarme con mi mujer? ¡Por tu vida y la vida de tu alma, no haré tal!" Entonces David dijo a Urías: "Quédate hoy también y mañana te despediré". Se quedó Urías aquel día en Jerusalén y al día siguiente le invitó David a comer con él y le hizo beber hasta emborracharse. Por la tarde salió y se acostó en el lecho, con la guardia de su señor, pero no bajó a su casa. A la mañana siguiente escribió David una carta a Joab y se la envió por medio de Urías. En la carta había escrito: "Poned a Urías frente a lo más reñido de la batalla y retiraos de detrás de él para que sea herido y muera".

«Estaba Joab asediando la ciudad y colocó a Urías en el sitio en que sabía que estaban los hombres más valientes. Los hombres de la ciudad hicieron una salida y atacaron a Joab; cayeron algunos del ejército de entre los veteranos de David; y murió también Urías el hitita. Joab envió a comunicar a David todas las noticias de la guerra, y ordenó al mensajero: "Cuando hayas acabado de decir al rey todas las noticias sobre la batalla, salta la cólera del rey de te dice: '¿Por qué os habéis acercado a la ciudad para atacarla? ¿No sabíais que tirarían sobre vosotros desde la muralla? ¿Quien mató a Abimélek, el hijo de Yerubbaal? ¿No arrojó una mujer sobre él una piedra de molino desde lo alto de la muralla y murió él en Tebés? ¿Por qué os habéis acercado a la muralla?", tú le dices: También ha muerto tu siervo Urías el hitita". Partió el mensajero y en llegando comunicó a David todo lo que le había mandado Joab. David se irritó contra Joab y dijo al mensajero: "¿Por qué os habéis acercado a la muralla para luchar? ¿Quién mató a Abimélek, el hijo de Yerubbaal? ¿No arrojó una mujer sobre él una piedra de molino desde lo alto de la muralla y murió él en Tebés? ¿Por qué os habéis acercado a la muralla?". El mensajero dijo a David: "Aquellos hombres se crecieron frente a nosotros, hicieron una salida contra nosotros en campo raso y los rechazamos hasta la entrada de la puerta, pero los arqueros tiraron contra tus veteranos desde lo alto de la muralla y murieron algunos de los veteranos del rey. También murió tu siervo Urías el hitita". Entonces David dijo al mensajero: "Esto has de decir a Joab: "No te inquietes por este asunto, porque la espada devora ya a uno ya a otro. Redobla tu ataque contra la ciudad y destrúyela". Y así le darás ánimos".

«Supo la mujer de Urías que había muerto Urías su marido e hizo duelo por su señor. Pasado el luto, David envió por ella y la recibió en su casa haciéndola su mujer; ella le dio a luz un hijo; pero aquella acción que David había hecho desagradó a Yahveh.» (II Samuel 11:1-27)

David se comportaba como Dios esperaba que se comportaran los reyes, como ya se lo había advertido al pueblo a través de Samuel. Dios no se sorprende, simplemente hace lo que debía hacer, mostrar que tenía razón.

Dos reyes y los dos deben ser castigados por cometer crímenes ante Yahveh.

En las historias de estos soberanos podemos ver que ya no hay grandes acciones de Dios, esos hechos que tanto llamaron la atención de los pueblos de alrededor. Ya no vemos a Dios realizando grandes prodigios, parece el afianzamiento de una posición.

La historia de David matando a Goliat es inspiradora, pero nada más.

Aparentemente, ya se había hecho la limpieza más profunda de lo peor de los "otros pueblos" y su idolatría. Ahora parecía ser una época de redadas y guerras en las que los israelitas van y vienen, afianzando la posición de Yahveh en la región, pero casi con naturalidad. No debemos olvidar el contexto, la forma de hacer las guerras, y la forma de interactuar de la gente de esa época.

Mientras la narración se ocupa de temas triviales, casi domésticos, como las intrigas palaciegas de Saúl y David, en la periferia de la visión se advierte que siguen persiguiendo a los que adoran a los dioses falsos.

En esta instancia, se observan dos capas: en la superior y más visible está todo lo relacionado con los reyes y sus intrigas; y en la capa profunda, notamos que continúa la política original de erradicación de la idolatría pagana, la que, sin prisa pero sin pausa, sigue su camino.

Continuamos con David.

El crimen de David hace que Dios se disguste con él:

«¿Por qué has menospreciado a Yahveh haciendo lo malo a sus ojos, matando a espada a Urías el hitita, tomando a su mujer por mujer tuya y matándole por la espada de los ammonitas? Pues bien, nunca se apartará la espada de tu casa, ya que me has despreciado y has tomado la mujer de Urías el hitita para mujer tuya.

Así habla Yahveh: Haré que de tu propia casa se alce el mal contra ti. Tomaré tus mujeres ante tus ojos y se las daré a otro que se acostará con tus mujeres a la luz de este sol. Pues tú has obrado en lo oculto, pero yo cumpliré esta palabra ante todo Israel y a la luz del sol".

David dijo a Natán[26]: "He pecado contra Yahveh". Respondió Natán a David: "También Yahveh perdona tu pecado; no morirás. Pero por haber ultrajado a Yahveh con ese hecho, el hijo que te ha nacido morirá sin remedio". Y Natán se fue a su casa.

Hirió Yahveh al niño que había engendrado a David la mujer de Urías y enfermó gravemente.»
(II Samuel 12:9-15)

El niño muere al concluir la semana, y comienza a cumplirse el castigo de Dios para David.

También ocurre otro hecho, Amnón, uno de los hijos de David, viola a Tamar, una de sus hermanastras, así comete otra grave acción frente a los ojos de Dios. David se entera pero no castiga a su hijo porque le era muy querido.

Es este mismo Absalón, hermano de Tamar, -mujer violada por Amnón-, el que dos años después intentará matar a todos los hijos de David, o sea, sus hermanos y hermanastros,

---

26   Natán era el profeta en ese momento.

pero sólo logra matar a uno, a Amnón. Luego de esto, Absalón huye a Guésur donde permanecerá tres años esperando que David se calme, finalmente vuelve y es perdonado por éste.

Absalón trata de socavar la autoridad del rey David intentando ganar adeptos, está claro que sus intenciones no eran las mejores.

«Al cabo de cuatro años dijo Absalón al rey:
"Permíteme que vaya a Hebrón a cumplir el voto que hice a Yahveh. Porque tu siervo hizo voto cuando estaba en Guesur de Aram diciendo: Si Yahveh me permite volver a Jerusalén, daré culto a Yahveh en Hebrón". El rey le dijo "Vete en paz". El se levantó y se fue a Hebrón.

Envió Absalón mensajeros a todas las tribus de Israel diciendo: "Cuando oigáis sonar el cuerno decid: "¡Absalón se ha proclamado rey en Hebrón!»

Con Absalón habían partido de Jerusalén doscientos hombres invitados; eran inocentes y no sabían absolutamente nada.

Absalón mandó a buscar a su ciudad de Guiló a Ajitófel el guilonita, consejero de David, y lo tuvo consigo cuando ofrecía los sacrificios. Así la conjuración se fortalecía y los partidarios de Absalón iban aumentando.

Llegó uno que avisó a David: "El corazón de los hombres de Israel va tras de Absalón". Entonces David dijo a todos los servidores que estaban con él en Jerusalén: "Levantaos y huyamos, porque no tenemos escape ante Absalón. Apresuraos a partir, no sea que venga a toda prisa y nos dé alcance, vierta sobre nosotros la ruina y pase la ciudad a filo de espada". Dijeron al rey sus servidores: "Para todo cuanto mi señor el rey elija estamos aquí tus servidores". El rey salió con toda su casa, a pie, dejando diez concubinas para guardar la casa. Salió el rey a pie, con todo el pueblo, y se detuvieron en la última casa. Estaban con él todos sus veteranos. Todos los kereteos, los perizitas, Ittay y todos los guititas, seiscientos hombres que le habían seguido desde Gat, marchaban delante del rey. Y dijo el rey a Ittay el guitita: "¿Por qué has de venir tú también conmigo? Vuélvete y quédate con el rey porque eres un extranjero, desterrado también de tu país. Llegaste ayer ¿y voy a obligarte hoy a andar errando con nosotros, cuando voy a la ventura? Vuélvete y haz que tus hermanos se vuelvan contigo; y que Yahveh tenga contigo amor y fidelidad". Ittay respondió al rey: "¡Por vida de Yahveh y por tu vida, rey mi señor, que donde el rey mi señor esté, para muerte o para vida, allí estará tu siervo!" Entonces David dijo a Ittay: "Anda y pasa".

Pasó Ittay de Gat con todos sus hombres y todas sus criaturas. Iban todos llorando con gran llanto.

El rey se detuvo en el torrente Cedrón y toda la gente pasaba ante él por el camino del desierto.» (II Samuel 15:7-23)

No hay duda de que el rey sabe que Absalón es de temer, y que debe cuidarse de él.

El castigo de Dios a David continúa su curso: *"nunca se apartará la espada de tu casa, ya que me has despreciado y has tomado la mujer de Urías el hitita para mujer tuya. Así habla Yahveh: Haré que de tu propia casa se alce el mal contra ti",* como ya lo habíamos visto.

El ejército de David sale a enfrentar a la tropa de Absalón pero sus súbditos le piden que se quede, para ellos, le dicen, era preferible perder diez mil hombres que perder al rey.

Absalón es asesinado por los israelitas en una situación totalmente fortuita, sin que mediara combate. Cuando David se entera, llora sin consuelo la pérdida de su hijo.

Es posible que también llorara porque sabía que Dios no lo había perdonado, y que la muerte de su hijo, Absalón, era culpa suya.

David vuelve a cometer una gran falta contra Dios.

Los censos sólo se podían hacer si Dios así lo mandaba, pero David, aunque conocía las leyes, vuelve a desviarse del camino y toma decisiones que no le correspondían, y censa a la población.

Esto disgusta enormemente a Dios.

> «Después de haber hecho el censo del pueblo, le remordió a David el corazón y dijo David a Yahveh: "He cometido un gran pecado. Pero ahora, Yahveh, perdona, te ruego, la falta de tu siervo, pues he sido muy necio".
>
> Cuando David se levantó por la mañana, le había sido dirigida la palabra de Yahveh al profeta Gad, vidente de David, diciendo: "Anda y di a David: Así dice Yahveh: Tres cosas te propongo; elige una de ellas y la llevaré a cabo".
>
> Llegó Gad donde David y le anunció: "¿Qué quieres que te venga, tres años de gran hambre

en tu país, tres meses de derrotas ante tus enemigos y que te persigan, o tres días de peste en tu tierra? Ahora piensa y mira qué debo responder al que me envía". David respondió a Gad: "Estoy en grande angustia. Pero caigamos en manos de Yahveh que es grande su misericordia. No caiga yo en manos de los hombres". Y David eligió la peste para sí.

Eran los días de la recolección del trigo. Yahveh envió la peste a Israel desde la mañana hasta el tiempo señalado y murieron 70.000 hombres del pueblo, desde Dan hasta Berseba. El ángel extendió la mano hacia Jerusalén para destruirla, pero Yahveh se arrepintió del estrago y dijo al ángel que exterminaba el pueblo: "¡Basta ya! Retira tu mano".

El ángel de Yahveh estaba entonces junto a la era de Arauná el jebuseo. Cuando David vio al ángel que hería al pueblo, dijo a Yahveh: "Yo fui quien pequé, yo cometí el mal, pero estas ovejas ¿qué han hecho? Caiga, te suplico, tu mano sobre mí y sobre la casa de mi padre".» (II Samuel 24:7-23)

En este párrafo no quedan dudas de que David sabía bien lo que hacía, y que era conciente de que estaba mal. Dios muestra con este terrible exterminio que no se debían contar a las personas sin su consentimiento. El número exacto del censo se pierde, volviendo a una cifra aproximada en situación similar al momento anterior a la ejecución de esta matanza. Sólo Yahveh sabe cuántos eran y cuántos son.

David le ofrece sacrificios para mostrarle su arrepentimiento, y Dios detiene la peste que había enviado.

Muerte de David y consagración de Salomón

David ya está muy entrado en años, y le queda poco tiempo de vida.

Uno de sus hijos, Adonías, empieza a prepararse para convertirse en su sucesor. Pero David no había dicho que él sería quien habría de sucederlo; es más, él había elegido a Salomón, hijo de su mujer Betsabé, para ser el nuevo rey.

Al descubrir que Adonías ya tenía todo preparado, y que, además, había hecho alianzas, decide acelerar el proceso de ungir rey a Salomón.

>«Dijo el rey David: "Llamadme al sacerdote Sadoq, al profeta Natán y a Benaías, hijo de Yehoyadá". Y entraron a presencia del rey. El rey les dijo: "Tomad con vosotros a los veteranos de vuestro señor, haced montar a mi hijo Salomón sobre mi propia mula y bajadle a Guijón. El sacerdote Sadoq y el profeta Natán le ungirán allí como rey de Israel, tocaréis el cuerno y gritaréis: "Viva el rey Salomón". Subiréis luego detrás de él, y vendrá a sentarse sobre mi trono y él reinará en mi lugar, porque le pongo como caudillo de Israel y Judá". Benaías, hijo de de Yehoyadá, respondió al rey: "Amén. Así habla Yahveh, Dios de mi señor el rey. Como ha estado Yahveh con mi señor el rey, así esté con Salomón y haga su trono más grande que el trono de mi señor el rey David".
>
>Bajaron el sacerdote Sadoq, el profeta Natán, Benaías, hijo de Yehoyadá, los kereteos y los peleteos, e hicieron montar a Salomón sobre la

mula del rey David y le llevaron a Guijón.

El sacerdote Sadoq tomó de la Tienda el cuerno del aceite y ungió a Salomón, tocaron el cuerno y todo el pueblo gritó: "Viva el rey Salomón". Subió después todo el pueblo detrás de él; la gente tocaba las flautas y manifestaba tan gran alegría que la tierra se hendía con sus voces. Lo oyó Adonías y todos los invitados que con él estaban cuando habían acabado de comer; oyó Joab el sonido del cuerno y dijo: "¿Por qué este ruido de la ciudad alborotada?". Estaba todavía hablando cuando llegó Jonatán, hijo del sacerdote Abiatar; y Adonías le dijo: "Ven, pues eres un hombre valeroso y traerás buenas noticias". Jonatán respondió a Adonías: "Todo lo contrario. Nuestro señor el rey David ha proclamado rey a Salomón. El rey ha enviado con él al sacerdote Sadoq, al profeta Natán, a Benaías, hijo de Yehoyadá, a los keretos y peleteos, y le han hecho montar sobre la mula del rey. El sacerdote Sadoq y el profeta Natán le han ungido rey en Guijón; han subido de allí llenos de gozo; la ciudad está alborotada; y ése es el tumulto que habéis oído. Más aún, Salomón se ha sentado en el trono real, y los servidores del rey han ido a felicitar a nuestro rey David diciendo: Que tu Dios haga el nombre de Salomón más dichoso que tu propio nombre y haga su trono más grande que tu trono. El rey se ha prosternado en su lecho, y ha dicho así: "Bendito Yahveh, Dios de Israel, que ha permitido que un descendiente mío se siente hoy sobre mi trono y que mis ojos lo vean".

Todos los invitados que estaban con Adonías temieron y, levantándose, se fueron cada uno por su camino. Adonías tuvo miedo de Salomón; se levantó y se fue y se agarró a los cuernos del altar. Avisaron a Salomón: "Mira que Adonías tiene miedo del rey Salomón y se ha agarrado a los cuernos del altar diciendo: Que el rey Salomón me jure desde hoy que su servidor no morirá a espada". Dijo Salomón: "Si es hombre honrado, no caerá en tierra ni uno de sus cabellos, pero si se halla maldad en él, morirá". El rey Salomón mandó que lo bajaran de junto al altar; entró y se postró ante el rey Salomón, y Salomón le dijo: Vete a tu casa".» (I Reyes 1:32-53)

Otra vez presenciamos las luchas intestinas por el poder, la descripción de trivialidades y narraciones de temas puramente terrenales.

David fallece y, como era totalmente previsible, Salomón asume el reinado y mata a Adonías.

Salomón termina de someter a los aliados que tenía Adonías y consolida su reinado.

Veamos a Salomón.

«Salomón fue yerno de Faraón, rey de Egipto; tomó la hija de Faraón y la llevó a la Ciudad de David, mientras terminaba de construir su casa, la casa de Yahveh y la muralla en torno a Jerusalén. Con todo, el pueblo ofrecía sacrificios en los altos, porque en aquellos días no había sido aún construida una casa para el Nombre de Yahveh.

Salomón amaba a Yahveh y andaba según los preceptos de David su padre, pero ofrecía sacrificios y quemaba incienso en los altos.

Fue el rey a Gabaón para ofrecer allí sacrificios, porque aquel es el alto principal.

Salomón ofreció mil holocaustos en aquel altar.

En Gabaón Yahveh se apareció a Salomón en sueños por la noche. Dijo Dios: "Pídeme lo que quieras que te dé". Salomón dijo: "Tú has tenido gran amor a tu siervo David mi padre, porque él ha caminado en tu presencia con fidelidad, con justicia y rectitud de corazón contigo. Tú le has conservado este gran amor y le has concedido que hoy se siente en su trono un hijo suyo. Ahora Yahveh mi Dios, tú has hecho rey a tu siervo en lugar de David mi padre, pero yo soy un niño pequeño que no sabe salir ni entrar. Tu siervo está en medio del pueblo que has elegido, pueblo numeroso que no se puede contar ni numerar por su muchedumbre. Concede, pues, a tu siervo, un corazón que entienda para juzgar a tu pueblo, para discernir entre el bien y el mal, pues ¿quién será capaz de juzgar a este pueblo tuyo tan grande?". Plugo a los ojos del Señor esta súplica de Salomón, y le dijo Dios: "Porque has pedido esto y, en vez de pedir para ti larga vida, riquezas, o la muerte de tus enemigos, has pedido discernimiento para saber juzgar, cumplo tu ruego y te doy un corazón sabio e inteligente como no lo hubo antes de ti ni lo habrá después. También te concedo lo que no has pedido, riquezas y gloria, como no tuvo nadie entre los reyes. Si andas por mis caminos, guardando mis preceptos y mis mandamientos, como anduvo David tu padre, yo prolongaré tus días".

Se despertó Salomón y era un sueño. Entró en Jerusalén y se puso delante del arca de la alianza del Señor; ofreció holocaustos y sacrificios de comunión y dio un banquete a todos sus servidores.» (I Reyes 3:1-15)

Imposible pasar por la lectura de la Biblia sin leer esta famosa narración.

«Vinieron por entonces al rey dos prostitutas y se presentaron ante él.

Una de las mujeres dijo: "Óyeme, mi señor. Yo y esta mujer vivíamos en una misma casa, y yo he dado a luz, estando ella conmigo en la casa. A los tres días de mi alumbramiento, también dio a luz esta mujer; estábamos juntas, no había ningún extraño con nosotras en la casa, fuera de nosotras dos. El hijo de esa mujer murió una noche, porque ella se había acostado sobre él. Se levantó ella durante la noche y tomó a mi hijo de mi lado, mientras tu sierva dormía, y lo acostó en su regazo, y a su hijo muerto lo acostó en mi regazo. Cuando me levanté por la mañana para dar de mamar a mi hijo, lo hallé muerto; pero fijándome en él por la mañana vi que no era mi hijo, el que yo había dado a luz". La otra mujer dijo: "No, todo lo contrario, mi hijo es el vivo y tu hijo es el muerto". Pero la otra replicó: "No; tu hijo es el muerto y mi hijo es el vivo". Y discutían delante del rey. Dijo el rey: "Esta dice: "Mi hijo es éste, el vivo, y tu hijo es el muerto". Pero la otra dice: "No, tu hijo es el muerto, y mi hijo es el vivo". Dijo el rey: "Traedme una espada". Llevaron una espada ante el rey. Dijo el rey: "Partid en dos al niño vivo y dad una mitad a una y otra a la otra". La mujer de quien era el niño vivo habló al rey, porque sus entrañas se conmovieron por su hijo, y dijo: "Por favor, mi señor, que le den el niño vivo y que no le maten". Pero la otra dijo: "No será ni para mí ni para ti: que lo partan". Respondió el rey: "Entregad a aquélla el niño vivo y no le matéis; ella es la madre".

Israel oyó el juicio que hizo el rey y reverenciaron al rey, pues vieron que había en él una sabiduría divina para hacer justicia.» (I Reyes 3:16-28)

Salomón resultó ser un rey muy inteligente y sabio, que hizo prosperar sobre manera a los israelitas, quienes tuvieron paz y un gran crecimiento económico.

Salomón erigió un templo para Yahveh como nunca antes se había visto y la nube de la presencia de Dios volvió a verse, como en las épocas de Moisés.

Lamentablemente Salomón tenía debilidades, ya desde el principio estaba en él el germen del error.

Fue yerno del faraón egipcio y aunque amaba a Dios, igual quemaba inciensos como los egipcios, éste parecía un detalle menor.., pero no lo era.

Salomón llegó a tener setecientas mujeres con el rango de princesas y trescientas como concubinas. Ya en su ancianidad, adoptó a los dioses de sus mujeres y edificó altares a Kemos, un dios de los moabitas tremendamente sanguinario, y a Milkom, otro semejante.

Nuevamente los dioses paganos hacen su aparición entre el pueblo elegido. Todo parecía marchar bien y cuando menos se esperaba, los encontramos, otra vez, entregados a prácticas politeístas.

> «Yahveh dijo a Salomón: "Porque de tu parte has hecho esto y no has guardado mi alianza y las leyes que te ordené, voy a arrancar el reino de sobre ti y lo daré a un siervo tuyo. No lo haré sin embargo en vida tuya por causa de David tu padre; lo arrancaré de mano de tu hijo. Tampoco arrancaré todo el reino; daré una tribu a tu hijo, en atención a David, mi siervo, y a causa de Jerusalén que he elegido".» (I Reyes 11:11-13)

Dios, en otro momento y ante un hecho de esta naturaleza, hubiese abierto la tierra para que se tragara a Salomón; sin embargo, mira a un costado y le dice que su castigo vendrá después de su muerte. ¿Por qué se lo permite? ¿Por qué no actúa en ese momento?

Dios ya había hecho la limpieza más profunda inicial y ahora estaba afianzando el nuevo escenario de creencias, el monoteísmo sobre el politeísmo inicial de esos pueblos.

Es posible que el hecho de que Salomón erigiese templos a dioses que estaban claramente prohibidos por Él le fuese útil para la historia general, para poder dejar al descubierto a aquellos que silenciosamente los seguían y de esa manera neutralizarlos, y de así continuar con ese vaivén de confianza-erradicación, confianza-erradicación que ya hemos señalado.

Probablemente el nivel de los seguidores de estos dioses

malvados y sanguinarios, como los que se citan más arriba, fuese de menor envergadura que los que encontraron los israelitas durante el éxodo, debido a que la respuesta de Dios es mucho más mesurada.

También podemos pensar que las acciones contra Dios, las acciones de los hombres que tienen papeles protagónicos en la historia, como Moisés, David, Salomón, justamente, son puestos por Dios para que sirvan de enseñanza tanto a propios como a ajenos, tanto al pueblo elegido, como a "los otros".

De todas maneras, valga la aclaración, cuando se dice que Dios mata a una persona, o a un pueblo completo, debemos recordar que el alma no puede ser muerta, el alma es inmortal. Sólo Dios sabe cuál es la necesidad de que esos seres dejen de existir en este nivel de existencia como seres humanos.

Hay momentos en que esto se pone un poco más complicado, ¿no?

Sí…, sigamos.

Jeroboam y la muerte de Salomón

«Jeroboam era hijo de Nebat, efraimita de Seredá; su madre se llamaba Seruá y era viuda. Era servidor de Salomón y alzó la mano contra el rey.

Esta fue la ocasión de que alzara su mano contra el rey: Salomón estaba construyendo el Milló, para cerrar la brecha de la ciudad de David su padre.

Este Jeroboam era hombre de valía.

Salomón vio cómo este joven hacía su trabajo y le puso al frente de toda la leva de la casa de José.

Por aquel tiempo salió Jeroboam de Jerusalén, y el profeta Ajías de Silo le encontró en el camino. Iba éste cubierto con un manto nuevo y estaban los dos solos en el campo.

Ajías tomó el manto nuevo que llevaba, lo rasgó en doce jirones y dijo a Jeroboam: "Toma para ti diez jirones, porque así dice Yahveh, Dios de Israel: Voy a hacer jirones el reino de manos de Salomón y te voy a dar diez tribus. Le quedará la otra tribu en atención a mi siervo David y a Jerusalén, la ciudad que me elegí entre todas las tribus de Israel; porque me ha abandonado y se ha postrado ante Astarté, diosa de los sidonios, ante Kemós, dios de Moab, y ante Milkom, dios de los ammonitas, y no ha seguido mis caminos haciendo lo que es justo a mis ojos, ni mis decretos ni mis sentencias como su padre David. Pero no tomaré todo el reino de su mano; le mantendré como príncipe todos los días de su vida en atención a David mi siervo, a quién elegí y que guardó mis mandatos y mis decretos. Pero tomaré el reino de mano de su hijo y te daré de él diez tribus; daré a su hijo una tribu para que quede siempre a David mi siervo una lámpara en mi presencia, delante de mí en Jerusalén, la ciudad que me elegí para poner allí mi Nombre. Te tomaré a ti y te haré reinar sobre cuanto desee tu alma, y serás rey de Israel. Si escuchas todo cuanto yo te ordene, y andas por mi camino, y haces lo recto a mis ojos guardando mis decretos y mis mandamientos como hizo David mi siervo, yo estaré contigo y te edificaré una casa estable como se la edifiqué a David. Te entregaré

Israel y humillaré el linaje de David por esta causa. Pero no para siempre".

Salomón trató de dar muerte a Jeroboam, pero Jeroboam se levantó y huyó a Egipto, junto a Sosaq, rey de Egipto, y estuvo en Egipto hasta la muerte de Salomón.

«El resto de los hechos de Salomón, todo lo que hizo y su sabiduría ¿no está escrito en el libro de los hechos de Salomón?

El tiempo que Salomón reinó en Jerusalén sobre todo Israel fue de cuarenta años. Se acostó Salomón con sus padres y fue sepultado en la ciudad de su padre David. Reinó en su lugar su hijo Roboam.» (I Reyes 11:26-43)

Continúan las "intrigas palaciegas", Jeroboam es proclamado rey de Israel, pero los que creían que el rey debía ser Roboam, hijo de Salomón, reúnen ciento ochenta mil hombres y se disponen a declarar la guerra contra Israel para imponerlo. Roboam, representaba a las tribus de Judá y de Benjamín.

Pero Dios les dice que no deben embarcarse en esa guerra fratricida.

«Así habla Yahveh:
"No subáis a combatir con vuestros hermanos los israelitas. Que cada uno se vuelva a su casa porque esto es cosa mía".

Ellos escucharon la palabra de Yahveh, y se volvieron para ir conforme a la palabra de Yahveh. Jeroboam fortificó Siquem, en la montaña de Efraím, y habitó en ella. Salió de ella y fortificó Penuel.» (I Reyes 12:24-25)

Jeroboam se aleja de Dios y reanuda la adoración de dioses falsos.

«Por orden de Yahveh, un hombre de Dios llegó de Judá a Betel cuando Jeroboam estaba en pie sobre el altar para quemar incienso, y por orden de Yahveh apostrofó al altar diciendo: "Altar, altar, así dice Yahveh: Ha nacido a la casa de David un hijo llamado Josías que sacrificará sobre ti a los sacerdotes de los altos, a los que queman incienso sobre ti, y quemará huesos humanos sobre ti".

Aquel mismo día dio una señal diciendo: "Esta es la señal de que Yahveh habla: el altar va a romperse y se va derramar la ceniza que hay sobre él".

Cuando el rey oyó lo que el hombre de Dios decía contra el altar de Betel, extendió su mano desde encima del altar diciendo: "Prendedle". Pero la mano que extendió contra él se secó y no pudo volverla hacia sí. El altar se rompió y se esparció la ceniza del altar según la señal que había dado el hombre de Dios por orden de Yahveh.

Respondió el rey al hombre de Dios: "Aplaca, por favor el rostro de Yahveh tu Dios, para que mi mano pueda volver a mí". Aplacó el hombre de Dios el rostro de Yahveh, volvió la mano al rey y quedo como antes. Dijo el rey al hombre de Dios: "Entra en casa conmigo para confortarte y te haré un regalo". Dijo el hombre de Dios al rey: "Aunque me dieras la mitad de tu casa no entraré contigo y no comeré ni beberé agua en este lugar, porque así me lo ha ordenado la palabra de Yahveh: No comerás pan ni beberás agua ni volverás por el camino por el que has ido". Y se fue por otro camino, no volvió por el camino por donde había venido a Betel.

«Vivía en Betel un anciano profeta.
Vinieron sus hijos y le contaron cuanto había hecho aquel día el hombre de Dios en Betel, contaron a su padre las palabras que dijo el rey. Su padre les dijo: "¿Por qué camino se ha ido?". Sus hijos le mostraron el camino por el que se fue el hombre de Dios que vino de Judá. Dijo a sus hijos: "Aparejadme el asno". Y aparejaron el asno y se montó sobre él. Fue en seguimiento del hombre de Dios y le encontró sentado bajo el terebinto y le dijo: "¿Eres tú el hombre de Dios que ha venido de Judá?". El respondió: "Yo soy". Le dijo: "Ven conmigo a casa y comerás algo". Respondió: "No puedo volver contigo ni puedo comer pan ni beber agua en este lugar porque la palabra de Dios me dijo: No comerás pan ni beberás agua ni volverás por el camino por el que viniste". Pero él le dijo: "También yo soy profeta como tú, y un ángel me ha hablado por orden de Yahveh diciendo: Hazle volver contigo a tu casa para que coma y beba agua», pero le mentía.
Se volvió, pues, con él y comió pan y bebió agua en su casa.

«Estando ellos sentados a la mesa, fue dirigida la palabra de Dios al profeta que le había hecho volver, y gritó al hombre de Dios que vino de Judá, diciendo: "Así dice Yahveh: Porque has desobedecido la voz de Yahveh y no has guardado la orden que Yahveh tu Dios te había dado, sino que te has vuelto y has comido pan y has bebido agua en el lugar del que dijo: No comerás pan y no beberás agua, tu cadáver no entrará en la tumba de tus padres".

Después de haber comido y bebido, el profeta que le había hecho volver le aparejó su asno. Partió, y un león le encontró en el camino y le mató; su cadáver yacía en el camino y el asno permanecía junto a él; también el león permanecía junto al cadáver.

Pasaron algunos hombres que vieron el cadáver tirado en el camino y al león que permanecía junto al cadáver; entraron y lo contaron en la ciudad en que vivía el anciano profeta. Lo oyó el profeta que le había hecho volver del camino, y dijo: "Es el hombre de Dios que desobedeció la orden de Yahveh, y Yahveh lo ha entregado al león que le ha destrozado y matado, según la palabra que le dijo Yahveh". Habló a sus hijos diciendo: "Aparejadme el asno", y se lo aparejaron. Partió, y halló el cadáver tendido en el camino, y al asno y al león que permanecían junto al cadáver.

El león no había devorado el cadáver ni había destrozado al asno.

Levantó el profeta el cadáver del hombre de Dios, lo puso sobre el asno y lo trajo. Entró en la ciudad el anciano profeta, le lloró y le sepultó. Depositó el cadáver en su propio sepulcro, e hicieron la lamentación sobre él: "¡Ay, hermano mío!» Después que le hubo sepultado, dijo a sus hijos: "Cuando yo muera, me sepultaréis en el sepulcro en que ha sido sepultado el hombre de Dios; junto a sus huesos depositaréis mis huesos, porque con toda certeza se cumplirá la palabra que por orden de Yahveh gritó contra el altar de Betel y contra todos los santuarios de los altos que hay en las ciudades de Samaría".

Después de esto no se volvió Jeroboam de su mal camino, continuó haciendo sacerdotes para los altos de entre el pueblo común; a todo el que lo deseaba le investía como sacerdote de los altos, Este proceder hizo caer en pecado a la casa de Jeroboam y fue causa de su perdición y su exterminio de sobre la faz de la tierra.» (I Reyes 13:1-34)

Aquí se plantean varios temas. Primero, Yahveh hace saber que el crimen de adoración no quedará impune, y muestra su poder sobre el profeta y la imposibilidad que tiene cualquiera de hacerle frente, -la mano de Jeroboam se seca-. Segundo, Dios muestra que no importa que tan cerca suyo se encuentren, no deben desviarse de lo que les mandó a hacer; si Dios dice que algo es blanco, es blanco, no gris, ni verde…, es blanco; y si dice que no vuelvas ni comas, pues, no debes ni volver ni comer. Dios tiene sus motivos y necesita que sean obedientes y no pongan en duda lo que dictamina. Lo que Dios ordena no tiene medias tintas, no es algo sobre lo que se pueda discutir.

Esta idea se repite en el acervo de la humanidad, está plasmada en el refrán "si fulano se tira a un pozo, ¿vos también te vas a tirar?".

Todos deben escuchar y aprender. Si Dios dice que no se

debe adorar a dioses falsos y que no se deben hacer ídolos de piedra, entonces no se debe ni adorar dioses falsos ni hacer ídolos de piedra, ¿cuál es la duda?

La implantación de la monarquía no trajo buenos resultados para Israel, excepto un momento de bonanza económica con Salomón, lo demás fue retroceso y división.

El pueblo elegido ya no era una unidad, ahora se encontraba dividido y en una etapa de plena adoración de otros dioses. Además, mostraban otras actitudes degradantes, consecuencia de haber vuelto a costumbres bárbaras, y haberse alejado de las normas de Dios. Israel se atomizaba y salvo un par de excepciones todo era cuesta abajo.

18
ELÍAS Y ELISEO.
¿QUIZÁS ÁNGELES?...

Dios envía al profeta Elías

En los tiempos del reinado de Ajab en Israel, mientras era Asá rey en Judá vivió el profeta Elías tesbita, de Tisbe de Galaad.

Como Ajab había tolerado y agravado la degradación de Israel, no veía con buenos ojos a Elías, quien era un profeta de Dios que se mantuvo, en todo momento, firme en el cumplimiento de las leyes y preceptos de Yahveh y, por este motivo, se transformó en su enemigo acérrimo.

Mientras Elías hacía milagros en nombre de Yahveh, Ajab adoraba a dioses falsos como Baal.

«Elías tesbita, de Tisbé de Galaad, dijo a Ajab: "Vive Yahveh, Dios de Israel, a quien sirvo. No habrá estos años rocío ni lluvia más que cuando mi boca lo diga". Fue dirigida la palabra de Yahveh a Elías diciendo: "Sal de aquí, dirígete hacia oriente y escóndete en el torrente de Kerit que está al este del Jordán. Beberás del torrente y encargaré a los cuervos que te sustenten allí".

Hizo según la palabra de Yahveh, y se fue a vivir en el torrente de Kerit que está al este del Jordán.

Los cuervos le llevaban pan por la mañana y carne por la tarde, y bebía del torrente.

Al cabo de los días se secó el torrente, porque no había lluvia en el país.

Le fue dirigida la palabra de Yahveh a Elías diciendo: "Levántate y vete a Sarepta de Sidón y quédate allí, pues he ordenado a una mujer viuda de allí que te dé de comer".

Se levantó y se fue a Sarepta.

«Cuando entraba por la puerta de la ciudad había allí una mujer viuda que recogía leña. La llamó Elías y dijo: "Tráeme, por favor, un poco de agua para mí en tu jarro para que pueda beber". Cuando ella iba a traérsela, le gritó: "Tráeme, por favor, un bocado de pan en tu mano". Ella dijo: "Vive Yahveh tu Dios, no tengo nada de pan cocido: sólo tengo un puñado de harina en la tinaja y un poco de aceite en la orza. Estoy recogiendo dos palos, entraré y lo preparé para mí y para mi hijo, lo comeremos y moriremos". Pero Elías le dijo: "No temas. Entra y haz como has dicho, pero primero haz una torta pequeña para mí y tráemela, y luego la harás para ti y para tu hijo. Porque así habla Yahveh, Dios de Israel: No se acabará la harina en la tinaja, no se agotará el aceite en la orza hasta el día en que Yahveh conceda la lluvia sobre la haz de la tierra. Ella se fue e hizo según la palabra de Elías, y comieron ella, él y su hijo. No se acabó la harina en la tinaja ni se agotó el aceite en la orza, según la palabra que Yahveh había dicho por boca de Elías.

«Después de estas cosas, el hijo de la dueña de la casa cayó enfermo, y la enfermedad fue tan recia que se quedó sin aliento. Entonces ella dijo a Elías: "¿Qué hay entre tú y yo, hombre de Dios? ¿Es que has venido a mí para recordar mis faltas y hacer morir a mi hijo?". Elías respondió: "Dame tu hijo". El lo tomó de su regazo y subió a la habitación de arriba donde él vivía, y lo acostó en su lecho; después clamó a Yahveh diciendo: "Yahveh, Dios mío, ¿es que también vas a hacer mal a la viuda en cuya casa me hospedo, haciendo morir a su hijo?". Se tendió tres veces sobre el niño, invocó a Yahveh y dijo: "Yahveh, Dios mío, que vuelva, por favor, el alma de este niño dentro de él". Yahveh escucho la voz de Elías, y el alma del niño volvió a él y revivió. Tomó Elías al niño, lo bajó de la habitación de arriba de la casa y se lo dio a su madre. Dijo Elías: "Mira, tu hijo vive". La mujer dijo a Elías: "Ahora sí que he conocido bien que eres un hombre de Dios, y que es verdad en tu boca la palabra de Yahveh".» (I Reyes 17:1-24)

Recordemos que Ajab reinaba por Israel y Samaría era tierra de Israel. El pueblo elegido se había dividido y estaba por un lado Israel y por otro Judá. Jezabel es la mujer de Ajab, una persona vil y sin escrúpulos.

«Pasado mucho tiempo, fue dirigida la palabra de Yahveh a Elías, al tercer año, diciendo:
"Vete a presentarte a Ajab, pues voy a hacer llover sobre la superficie de la tierra".
Fue Elías a presentarse a Ajab. El hambre se había apoderado de Samaría. Ajab llamó a Abdías, que estaba al frente de la casa. Abdías era

muy temeroso de Yahveh. Cuando Jezabel exterminó a los profetas de Yahveh, Abdías había tomado cien profetas y los había ocultado, de cincuenta en cincuenta, en una cueva, dándoles de comer pan y agua. Dijo Ajab a Abdías: "Ven, vamos a recorrer el país por todas sus fuentes y todos sus torrentes; acaso encontremos hierba para mantener los caballos y mulos y no tengamos que suprimir el ganado". Se repartieron el país para recorrerlo: "Ajab se fue solo por un camino y Abdías se fue solo por otro.

Estando Abdías en camino, le salió Elías al encuentro. Le reconoció y cayó sobre su rostro y dijo: ¿Eres tú Elías, mi señor?". El respondió: "Yo soy. Vete a decir a tu señor: Ahí está Elías". Respondió: "¿En qué he pecado, pues entregas a tu siervo en manos de Ajab para hacerme morir? ¡Vive Yahveh tu Dios! No hay nación o reino donde no haya mandado a buscarte mi señor, y cuando decían: "No está aquí", hacía jurar a la nación o al reino que no te había encontrado. Y ahora tú dices: "Vete a decir a tu señor: Ahí está Elías". Y sucederá que, cuando me aleje de ti, el espíritu de Yahveh te llevará no sé dónde, llegaré a avisar a Ajab, pero no te hallará y me matará. Sin embargo, tu siervo teme a Yahveh desde su juventud. ¿Nadie ha hecho saber a mi señor lo que hice cuando Jezabel mató a los profetas de Yahveh, que oculté a cien de los profetas de Yahveh, de cincuenta en cincuenta, en una cueva, y les alimenté con pan y agua? Y ahora tú me dices: "Vete a decir a tu señor: Ahí está Elías". ¡Me matará» Respondió Elías: "¡Vive Yahveh Sebaot a quien sirvo! Hoy me presentaré a él". Abdías fue al encuentro de Ajab y le avisó, y Ajab partió al encuentro de Elías. Cuando Ajab vio a Elías le dijo: "¿Eres tú, azote de Israel?". El respondió: "No soy yo el azote de Israel, sino tú y la casa de tu padre, por haber abandonado a Yahveh y haber seguido a los Baales. Pero ahora, envía a reunir junto a mí a todo Israel en el monte Carmelo, y a los 450 profetas de Baal que comen a la mesa de Jezabel".

Ajab envió a todos los israelitas y reunió a los profetas en el monte Carmelo.

Elías se acercó a todo el pueblo y dijo: "¿Hasta cuándo vais a estar cojeando con los dos pies? Si Yahveh es Dios, seguidle; si Baal, seguid a éste". Pero el pueblo no le respondió nada. Dijo Elías al pueblo: "He quedado yo solo como profeta de Yahveh, mientras que los profetas de Baal son 450. Que se nos den dos novillos; que elijan un novillo para ellos, que los despedacen y lo pongan sobre la leña, pero que no pongan fuego. Yo prepararé el otro novillo y lo pondré sobre la leña, pero no pondré fuego. Invocaréis el nombre de vuestro dios; yo invocaré el nombre de Yahveh. Y el dios que responda por el fuego, ése es Dios". Todo el pueblo respondió: "¡Está bien!" Elías dijo a los profetas de Baal: "Elegíos un novillo y comenzad vosotros primero, pues sois más numerosos. Invocad el nombre de vuestro dios, pero no pongáis fuego". Tomaron el novillo que les dieron, lo prepararon e invocaron el nombre de Baal desde la mañana hasta el mediodía, diciendo: "¡Baal, respóndenos!" Pero no hubo voz ni respuesta. Danzaban cojeando junto al altar que habían hecho. Llegado el mediodía, Elías se burlaba de ellos y decía: "¡Gritad más alto, porque es un dios; tendrá algún negocio, le habrá ocurrido algo, estará en camino; tal vez esté dormido y se despertará!" Gritaron más alto, sajándose, según su costumbre, con cuchillos y lancetas hasta chorrear la sangre sobre ellos.

Cuando pasó el mediodía, se pusieron en trance hasta la hora de hacer la ofrenda, pero no hubo voz, ni quien escuchara ni quien respondiera. Entonces Elías dijo a todo el pueblo: "Acercaos a mí". Todo el pueblo se acercó a él. Reparó el altar de Yahveh que había sido demolido. Tomó Elías doce piedras según el número de las tribus de los hijos de Jacob, al que fue dirigida la palabra de Yahveh diciendo: "Israel será tu nombre". Erigió con las piedras un altar al nombre de Yahveh, e hizo alrededor del altar una zanja que contenía como unas dos arrobas de sembrado. Dispuso leña, despedazó el novillo y lo puso sobre la leña. Después dijo: "Llenad de agua cuatro tinajas y derramadla sobre el holocausto y sobre la leña". Lo hicieron así. Dijo: "Repetid" y repitieron. Dijo: "Hacedlo por tercera vez". Y por tercera vez lo hicieron. El agua corrió alrededor del altar, y hasta la zanja se llenó de agua.

A la hora en que se presenta la ofrenda, se acercó el profeta Elías y dijo: "Yahveh, Dios de Abraham, de Isaac y de Israel, que se sepa hoy que tú eres Dios en Israel y que yo soy tu servidor y que por orden tuya he ejecutado toda estas cosas. Respóndeme, Yahveh, respóndeme, y que todo este pueblo sepa que tú, Yahveh, eres Dios que conviertes sus corazones". Cayó el fuego de Yahveh que devoró el holocausto y la leña, y lamió el agua de las zanjas. Todo el pueblo lo vio y cayeron sobre su rostro y dijeron: "¡Yahveh es Dios, Yahveh es Dios!". Elías les dijo: "Echad mano a los profetas de Baal, que no escape ninguno de ellos"; les echaron mano y Elías les hizo bajar al torrente de Quisón, y los degolló allí. Dijo Elías a Ajab: "Sube, come y bebe, porque ya se oye el rumor de la lluvia".

Subió Ajab a comer y beber, mientras que Elías subía a la cima del Carmelo, y se encorvó hacia la tierra poniendo su rostro entre las rodillas. Dijo a su criado: "Sube y mira hacia el mar". Subió, miró y dijo: "No hay nada". El dijo: "Vuelve". Y esto siete veces. A la séptima vez dijo: "Hay una nube como la palma de un hombre, que sube del mar". Entonces dijo: "Sube a decir a Ajab: Unce el carro y baja, no te detenga la lluvia". Poco a poco se fue oscureciendo el cielo por las nubes y el viento y se produjo gran lluvia.

Ajab montó en su carro y se fue a Yizreel.

La mano de Yahveh vino sobre Elías que, ciñéndose la cintura, corrió delante de Ajab hasta la entrada de Yizreel.» (I Reyes 18:1-46)

Elías realiza nuevas y grandes acciones para mostrar, una vez más, que Yahveh es el único Dios.

Somos testigos de la preparación del escenario, los años de sequía, la aparición de Elías, un hombre santo apegado a Dios y sus normas, perseguido por el rey, quien, al parecer, no termina de decidirse a matarlo. Obviamente no lo hace porque está protegido por Dios. Ellos deben cumplir con la parte protagónica asignada por Dios para la futura enseñanza que se dará a los propios y los ajenos.

Elías ya tiene una fama que lo precede, no es cualquier profeta, es un representante de Dios. Limpió el reino de Ajab de falsos profetas, y dejó en evidencia que esos supuestos dioses no existen.

Debemos mantener presente porqué se realizan acciones poderosas en nombre de Dios y debemos recordar a los que observan, a "los otros".

La actual situación es mucho mejor, en comparación con la que padeció el pueblo elegido cuando realiza la marcha por el desierto, o cuando ocupan las tierras del otro lado del Jordán.

Aunque mucha gente intenta mantener la idolatría, la adoración de dioses falsos, en esta etapa, no se da la degradación de épocas pasadas. Las acciones, los hechos realizados en tiempos de Moisés y los subsiguientes habían logrado cambios y a esta altura de los acontecimientos, se aprecia que se alcanzó parte del objetivo. El "terreno" de la humanidad estaba mucho más ordenado y limpio, ya no era aquel basural del comienzo, ahora se podía empezar a plantar algo más, se podía comenzar a edificar algo.

Por ello, se nota que Dios tiene cierta paciencia, una paciencia que no habíamos visto antes con Moisés. Es otra época. Hubo una evolución espiritual, lenta, pero clara. Tal vez no está explícita en el texto, pero sí si tomamos de referencia las diferentes y nuevas reacciones de Dios.

Si al principio parecían reacciones desmedidas en las que Dios abría la tierra y tragaba a quienes habían ido contra sus leyes, o hacía que su ejército llevara políticas de tierra arrasada, ahora casi es irreconocible, ¿qué pasó? ¿qué había cambiado? En Dios nada, Él era el mismo de antes, mil, dos mil, tres mil años no son nada para Dios, Él no cambia de opinión, ni es caprichoso. Lo que había cambiado era la situación de base, de origen.

La extrema degradación de los hombres, que lo había llevado a tomar acciones implacables como las de Sodoma y Gomorra, ya no estaba presente. Ahora era tiempo de correcciones de rumbo, en algunas ocasiones debía de hacerse con más fuerza, en otras de manera más suave.

Ahora Dios se muestra a Elías, lo que no era nada común. Fueron muy, muy pocos lo que pudieron gozar de ese privilegio.

«Ajab refirió a Jezabel cuanto había hecho Elías y cómo había pasado a cuchillo a todos los profetas. Envió Jezabel un mensajero a Elías diciendo: "Que los dioses me hagan esto y me añaden esto otro si mañana a estas horas no he puesto tu alma igual que el alma de uno de ellos". El tuvo miedo, se levantó y se fue para salvar su vida. Llegó a Berseba de Judá y dejó allí a su criado.

El caminó por el desierto una jornada de camino, y fue a sentarse bajo una retama. Se deseó la muerte y dijo: "¡Basta ya, Yahveh! ¡Toma mi vida, porque no soy mejor que mis padres!" Se acostó y se durmió bajo una retama, pero un ángel le tocó y le dijo: "Levántate y come". Miró y vio a su cabecera una torta cocida sobre piedras calientes y un jarro de agua. Comió y bebió y se volvió a acostar. Volvió segunda vez el ángel de Yahveh, le tocó y le dijo: "Levántate y come, porque el camino es demasiado largo para ti". Se levantó, comió y bebió, y con la fuerza de aquella comida caminó cuarenta días y cuarenta noches hasta el monte de Dios, el Horeb. Allí entró en la cueva, y pasó en ella la noche.

Le fue dirigida la palabra de Yahveh, que le dijo: "¿Qué haces aquí Elías?". El dijo: "Ardo en celo por Yahveh, Dios Sebaot, porque los israelitas han abandonado tu alianza, han derribado tus altares y han pasado a espada a tus profetas; quedo yo solo y buscan mi vida para quitármela". Le dijo: "Sal y ponte en el monte ante Yahveh". Y he aquí que Yahveh pasaba. Hubo un huracán tan violento que hendía las montañas y quebrantaba las rocas ante Yahveh; pero no estaba Yahveh en el huracán. Después del huracán, un temblor de tierra; pero no estaba Yahveh en el temblor. Después del temblor, fuego, pero no estaba Yahveh en el fuego. Después del fuego, el susurro de una brisa suave. Al oírlo Elías, cubrió su rostro con el manto, salió y se puso a la entrada de la cueva. Le fue dirigida una voz que le dijo: "¿Qué haces aquí, Elías?". El respondió: "Ardo en celo por Yahveh, Dios Sebaot, porque los israelitas han abandonado tu alianza, han derribado tus altares y han pasado a espada a tus profetas; quedo yo solo y buscan mi vida para quitármela". Yahveh le dijo: "Anda, vuelve por tu camino hacia el desierto de Damasco. Vete y unge a Jazael como rey de Aram. Ungirás a Jehú, hijo de Nimsí, como rey de Israel, y a Eliseo, hijo de Safat, de Abel Mejolá, le ungirás como profeta en tu lugar. Al que escape a la espada de Jazael le hará morir Jehú, y al que escape a la espada de Jehú, le hará morir Eliseo. Pero me reservaré 7.000 en Israel: todas las rodillas que no se doblaron ante Baal, y todas las bocas que no le besaron".

Partió de allí y encontró a Eliseo, hijo de Safat, que estaba arando.

Había delante de él doce yuntas y él estaba con la duodécima.

Pasó Elías y le echó su manto encima. El abandonó los bueyes, corrió tras de Elías y le dijo: "Déjame ir a besar a mi padre y a mi madre y te seguiré". Le respondió: "Anda, vuélvete, pues ¿qué te he hecho?".

Volvió atrás Eliseo, tomó el par de bueyes y los sacrificó, asó su carne con el yugo de los bueyes y dio a sus gentes, que comieron. Después se levantó, se fue tras de Elías y entró a su servicio.» (I Reyes 20:1-21)

Observemos que Dios, en este momento, se dedica a purificar a su "pueblo elegido". Ahora, es su propia gente la que debe ser seleccionada, necesita separar la paja del trigo: "*me reservaré 7.000 en Israel: todas las rodillas que no se doblaron ante Baal, y todas las bocas que no le besaron*"; los que no se habían rendido al politeísmo, a la adoración de dioses falsos.

Al fin Ajab muere en circunstancias que Dios había predicho. Y Elías sigue realizando demostraciones de su cercanía con Dios.

«Después de la muerte de Ajab, Moab se rebeló contra Israel. Ocozías se cayó por la celosía de su habitación de arriba de Samaría; quedó maltrecho, y envió mensajeros a los que dijo: "Id a consultar a Baal Zebub, dios de Ecrón, si sobreviviré a esta desgracia". Pero el Ángel de Yahveh dijo a Elías tesbita: "Levántate y sube al encuentro de los mensajeros del rey de Samaría y diles: ¿Acaso porque no hay Dios en Israel vais vosotros a consultar a Baal Zebub, dios de Ecrón? Por eso, así habla Yahveh: Del lecho al que has subido no bajarás, porque de cierto morirás". Y Elías se fue.

Los mensajeros se volvieron a Ocozías y éste les dijo: "¿Cómo así os habéis vuelto?". Le respondieron: "Nos salió al paso un hombre que nos dijo: "Andad, volveos al rey que os ha enviado y decidle: Así habla Yahveh: ¿Acaso porque no hay Dios en Israel envías tú a consultar a Baal Zebub, dios de Ecrón? Por eso, del lecho al que has subido no bajarás, porque de cierto morirás". Les preguntó: "¿Qué aspecto tenía el hombre que os salió al paso y os dijo estas palabras?". Le respondieron: "Era un hombre con manto de pelo y con una faja de piel ceñida a su cintura". El dijo: "Es Elías tesbita". Le envió un jefe de cincuenta con sus cincuenta hombres, que subió a donde él; estaba él sentado en la cumbre de la montaña, y le dijo: "Hombre de Dios, el rey manda que bajes". Respondió Elías y dijo al jefe de cincuenta: "Si soy hombre de Dios, que baje fuego del cielo y te devore a ti y a tus cincuenta". Bajó fuego del cielo que le devoró a él y a sus cincuenta. Volvió a enviarle otro jefe de cincuenta, que subió y le dijo: "Hombre de Dios. Así dice el rey: Apresúrate a bajar". Respondió Elías y le dijo: "Si soy hombre de Dios, que baje fuego del cielo y te devore a ti y a tus cincuenta". Bajó fuego del cielo que le devoró a él y a sus cincuenta. Volvió a enviar un tercer jefe de cincuenta con sus cincuenta; llegó el tercer jefe de cincuenta, cayó de rodillas ante Elías y le suplicó diciendo: "Hombre de Dios, te ruego que mi vida y la vida de estos cincuenta tuyos sea preciosa a tus ojos. Ya ha bajado fuego del cielo y ha devorado a los dos jefes de cincuenta anteriores y a sus cincuenta; pues que ahora mi vida sea preciosa a tus ojos". El Ángel de Yahveh dijo a Elías: "Baja con él y no temas ante él". Se levantó y bajó con él donde el rey, y le dijo: "Así dice Yahveh: Porque has enviado mensajeros para consultar a Baal Zebub, dios de Ecrón, por eso, del lecho al que has subido no bajarás, pues de cierto morirás".

Murió según la palabra de Yahveh que Elías había dicho, y reinó en su lugar su hermano Joram, en el año segundo de Joram, hijo de Josafat, rey de Judá, porque él no tenía hijos.» (II Reyes 1:1-17)

Impresionantes las demostraciones que realiza Yahveh a través de Elías. Pero también lo son las de misericordia con el tercer jefe de cincuenta.

Llegan a su fin los días de Elías en la tierra y es llevado por Dios al cielo -¡esto sí que no lo habíamos visto antes! Elías era alguien realmente especial ante sus ojos-.

«Esto pasó cuando Yahveh arrebató a Elías en el torbellino al cielo. Elías y Eliseo partieron de Guilgal. Dijo Elías a Eliseo: "Quédate aquí, porque Yahveh me envía a Betel". Eliseo dijo: "Vive Yahveh y vive tu alma, que no te dejaré". Y bajaron a Betel.

Salió la comunidad de los profetas que había en Betel al encuentro de Eliseo y le dijeron: "¿No sabes que Yahveh arrebatará hoy a tu señor por encima de tu cabeza?". Respondió: "También yo lo sé. ¡Callad!" Elías dijo a Eliseo: "Quédate aquí, porque Yahveh me envía a Jericó". Pero él respondió: "Vive Yahveh y vive tu alma, que no te dejaré", y siguieron hacia Jericó.

Se acercó a Eliseo la comunidad de los profetas que había en Jericó y le dijeron: "¿No sabes que Yahveh arrebatará hoy a tu señor por encima de tu cabeza?". Respondió: "También yo lo sé. ¡Callad!" Le dijo Elías: "Quédate aquí, porque Yahveh me envía al Jordán". Respondió: "Vive Yahveh y vive tu alma que no te dejaré", y fueron los dos.

Cincuenta hombres de la comunidad de los profetas vinieron y se quedaron enfrente, a cierta distancia; ellos dos se detuvieron junto al Jordán. Tomó Elías su manto, lo enrolló y golpeó las aguas, que se dividieron de un lado y de otro, y pasaron ambos a pie enjuto. Cuando hubieron pasado, dijo Elías a Eliseo: "Pídeme lo que quieras que haga por ti antes de ser arrebatado de tu lado". Dijo Eliseo: "Que tenga dos partes de tu espíritu". Le dijo: "Pides una cosa difícil; si alcanzas a verme cuando sea llevado de tu lado, lo tendrás; si no, no lo tendrás".

«Iban caminando mientras hablaban, cuando un carro de fuego con caballos de fuego se interpuso entre ellos; y Elías subió al cielo en el torbellino. Eliseo le veía y clamaba: "¡Padre mío, padre mío! ¡Carro y caballos de Israel! ¡Auriga suyo!" Y no le vio más. Asió sus vestidos y los desgarró en dos. Tomó el manto que se le había caído a Elías y se volvió, parándose en la orilla del Jordán. Tomó el manto de Elías y golpeó las aguas diciendo: ¿Dónde está Yahveh, el Dios de Elías?". Golpeó las aguas, que se dividieron de un lado y de otro, y pasó Eliseo.

Habiéndole visto la comunidad de los profetas que estaban enfrente, dijeron: "El espíritu de Elías reposa sobre Eliseo". Fueron a su encuentro, se postraron ante él en tierra, le dijeron: "Hay entre tus siervos cincuenta hombres valerosos; que vayan a buscar a tu señor, no sea que el espíritu de Yahveh se lo haya llevado y le haya arrojado en alguna montaña o algún valle". El dijo: "No mandéis a nadie". Como le insistieran hasta la saciedad dijo: "Mandad". Mandaron cincuenta hombres que le buscaron durante tres días, pero no le encontraron. Se volvieron donde él, que se había quedado en Jericó, y les dijo: "¿No os dije que no fuerais?".» (II Reyes 2:1-18)

No sólo Dios envía a buscarlo, sino que un momento antes él y su hijo habían pasado caminando por el cauce seco del Jordán, se habían abierto sus aguas con la mayor naturalidad ¡¡…!?, como si fuese algo de todos los días.

Espectacular, maravilloso, verdaderamente impresionante.

Seguramente era algo que iba a ser motivo de infinidad de comentarios por mucho tiempo. Si bien no fue algo tan visible como había sido el cruce del Jordán por los cientos de miles de israelitas, de todas maneras estaban presentes los cincuenta profetas en la orilla contemplando el prodigio y seguramente lo iban a comentar.

Luego de la partida de Elías, Eliseo cuenta con el beneplácito de Dios y continúa realizando prodigios semejantes o tal vez mayores que los de su padre.

Eliseo junto con Elías fueron dos profetas que gozaron de una cercanía con Dios muy grande. Era muy llamativa esta afinidad; si establecemos una comparación, hoy serían, agentes encubiertos en otro país con un apoyo externo e inmunidad sin límites. Ellos se enfrentan a personas muy poderosas que no tenían ningún miramiento en matar a cualquiera; sin embargo, a ellos no los tocan, lo intentan en algún momento, pero no los pueden tocar. Van y vienen, y hacen lo que deben hacer para que se cumpla el plan de Dios sin que nadie pueda oponerse.

La naturalidad con que ellos realizan estos prodigios tiene que llamar nuestra atención. Si vemos a Moisés abriendo al mar, observamos preparativos, asistimos a un cierto ritual, lo mismo ocurre cuando cruzan el Jordán para ir a Jericó; pero con Elías y Eliseo todo lo que acontece es natural: caminan, abren el río y cruzan, y siguen conversando. Da la impresión que fueron casi ángeles de Dios encarnados, cumpliendo determinada misión.

También es llamativo que, desde la narración de Rut, el tenor de la situación general ha cambiado y se puede notar que entramos, en la historia contada, en una meseta. Al menos, hasta la llegada de Elías y Eliseo donde empieza, otra vez, una purificación profunda. Limpieza que se lleva a los idólatras y a sus ídolos.

Mientras tanto, hubo casi doscientos años de, no sé si decir calma -porque en realidad existía todo tipo de luchas intestinas y fratricidas dentro del pueblo elegido, al punto de que en este momento de la historia se encuentran divididos en dos grupos, Israel y Judá, cada uno con su rey y en una situación, cuanto menos, tirante-.

Este ciclo de limpieza-calma/distracción-limpieza es una constante.

Esta seudo calma, en el sentido de que no se perseguía con tanto ahínco a los politeístas, a los idólatras -es más, eran estos mismos reyes quienes, a veces, daban el (mal) ejemplo-, permitía que quienes estaban escondidos por las persecuciones anteriores, se sintieran tranquilos y poco a poco expusieran sus ritos y costumbres públicamente, lo que, llegado el momento, posibilitaría a Dios separar nuevamente "la paja del trigo".

Al mismo tiempo y de manera paralela, se produce un hecho no menor: la tribu de Judá, parece ser la más unida, la que menos se dispersa, mientras que las otras tribus se muestran más proclives a integrarse con los otros pueblos, a mezclarse con "los otros". Esto podría llegar a pasar inadvertido, a ser un tema menor, un tema secundario, algo de lo que no vale la pena ocuparse, que se puede dejar de lado hasta que no llegue una normal consecuencia, pero no es así. Esta integración es fundamental, hace que los israelitas con sus ritos y costumbres y su adoración al único dios, el dios de los hebreos lleven esta novedad hacia afuera. Permite que "los otros" empiecen a conocer al único dios, al verdadero dios, del que ya habían escuchado hablar, ¿quién no había escuchado relatos del dios de los israelitas? Por lo menos, en esa región, Yahveh ya era parte de las vidas de sus habitantes, de una forma o de otra.

Se soslaya, cada vez mejor, la trama de fondo, la línea conductora, la tanza que une las perlas de esta historia.

Cuando observamos una prenda demasiado de cerca puede ocurrir que lo único que veamos sea la tela; y si nos acercamos más lo que veremos en detalle será la forma en que los hilos se entrecruzan para formar la trama, y si vamos más cerca aún, podremos ver cada filamento de esos hilos por separado. De la misma manera, al alejarnos de esta historia, podemos comprender y ver que esos filamentos tejen una tela que es parte de una prenda. Esto no significa que no sea importante ver lo que ocurre con cada filamento del hilado de la tela, sino que, para comprender qué es lo que vemos, debemos acercarnos y alejarnos constantemente y de esa forma podremos tener la visión completa, o al menos, la más aproximada de las fibras y la prenda.

De igual manera, si leemos la Biblia y analizamos cada versículo vamos a encontrar en cada frase una enseñanza; lo que está bien, es correcto, es así, cada versículo puede tener su enseñanza, y de hecho la tiene. Pero también es importante ver la historia completa, en toda su extensión, para poder comprender la línea general, el motivo general, la columna vertebral que le da significado y motivo de ser.

La prenda que tomamos como ejemplo tiene un motivo de ser -sirve de vestimenta o abrigo para alguien, no es útil sola en sí misma-, al igual que la Biblia y la historia del pueblo elegido que tienen un motivo de ser, un motivo trascendental de ser, y no como pieza simplemente literaria o relato histórico.

La historia del pueblo elegido tiene un motivo de ser, el pueblo elegido tiene un motivo de ser, un motivo de existencia, un destino santo y trascendental, el cual, lentamente se va develando, cada vez es más claro el mandato de erradicación del politeísmo y la preparación del terreno para la llegada del Mesías.

***

Detengámonos en algunos de los hechos de la vida de Eliseo. Realmente vale la pena conocerlos.

«Una de las mujeres de la comunidad de los profetas clamó a Eliseo diciendo: "Tu siervo, mi marido, ha muerto; tú sabes que tu siervo temía a Yahveh. Pero el acreedor ha venido a tomar mis dos hijos para esclavos suyos". Eliseo dijo: "¿Qué puedo hacer por ti? Dime qué tienes en casa". Respondió ella: "Tu sierva no tiene en casa más que una orza de aceite". Dijo él: "Anda y pide fuera vasijas a todas tus vecinas, vasijas vacías, no te quedes corta. Entra luego y cierra la puerta tras de ti y tras de tus hijos, y vierte sobre todas esas vasijas, y las pones aparte a medida que se vayan llenando". Se fue ella de su lado y cerró la puerta tras de sí y tras de sus hijos; éstos le acercaban las vasijas y ella iba vertiendo. Cuando las vasijas se llenaron, dijo ella a su hijo: "Tráeme otra vasija". El dijo: "Ya no hay más". Y el aceite se detuvo. Fue ella a decírselo al hombre de Dios, que dijo: "Anda y vende el aceite y paga a tu acreedor, y tú y tus hijos viviréis de lo restante".

Un día pasó Eliseo por Sunem; había allí una mujer principal y le hizo fuerza para que se quedara a comer, y después, siempre que pasaba, iba allí a comer. Dijo ella a su marido: "Mira, sé que es un santo hombre de Dios que siempre viene por casa. Vamos a hacerle una pequeña alcoba de fábrica en la terraza y le pondremos en ella una cama, una mesa, una silla y una lámpara, y cuando venga por casa, que se retire allí".
Vino él en su día, se retiró a la habitación de arriba, y se acostó en ella. Dijo él a Guejazí su

criado: "Llama a esta sunamita". La llamó y ella se detuvo ante él. El dijo a su criado: "Dile: Te has tomado todos estos cuidados por nosotros, ¿qué podemos hacer por ti?, ¿quieres que hablemos en tu favor al rey o al jefe del ejército?". Ella dijo: "Vivo en medio de mi pueblo". Dijo él: "¿Qué podemos hacer por ella?". Respondió Guejazí: "Por desgracia ella no tiene hijos y su marido es viejo". Dijo él: "Llámala". La llamó y ella se detuvo a la entrada. Dijo él: "Al año próximo, por este mismo tiempo, abrazarás un hijo". Dijo ella: "No, mi señor, hombre de Dios, no engañes a tu sierva".

Concibió la mujer y dio a luz un niño en el tiempo que le había dicho Eliseo. Creció el niño y un día se fue donde su padre junto a los segadores. Dijo a su padre: "¡Mi cabeza, mi cabeza!» El padre dijo a un criado: "Llévaselo a su madre". Lo tomó y lo llevó a su madre. Estuvo sobre las rodillas de ella hasta el mediodía y murió. Subió y le acostó sobre el lecho del hombre de Dios, cerró tras el niño y salió. Llamó a su marido y le dijo: "Envíame uno de los criados con una asna. Voy a salir donde el hombre de Dios y volveré". Dijo él: "¿Por qué vas donde él? No es hoy novilunio ni sábado". Pero ella dijo: "Paz". Hizo aparejar el asna y dijo a su criado: "Guía y anda, no me detengas en el viaje hasta que yo te diga". Fue ella y llegó donde el hombre de Dios, al monte Carmelo. Cuando el hombre de Dios la vio a lo lejos, dijo a su criado Guejazí: "Ahí viene nuestra sunamita. Así que corre a su encuentro y pregúntale: ¿Estás bien tú? ¿Está bien tu marido? ¿Está bien el niño?". Ella respondió: "Bien". Llegó donde el hombre de Dios, al monte, y se abrazó a sus pies; se acercó Guejazí para apartarla, pero el hombre de Dios dijo: "Déjala, porque su alma está en amargura y Yahveh me lo ha ocultado y no me lo ha manifestado". Ella dijo: "¿Acaso pedí un hijo a mi señor? ¿No te dije que no me engañaras?". Dijo a Guejazí: "Ciñe tu cintura, toma mi bastón en tu mano y vete; si te encuentras con alguien no le saludes, y y si alguien te saluda no le respondas, y pon mi bastón sobre la cara del niño". Pero la madre del niño dijo: "Vive Yahveh y vive tu alma, que no te dejaré". El pues, se levantó y se fue tras ella.

Guejazí había partido antes que ellos y había colocado el bastón sobre la cara del niño, pero no tenía voz ni señales de vida, de modo que se volvió a su encuentro y le manifestó: "El niño no se despierta". Llegó Eliseo a la casa; el niño muerto estaba acostado en su lecho. Entró y cerró la puerta tras de ambos, y oró a Yahveh. Subió luego y se acostó sobre el niño, y puso su boca sobre la boca de él, sus ojos sobre los ojos, sus manos sobre las manos, se recostó sobre él y la carne del niño entró en calor. Se puso a caminar por la casa de un lado para otro, volvió a subir y a recostarse sobre él hasta siete veces y el niño estornudó y abrió sus ojos. Llamó a Guejazí y le dijo: "Llama a la sunamita". La llamó y ella llegó donde él. Dijo él: "Toma tu hijo". Entró ella y, cayendo a sus pies, se postró en tierra y salió llevándose a su hijo.

«Cuando Eliseo se volvió a Guilgal había

hambre en el país. La comunidad de los profetas estaba sentada ante él y dijo a su criado: "Toma la olla grande y pon a cocer potaje para los profetas". Uno de ellos salió al campo a recoger hierbas comestibles; encontró una viña silvestre y recogió una especie de calabazas silvestres hasta llenar su vestido; fue y las cortó en pedazos en la olla del potaje, pues no sabía lo que era. Lo sirvieron después para que comieran los hombres y, cuando estaban comiendo, comenzaron a gritar diciendo: "¡La muerte en la olla, hombre de Dios!". Y no pudieron comer. El dijo: "Traedme harina", y la echó en la olla. Dijo: "Repartid entre la gente". Comieron y no había nada malo en la olla.

«Vino un hombre de Baal Salisa y llevó al hombre de Dios primicias de pan, veinte panes de cebada y grano fresco en espiga; y dijo Eliseo: "Dáselo a la gente para que coman". Su servidor dijo: "¿Cómo voy a dar esto a cien hombres?". El dijo: "Dáselo a la gente para que coman, porque así dice Yahveh: Comerán y sobrará". Se lo dio, comieron y dejaron de sobra, según la palabra de Yahveh.» (II Reyes 4:1-44)

Más obras de Eliseo

«Los profetas dijeron a Eliseo: "Mira, el lugar en que habitamos a tu lado, es estrecho para nosotros. Vayamos al Jordán y tomemos allí cada uno una viga, y nos haremos allí un lugar para habitar en él". Dijo: "Id". Uno de ellos dijo: "Dígnate venir con tus siervos". Dijo él: "Iré". Se fue con ellos y llegando al Jordán se pusieron a cortar los árboles. Estaba uno derribando una viga cuando el hierro se cayó al agua y gritó diciendo: "¡Ay, mi señor, que era prestado!" El hombre de Dios dijo: "¿Dónde ha caído?". Y le mostró el sitio. Entonces cortó un trozo de madera y lo arrojó allí, y sacó el hierro a flote. Dijo: "Hazlo subir hacia ti". El extendió su mano y lo agarró.

«El rey de Aram estaba en guerra con Israel y celebró consejo con sus siervos diciendo: "Bajad contra tal plaza". El hombre de Dios envió a decir al rey de Israel: "Ten cuidado de esa plaza, porque los arameos bajan contra ella". El rey de Israel envió gente al lugar que el hombre de Dios le había dicho. El le advertía y el rey estaba allí alerta, y no una ni dos veces. El corazón del rey de Aram se inquietó por este hecho, y llamando a sus oficiales les dijo: "¿No me vais a descubrir quién nos traiciona ante el rey de Israel?". Uno de los oficiales dijo: "No, rey mi señor, sino que Eliseo, el profeta que hay en Israel, ha avisado al rey de Israel de las palabras que has dicho en el interior de tu dormitorio". El dijo: "Id y ved dónde está y enviaré a prenderlo". Se le avisó diciendo: "Está en Dotán". Y mandó allí caballos, carros y un fuerte destacamento, que llegaron por la noche y cercaron la ciudad. Al día siguiente se levantó el criado del hombre de Dios para salir, pero el destacamento rodeaba la ciudad, con caballos y carros, y su criado le dijo: "¡Ay, mi señor!, ¿qué vamos a hacer?". El respondió: "No temas, que hay más con nosotros que con ellos". Oró Eliseo y dijo: "Yahveh, abre sus ojos para que vea". Abrió Yahveh los ojos del criado y vio que la montaña estaba llena de caballos y carros de fuego en torno a Eliseo. Bajaron hacia él los arameos y entonces Eliseo suplicó a Yahveh diciendo: "Deslumbra a esas gentes". Y las deslumbró según la palabra de Eliseo. Eliseo les dijo: "No es éste el camino y no es ésta la ciudad. Venid detrás de mí y os llevaré donde el hombre que buscáis". Y los llevó a Samaría. Cuando entraron en Samaría, Eliseo dijo: "Yahveh, abre sus ojos para que vean". Abrió Yahveh sus ojos y vieron que estaban dentro de Samaría. Cuando el rey de Israel los vio dijo a Eliseo: "¿Los mato, padre mío?". El respondió: "No los mates. ¿Acaso a los que haces cautivos con tu espada y con tu arco los matas? Pon ante ellos pan y agua para que coman y beban y se vuelvan a su señor". Les sirvió un gran banquete, comieron, bebieron y los despidió, y se fueron a su señor, y las bandas de Aram no volvieron a entrar en la tierra de Israel.

«Sucedió después de esto que Ben Hadad, rey de Aram, reunió todas sus tropas y subió y puso sitio a Samaría. Hubo gran hambre en Samaría; y tanto la apretaron que una cabeza de asno valía ochenta siclos de plata, y un par de cebollas silvestres cinco siclos de plata. Pasaba el rey de Israel por la muralla cuando una mujer clamó a él diciendo: "Sálvame, rey mi señor!» Respondió: "Si Yahveh no te salva, ¿con qué puedo salvarte yo? ¿Con la era o con el lagar?". Díjole el rey: "¿Qué te ocurre?". Ella respondió: "Esta mujer me dijo: "Trae a tu hijo y lo comeremos hoy; y el mío lo comeremos mañana". Cocimos a mi hijo y nos lo comimos; al otro día le dije: "Trae tu hijo y lo comeremos", pero ella lo ha escondido". Cuando el rey oyó las palabras de la mujer desgarró sus vestidos; como pasaba sobre la muralla, el pueblo vio que llevaba sayal a raíz de su carne. Dijo: "Esto me haga el señor y esto me añada si hoy le queda la cabeza sobre los hombros a Eliseo, hijo de Safat".

Estaba Eliseo sentado en su casa y los ancianos estaban sentados con él. El rey envió un hombre por delante, pero antes que llegara el mensajero a donde él, dijo él a los ancianos: "Habéis visto que este hijo de asesino ha mandado cortar mi cabeza. Mirad, cuando llegue el mensajero, cerrad la puerta y rechazadle con ella. ¿Acaso no se oye tras de él el ruido de los pasos de su señor?". Todavía estaba hablando con ellos cuando el rey bajó al él y dijo: "¡Todo este mal viene de Yahveh! ¿Cómo he de confiar aún en Yahveh?".» (II Reyes 6:1-33)

«Dijo Eliseo: "Escucha la palabra de Yahveh:

Así dice Yahveh: Mañana a esta hora estará la arroba de flor de harina a siclo, y las dos arrobas de cebada a siclo, en la puerta de Samaría". El escudero, sobre cuyo brazo se apoyaba el rey, respondió al hombre de Dios y le dijo: "Aunque Yahveh abriera ventanas en el cielo ¿podría ocurrir tal cosa?". Respondió: "Con tus ojos lo verás, pero no lo comerás".

Cuatro hombres que estaban leprosos se hallaban a la entrada de la puerta y se dijeron uno a otro: "¿Por qué estarnos aquí hasta morir? Si decimos: "vamos a entrar en la ciudad", como hay hambre en ella, allí nos moriremos, y si nos quedamos aquí, moriremos igual. Así que vamos a pasarnos al campamento de Aram; si nos dejan vivir, viviremos, y si no matan, moriremos".

Se levantaron al anochecer para ir al campamento de Aram; llegaron hasta el límite del campamento de Aram y no había allí nadie, porque el Señor había hecho oír en el campamento de Aram estrépito de carros, estrépito de caballos y estrépito de un gran ejército, y se dijeron unos a otros: "El rey de Israel ha tomado a sueldo contra nosotros a los reyes de los hititas y a los reyes de Egipto para que vengan contra nosotros". Se levantaron y huyeron al anochecer abandonando sus tiendas, sus caballos y sus asnos, el campamento tal como estaba, y huyeron para salvar sus vidas.

Aquellos leprosos llegaron al límite del campamento y, entrando en una tienda, comieron, bebieron y se llevaron de allí plata, oro y vestidos, y fueron a esconderlo. Regresaron y entraron en otra tienda y escondieron lo que de allí se llevaron. Se dijeron uno a otro: "No está bien lo que hacemos; hoy es un día de albricias; y si nosotros estamos callados hasta el lucir de la mañana incurriremos en culpa; así pues, vayamos, entremos y anunciémoslo a la casa del rey". Llegaron y llamaron a los guardias de la ciudad y se lo anunciaron diciendo: "Hemos ido al campamento de Aram y no hay nadie, ninguna voz de hombre; sólo los caballos atados, los asnos atados y las tiendas intactas". Llamaron los centinelas y lo comunicaron al interior de la casa del rey. Se levantó el rey de noche y dijo a sus oficiales: "Os voy a decir lo que nos ha hecho Aram; saben que estamos hambrientos, han salido del campamento y se han escondido en el campo pensando: Saldrán de la ciudad, los prenderemos vivos y entraremos en la ciudad". Uno de los oficiales respondió y dijo: "Que se tomen cinco de los caballos restantes, pues les va a pasar lo que a toda la muchedumbre de Israel que ha perecido; y enviémosles para ver". Tomaron dos tiros de caballos y los envió el rey en pos de los arameos diciendo: "Id y ved". Fueron tras ellos hasta el Jordán, y todo el camino estaba lleno de vestidos y objetos que habían arrojado los arameos en su precipitación. Los mensajeros volvieron y se lo comunicaron al rey. Salió el pueblo y saqueó el campamento de Aram; la arroba de flor de harina estaba a siclo y las dos arrobas de cebada a siclo, según la palabra de Yahveh. El rey había puesto de vigilancia a la puerta al escudero en cuyo brazo se apoyaba; pero el pueblo le pisoteó en la puerta y murió, según la palabra del hombre de Dios, cuando el rey bajó donde él.

Sucedió según la palabra del hombre de Dios al rey cuando dijo: "Mañana a esta hora estarán a siclo las dos arrobas de cebada y a siclo la arroba de flor de harina en la puerta de Samaría". Respondió el escudero al hombre de Dios diciendo: "Aunque Yahveh abriera ventanas en el cielo, ¿podría ocurrir tal cosa?". Respondió: "Con tus ojos lo verás, pero no lo comerás". Y así sucedió. El pueblo lo pisoteó en la puerta y murió.» (II Reyes 7:1-20)

Y como estos hechos, hay más. Eliseo no deja de sorprenderme.

Con Eliseo se inicia otra purificación de las que mencionamos un poco más arriba. Otra época de eliminación de dioses falsos y de sus adoradores, pero no por Eliseo, sino porque es claro que ya era tiempo para Dios, nuevamente, de separar, por Dios, la "cizaña del trigo".

Con cada limpieza la situación general se acercaba más a la base necesaria para otro cambio. Pero no nos adelantemos, sigamos viendo la progresión. Cada cosa en su lugar y a su tiempo.

Veamos.

El profeta Eliseo envía a uno de los hijos de los profetas a ungir al rey de Israel que va a desplazar a Ajab.

«El profeta Eliseo llamó a uno de los hijos de los profetas y le dijo: "Ciñe tu cintura y toma este frasco de aceite en tu mano y vete a Ramot de

Galaad. Cuando llegues allí, verás a Jehú, hijo de Josafat, hijo de Nimsí; en llegando, haz que se levante de entre sus compañeros y hazle entrar en una habitación apartada. Tomarás el frasco de aceite y lo derramarás sobre su cabeza diciendo: "Así dice Yahveh: Te he ungido rey de Israel". Abres luego la puerta y huyes sin detenerte".

El joven partió para Ramot de Galaad. Cuando llegó estaban los jefes del ejército sentados y dijo: "Tengo una palabra para ti, jefe". Jehú preguntó: "¿Para quién de nosotros?". Respondió: "Para ti, jefe". Jehú se levantó y entró en la casa; el joven derramó el aceite sobre su cabeza y le dijo: "Así habla Yahveh, Dios de Israel: Te he ungido rey del pueblo de Yahveh, de Israel. Herirás a la casa de Ajab, tu señor, y vengaré la sangre de mis siervos los profetas y la sangre de todos los siervos de Yahveh de mano de Jezabel. Toda la casa de Ajab perecerá y exterminaré a todos los varones de Ajab, libres o esclavos, en Israel. Dejaré la casa de Ajab como la casa de Jeroboam, hijo de Nebat, y como la casa de Basá, hijo de Ajías. Y a Jezabel la comerán los perros en el campo de Yizreel; no tendrá sepultura". Y abriendo la puerta, huyó. Jehú salió a donde los servidores de su señor. Le dijeron: "¿Todo va bien? ¿A qué ha venido a ti ese loco?". Respondió: "Vosotros conocéis a ese hombre y sus palabras". Dijeron: "No es verdad. Dínoslo". Replicó "Esto y esto me ha dicho: Así dice Yahveh: Te he ungido rey de Israel". Se apresuraron a tomar cada uno su manto que colocaron bajo él encima de las gradas; tocaron el cuerno y gritaron: "Jehú es rey". Jehú, hijo de Josafat, hijo de Nimsí, conspiró contra Joram.

«Estaba Joram custodiando Ramot de Galaad, él y todo Israel, contra Jazael, rey de Aram. Pero el rey Joram tuvo que volverse a Yizreel para curarse de las heridas que le habían infligido los arameos en su batalla contra Jazael, rey de Aram. Jehú dijo: "Si éste es vuestro deseo, que no salga de la ciudad ningún fugitivo que ponga en aviso a Yizreel".

Montó Jehú en el carro y se fue a Yizreel, pues Joram estaba acostado allí, y Ocozías, rey de Judá, había bajado a visitar a Joram. El vigía que estaba sobre la torre de Yizreel vio la tropa de Jehú que llegaba y dijo: "Veo una tropa". Dijo Joram: "Que se tome uno de a caballo y se le envíe a su encuentro y pregunte: ¿Hay paz?". Salió el jinete a su encuentro y dijo: "Así dice el rey: ¿Hay paz?". Jehú respondió: "¿Qué te importa a ti la paz? Ponte detrás de mí". El vigía avisó: "El mensajero ha llegado donde ellos, pero no vuelve".

Volvió segunda vez a enviar un jinete que llegó donde ellos y dijo: "Así dice el rey: ¿Hay paz?". Respondió Jehú: "¿Qué te importa a ti la paz? Ponte detrás de mí". El vigía avisó: "Ha llegado a ellos pero no vuelve. Su modo de guiar es el guiar de Jehú, hijo de Nimsí, pues conduce como un loco". Dijo Joram: "Enganchad". Engancharon su carro y salieron Joram, rey de Israel, y Ocozías, rey de Judá, cada uno en su carro, y partieron al encuentro de Jehú. Le encontraron en el campo de Nabot el de Yizreel. Cuando Joram vio a Jehú, preguntó: "¿Hay paz, Jehú?". Respondió: "¿Qué paz mientras duran las prostituciones de tu madre Jezabel y sus muchas hechicerías?". Volvió riendas Joram y huyó diciendo a Ocozías: "Traición, Ocozías". Jehú tensó el arco en su mano y alcanzó a Joram entre los hombros; la flecha le atravesó el corazón y se desplomó en su carro. Jehú dijo a su escudero Bidcar: "Llévale y arrójale en el campo de Nabot de Yizreel, pues recuerda que, cuando yo y tú marchábamos en carro detrás de Ajab, su padre, Yahveh lanzó contra él esta sentencia: "¿Es que no he visto yo ayer la sangre de Nabot y la sangre de sus hijos?, oráculo de Yahveh. Yo le devolveré lo mismo en este campo, oráculo de Yahveh". Así que llévale y arrójale en el campo según la palabra de Yahveh". Viendo esto Ocozías, rey de Judá, huyó por el camino de Bet Haggan; Jehú partió en su persecución diciendo: "¡También a él! ¡Matadle!" Y le hirieron en su carro en la cuesta de Gur, la de Yibleam; se refugió en Meguiddó y murió allí. Sus servidores le llevaron en carro a Jerusalén y le sepultaron en su sepulcro con sus padres en la ciudad de David.

«Ocozías había comenzado a reinar en Judá en el año once de Joram, hijo de Ajab.

«Entró Jehú en Yizreel; habiéndolo oído Jezabel, se puso afeites en los ojos, adornó su cabeza y se asomó a la ventana, y cuando Jehú entraba por la puerta, dijo ella: "¿Todo va bien, Zimrí, asesino de su señor?". Alzó su rostro hacia la ventana y dijo: "¿Quién está conmigo, quién?". Se asomaron hacia él dos o tres eunucos, y él les dijo: "Echadla abajo". La echaron abajo y su sangre salpicó los muros y a los caballos, que la pisotearon. Entró, comió, bebió y dijo: "Ocupaos de esa maldita y enterradla, pues es hija de rey". Fueron a enterrarla y no hallaron de ella más que el cráneo, los pies y las palmas de las manos. Volvieron a comunicárselo y él dijo: "Es la palabra que Yahveh había dicho por boca de su siervo Elías tesbita: "En el campo de Yizreel comerán los perros la carne de Jezabel. El cadáver de Jezabel será como estiércol sobre la superficie del campo, de modo que no se podrá decir: Esta es Jezabel".» (II Reyes 9:1-37)

Jehú mató a todos los hijos de Ajab, el rey destronado, luego fue a Samaría y allí terminó con los restantes hijos de Ajab que habían sobrevivido, en total eran setenta.

Después de esto atrapa a todos los profetas de Baal -el principal ídolo al que adoraban en ese momento-.

«Reunió Jehú a todo el pueblo y les dijo: "Ajab sirvió a Baal un poco, Jehú le servirá mucho, así que llamadme a todos los profetas de Baal, y a todos sus sacerdotes, sin que falte ninguno, porque tengo que hacer un gran sacrificio a Baal; todo el que falte morirá".

Jehú obraba con astucia para hacer perecer a los servidores de Baal. Dijo Jehú: "Convocad una reunión santa para Baal". Ellos la convocaron.

Envió Jehú mensajeros por todo Israel y vinieron todos los siervos de Baal, no quedó nadie sin venir. Entraron en el templo de Baal quedando lleno el templo de punta a cabo. Dijo al encargado del vestuario: "Saca los vestidos para todos los servidores de Baal". El hizo sacar los vestidos para ellos. Jehú vino con Yonadab, hijo de Rekab, al templo de Baal y dijo a los fieles de Baal: "Investigad y ved no haya aquí entre vosotros algún siervo de Yahveh, sino tan sólo siervos de Baal". Y entró para hacer los sacrificios y los holocaustos. Pero Jehú había colocado fuera ochenta hombres y dijo: "El que deje escapar a uno de los hombres que yo voy a entregar en vuestras manos, responderá con su vida".

Cuando hubo acabado de hacer el holocausto, dijo Jehú a la guardia y a los escuderos: "Entrad y matadles. Que nadie salga". La guardia y los escuderos entraron, los pasaron a filo de espada y llegaron hasta el santuario del templo de Baal. Sacaron el cipo del templo de Baal y lo quemaron. Derribaron el altar de Baal, demolieron el templo de Baal, y lo convirtieron en cloaca hasta el día de hoy.

Jehú exterminó a Baal de Israel. Pero Jehú no se apartó de los pecados con que Jeroboam, hijo de Nebat, hizo pecar a Israel, los becerros de oro de Betel y de Dan.

Dijo Yahveh a Jehú: "Porque te has portado bien haciendo lo recto a mis ojos y has hecho a la casa de Ajab según todo lo que yo tenía en mi corazón, tus hijos hasta la cuarta generación se sentarán sobre el trono de Israel". Pero Jehú no guardó el camino de la ley de Yahveh, Dios de Israel, con todo su corazón, no se apartó de los pecados con que Jeroboam hizo pecar a Israel.

«En aquellos días comenzó Yahveh a cercenar a Israel, y Jazael batió todas las fronteras de Israel, desde el Jordán al sol levante, todo el país de Galaad, de los gaditas, de los rubenitas, de Manasés, desde Aroer, sobre el torrente Arnón, Galaad y Basán.
(…)
Se acostó Jehú con sus padres y le sepultaron en Samaría, y su hijo Joacaz reinó en su lugar.
Los días que Jehú reinó sobre Israel fueron veintiocho años en Samaría.» (II Reyes 10:18-36)

***

–¿Cuándo llega Jesús? -pregunta Lautaro-.
–Estos acontecimientos, que acabo de relatarte, se producen aproximadamente en el año ochocientos antes de Cristo, para tener una idea, sólo faltan ochocientos años para que llegue Jesús, el Mesías -le explico.

***

Atalía madre de Ocozías reina en Israel luego de la muerte de éste.
Atalía consigue matar a toda la estirpe de Ocozías, pero Yehoseba, hermana del rey, salva a uno de ellos y lo esconde. Joás es el único príncipe sobreviviente. Al séptimo año, Yehoseba saca a Joás a la luz y en un momento lo unge como rey por encima de Atalía.

«Oyó Atalía el clamor del pueblo y se acercó al

pueblo que estaba en la Casa de Yahveh. Cuando vio al rey de pie junto a la columna, según la costumbre, y a los jefes y las trompetas junto al rey, y a todo el pueblo de la tierra lleno de alegría y tocando las trompetas, rasgó Atalía sus vestidos y gritó: "¡Traición, traición!" El sacerdote Yehoyadá dio orden a los jefes de las tropas diciendo: "Hacedla salir de las filas y el que la siga que sea pasado a espada", porque dijo el sacerdote: "Que no la maten en la Casa de Yahveh". Le echaron mano y, cuando llegó a la casa del rey, por el camino de la Entrada de los Caballos, allí la mataron.

Yehoyadá hizo una alianza entre Yahveh, el rey y el pueblo, para ser pueblo de Yahveh; y entre el rey y el pueblo. Fue todo el pueblo de la tierra al templo de Baal y lo derribó. Destrozaron sus altares y sus imágenes, y mataron ante los altares a Matán, sacerdote de Baal. El sacerdote puso centinelas en la Casa de Yahveh, y después tomó a los jefes de cien, a los carios y a la guardia y a todo el pueblo de la tierra, e hicieron bajar al rey de la Casa de Yahveh y entraron a la casa del rey por el camino de la guardia, y se sentó en el trono de los reyes. Todo el pueblo de la tierra estaba contento y la ciudad quedó tranquila; en cuanto a Atalía, había muerto a espada en la casa del rey.» (II Reyes 11:13-20)

Continuaron los cambios de reyes y los pequeños ajustes. En este lapso los israelitas seguían realizando ofrendas y altares a dioses falsos. Lo mismo ocurría también en Judá.

19
LA DEPORTACIÓN
EXTRANJEROS
EN TIERRA EXTRAÑA

En el año 720, el rey de Asiria conquista Samaría y deporta a los israelitas a Asiria en Jalaj.

¿Cuáles son las connotaciones de esta deportación?, ¿y cómo afectó a los otros cultos, a los cultos de "los otros"?

«Sucedió que, cuando comenzaron a establecerse allí, no veneraban a Yahveh, y Yahveh envió contra ellos leones que mataron a muchos. Entonces dijeron al rey de Asiria: "Las gentes que has hecho deportar para establecerlas en las ciudades de Samaría no conocen el culto del dios de la tierra, y ha enviado contra ellos leones que los matan, porque ellos no conocen el culto del dios de la tierra".

«El rey de Asiria dio esta orden: "Haced partir allá a uno de los sacerdotes que deporté de allí; que vaya y habite allí y les enseñe el culto del dios de la tierra". Vino entonces uno de los sacerdotes deportados de Samaría, se estableció en Betel y les enseñó cómo debían reverenciar a Yahveh. Pero cada nación se hizo sus dioses y los pusieron en los templos de los altos que habían hecho los samaritanos, cada nación en las ciudades que habitaba. Las gentes de Babilonia hicieron un Sukkot Benot, las gentes de Kutá hicieron un Nergal, las gentes de Jamat hicieron un Asimá, los avitas hicieron un Nibjaz y un Tartaq y los sefarvitas quemaban a sus hijos en honor de Adrammélek y Anammélek, dioses de los sefarvitas.

Veneraban también a Yahveh y se hicieron sacerdotes en los altos, tomados de entre ellos, que oficiaban por ellos en los templos de los altos.

Reverenciaban a Yahveh y servían a sus dioses según el rito de las naciones de donde habían sido deportados.» (II Reyes 17:25-33)

Intentemos ubicarnos allí en Asiria, en ese lugar y en ese tiempo.

El rey conquista un nuevo territorio y llegan del extranjero los habitantes para esa tierra.

Esos recién llegados eran "los famosos" israelitas, los que habían salido de Egipto, los que habían herido a Egipto con diez plagas, los que tenían un sólo dios; no eran "cualquiera", no eran un pueblo más de los que habitaban el desierto.

Me imagino que los asirios, al conocerlos, dirían: "¿así que ustedes son los israelitas?", "¿así que ustedes son los que cruzaron el mar caminando?". Seguramente escucharían con gran interés las historias sobre lo que el dios de Israel había hecho.

Para colmo sucede que los leones se comen a la gente y el rey comprende, de alguna manera, que es un tema de Dios, y que debía solucionarse inmediatamente.

Es interesante este punto, ya que, ni los envían de vuelta, ni los matan, todo lo contrario, mandan a buscar a uno de los sacerdotes para que les enseñe el culto a Yahveh; exacto, justamente, justamente lo que tenían que hacer...

La diáspora[27] está cumpliendo su función, lleva el culto de Yahveh a otros lugares y con Él el monoteísmo. Por supuesto, no cualquier monoteísmo, sino el monoteísmo del dios del pueblo elegido.

En esa época asume el reinado de Judá, Ezequías.

«En el año tercero de Oseas, hijo de Elá, rey de Israel, comenzó a reinar Ezequías, hijo de Ajaz, rey de Judá. Tenía veinticinco años cuando comenzó a reinar y reinó veintinueve años en Jerusalén; el nombre de su madre era Abía, hija de Zacarías.

Hizo lo recto a los ojos de Yahveh enteramente como David su padre.

El fue quien quitó los altos, derribó las estelas, cortó los cipos y rompió la serpiente de bronce que había hecho Moisés, porque los israelitas le habían quemado incienso hasta aquellos días; se la llamaba Nejustán.

Confió en Yahveh, Dios de Israel. Después de él no le ha habido semejante entre todos los reyes de Judá, ni tampoco antes.

Se apegó a Yahveh y no se apartó de él; guardó los mandamientos que Yahveh había mandado a Moisés.

Yahveh estuvo con él y tuvo éxito en todas sus

---

27   Diáspora (griego: diasporá, dispersión) es la dispersión de grupos étnicos o religiosos que han abandonado su lugar de procedencia originaria y que se encuentran repartidos por el mundo, viviendo entre personas que no son de su condición. Usualmente se ha empleado el término para referirse al exilio judío fuera de la Tierra de Israel y la posterior dispersión de este pueblo en todo el mundo

empresas; se rebeló contra el rey de Asiria y no le sirvió.

El batió a los filisteos hasta Gaza y sus fronteras, desde las torres de guardia hasta las ciudades fortificadas.» (II Reyes 18:1-8)

El rey de Asiria iba a invadir Judá, luego de haber conquistado a Israel. Cuando Ezequías ve que ya no hay nada que hacer frente a ese ejército ruega a Yahveh por ayuda, Dios lo escucha y lo libra de este asedio.

El rey de Asiria envía un mensajero para amenazarlos y les hace saber que no van a tener clemencia con ellos.

«Cuando lo oyó el rey Ezequías desgarró sus vestidos, se cubrió de sayal y se fue a la Casa de Yahveh.

Envió a Elyaquim, mayordomo, a Sebná, secretario, y a los sacerdotes ancianos cubiertos de sayal, donde el profeta Isaías, hijo de Amós. Ellos le dijeron: "Así habla Ezequías: Este día es día de angustia, de castigo y de vergüenza. Los hijos están para salir del seno, pero no hay fuerza para dar a luz. ¿No habrá oído Yahveh tu Dios, todas las palabras del copero mayor al que ha enviado el rey de Asiria su señor, para insultar al Dios vivo? ¿No castigará Yahveh tu Dios, las palabras que ha oído? ¡Dirige una plegaria en favor del resto que aún queda!"

Cuando los siervos del rey Ezequías llegaron donde Isaías, éste les dijo: "Así diréis a vuestro señor: Esto dice Yahveh: No tengas miedo por las palabras que has oído, con las que me insultaron los criados del rey de Asiria. Voy a poner en él un espíritu, oirá una noticia y se volverá a su tierra, y en su tierra yo le haré caer a espada".

El copero mayor se volvió y encontró al rey de Asiria atacando a Libná, pues había oído que había partido de Lakís, porque había recibido esta noticia acerca de Tirhacá, rey de Kus: "Mira que ha salido a guerrear contra ti".

Volvió a enviar mensajeros para decir a Ezequías: "Así hablaréis a Ezequías, rey de Judá: No te engañe tu Dios en el que confías pensando: "No será entregada Jerusalén en manos del rey de Asiria". Bien has oído lo que los reyes de Asiria han hecho a todos los países, entregándolos al anatema, ¡y tú te vas a librar! ¿Acaso los dioses de las naciones salvaron a aquellos que mis padres aniquilaron, a Gozán, a Jarán, a Résef, a los edenitas que estaban en Tel Basar? ¿Dónde está el rey de Jamat, el rey de Arpad, el rey de Laír, de Sefarváyim, de Hená y de Ivvá?".

Ezequías tomó la carta de manos de los mensajeros y la leyó. Luego subió a la Casa de Yahveh y Ezequías la desenrolló ante Yahveh.

Hizo Ezequías esta plegaria ante Yahveh: "Yahveh, Dios de Israel, que estás sobre los Querubines, tú sólo eres Dios en todos los reinos de la tierra, tú el que has hecho los cielos y la tierra.

¡Tiende, Yahveh, tu oído y escucha; abre, Yahveh, tus ojos y mira! Oye las palabras con que Senaquerib ha enviado a insultar al Dios vivo.

Es verdad, Yahveh, que los reyes de Asiria han exterminado las naciones y han entregado sus dioses al fuego, porque ellos no son dioses, sino hechuras de mano de hombre, de madera y de piedra, y por eso han sido aniquilados. Ahora pues, Yahveh, Dios nuestro, sálvanos de su mano, y sabrán todos los reinos de la tierra que sólo tú eres Dios, Yahveh".

Isaías, hijo de Amós, envió a decir a Ezequías: "Así dice Yahveh, Dios de Israel: He escuchado tu plegaria acerca de Senaquerib, rey de Asiria. Esta es la palabra que Yahveh pronuncia contra él: Ella te desprecia, ella te hace burla, la virgen hija de Sión. Mueve la cabeza a tus espaldas, la hija de Jerusalén. ¿A quién has insultado y blasfemado? ¿Contra quién has alzado tu voz y levantas tus ojos altaneros? ¡Contra el Santo de Israel! Por tus mensajeros insultas a Adonay y dices: Con mis muchos carros subo a las cumbres de los montes a las laderas del Líbano, derribo la altura de sus cedros, la flor de sus cipreses, alcanzo el postrer de sus refugios, su jardín del bosque. Yo he cavado y bebido en extranjeras aguas. Secaré bajo la planta de mis pies todos los Nilos del Egipto. ¿Lo oyes bien? Desde antiguo lo tengo preparado; desde viejos días lo había planeado. Ahora lo ejecuto. Tú convertirás en cúmulos de ruinas las fuertes ciudades. Sus habitantes, de débiles manos, confusos y aterrados, son plata del campo, verdor de hierba, hierba de tejados, pasto quemado por el viento de Oriente. Si te alzas o te sientas, si sales o entras, estoy presente y lo sé. Pues que te alzas airado contra mí y tu arrogancia ha subido a mis oídos, voy a poner mi anillo en tus narices, mi brida en tu boca, y voy a devolverte por la ruta por la que has venido. La señal será ésta: Este año se comerá lo que rebrote, lo que nazca de sí al año siguiente. Al año tercero sembrad y segad, plantad las viñas y comed su fruto. El resto que se salve de la casa de Judá echará raíces por debajo y frutos en lo alto. Pues saldrá un Resto de Jerusalén, y supervivientes del monte Sión; el celo de Yahveh Sebaot lo hará. Por eso, así dice Yahveh al rey de Asiria: No entrará en esta ciudad. No lanzará flechas en ella. No le opondrá escudo, ni alzará en contra de ella empalizada. Volverá por la ruta que ha traído. No entrará en esta ciudad. Palabra de Yahveh. Protegeré a esta ciudad para salvarla, por quien soy y por mi siervo David.

Aquella misma noche salió el Ángel de Yahveh e hirió en el campamento asirio a 185.000 hombres; a la hora de despertarse, por la mañana, no había más que cadáveres. Senaquerib, rey de Asiria, partió y, volviéndose, se quedó en Nínive. Y sucedió que estando él postrado en el templo de su dios Nisrok, sus hijos Adrammélek y Saréser le mataron a espada y se pusieron a salvo en el país de Ararat. Su hijo Asarjaddón reinó en su lugar.» (II Reyes 19:1-37)

Muy interesante lo de: "desde viejos días lo había planeado. Ahora lo ejecuto"...

Es evidente que el mecanismo de avance y retroceso es parte de la maquinaria de Dios.

Los ciclos de limpieza-calma/distracción-limpieza continúan.

Luego de Ezequías, reina Manasés quien vuelve a generar

las condiciones para que los adoradores de falsos dioses e idólatras regresen y regresen con más bríos.

«Manasés tenía doce años cuando comenzó a reinar, y reinó 55 años en Jerusalén; el nombre de su madre era Jefsí Baj.

Hizo el mal a los ojos de Yahveh según las abominaciones de las gentes que Yahveh había expulsado delante de los israelitas.

Volvió a edificar los altos que había destruido su padre Ezequías, alzó altares a Baal e hizo un cipo como lo había hecho Ajab, rey de Israel; se postró ante todo el ejército de los cielos y les sirvió.

Construyó altares en la Casa de la que Yahveh había dicho: "En Jerusalén pondré mi Nombre".

Edificó altares a todo el ejército de los cielos en los dos patios de la Casa de Yahveh. Hizo pasar a su hijo por el fuego; practicó los presagios y los augurios, hizo traer los adivinos y nigromantes, haciendo mucho mal a los ojos de Yahveh y provocando su cólera.

Colocó el ídolo de Aserá, que había fabricado, en la Casa de la que dijo Yahveh a David y Salomón su hijo: "En esta Casa y en Jerusalén, que he elegido de entre todas las tribus de Israel, pondré mi Nombre para siempre. No haré errar más los pasos de Israel fuera de la tierra que di a sus padres, con tal que procuren hacer según todo lo que les he mandado y según toda la Ley que les ordené por mi siervo Moisés". Pero no han escuchado, y Manasés los ha extraviado para que obren el mal más que las naciones que había aniquilado Yahveh delante de los israelitas. Entonces habló Yahveh por boca de sus siervos, los profetas, diciendo: "Porque Manasés, rey de Judá, ha hecho estas abominaciones, haciendo el mal más que cuanto hicieron los amorreos antes de él, haciendo que también Judá pecase con sus ídolos, por eso, así habla Yahveh, Dios de Israel: Voy a hacer venir sobre Jerusalén y Judá un mal tan grande que a quienes lo oyeren les zumbarán los oídos. Extenderé sobre Jerusalén la cuerda de Samaría y el nivel de la casa de Ajab, y fregaré a Jerusalén como se friega un plato, que se le vuelve del revés después de fregado. Arrojaré el resto de mi heredad y los entregaré en manos de sus enemigos; serán presa y botín de todos sus enemigos, porque hicieron lo que es malo a mis ojos y me han irritado desde el día en que sus padres salieron de Egipto hasta este día".

Manasés derramó también sangre inocente en tan gran cantidad que llenó a Jerusalén de punta a cabo, aparte del pecado que hizo cometer a Judá haciendo lo que es malo a los ojos de Yahveh.

(…)

Manasés se acostó con sus padres y fue sepultado en el jardín de su casa, en el jardín de Uzzá, y reinó en su lugar su hijo Amón.

Amón tenía veintidós años cuando comenzó a reinar y reinó dos años en Jerusalén; el nombre de su madre era Mesullémet, hija de Jarús de Yotbá.

Hizo el mal a los ojos de Yahveh como había hecho su padre Manasés.

Caminó enteramente por el camino que siguió su padre, sirvió a los ídolos a los que sirvió su padre y se postró ante ellos.

Abandonó a Yahveh, Dios de sus padres, y no anduvo por el camino de Yahveh.

Los siervos de Amón se conjuraron contra él y mataron al rey en su casa.

Mató el pueblo de la tierra a todos los conjurados contra el rey Amón, y el pueblo de la tierra proclamó rey en su lugar a su hijo Josías.

(…)

Le sepultaron en su sepulcro, en el jardín de Uzzá, y reinó en su lugar su hijo Josías.» (II Reyes 21:1-26)

Estos sucesos se desarrollan cerca del año 600 a.C. (seiscientos antes de Cristo), nuevamente se avecina otra limpieza.

«Josías tenía ocho años cuando comenzó a reinar y reinó 31 años en Jerusalén; el nombre de su madre era Yedidá, hija de Adías, de Boscat.

Hizo lo recto a los ojos de Yahveh y anduvo enteramente por el camino de David su padre, sin apartarse ni a la derecha ni a la izquierda.» (II Reyes 22:1-2)

«El rey ordenó a Jilquías, al segundo de los sacerdotes y a los encargados del umbral que sacaran del santuario de Yahveh todos los objetos que se habían hecho para Baal, para Aserá y para todo el ejército de los cielos; los quemó fuera de Jerusalén en los yermos del Cedrón y llevó sus cenizas a Betel.

Suprimió los sacerdotes paganos que pusieron los reyes de Judá y que quemaban incienso en los altos, en las ciudades de Judá y en los contornos de Jerusalén, a los que ofrecían incienso a Baal, al sol, a la luna, a los astros celestes y a todo el ejército de los cielos.

Sacó la Aserá de la Casa de Yahveh fuera de Jerusalén, al torrente Cedrón, la quemó allí en el torrente Cedrón, la redujo a cenizas y arrojó las cenizas a las tumbas de los hijos del pueblo.

Derribó las casas de los consagrados a la prostitución que estaban en la Casa de Yahveh y donde las mujeres tejían velos para Aserá.

Hizo venir a todos los sacerdotes de las ciudades de Judá y profanó los altos donde quemaban incienso, desde Gueba hasta Berseba.

Derribó los altos de las puertas que estaban a la entrada de la puerta de Josué, gobernador de la ciudad, a la izquierda según se pasa la puerta de la ciudad. Con todo, los sacerdotes de los altos no podían acercarse al altar de Yahveh en Jerusalén, aunque comían los panes ázimos en medio de sus hermanos.

Profanó el Tofet del valle de Ben Hinnom, para que nadie hiciera pasar por el fuego a su hijo o a su hija en honor de Mólek.

Suprimió los caballos que los reyes de Judá habían dedicado al Sol, a la entrada de la Casa de Yahveh, cerca de la habitación del eunuco Netán Mélek, en las dependencias, y quemó el carro del Sol. Los altares que estaban sobre el terrado de la habitación superior de Ajaz, que hicieron los reyes de Judá, y los altares que hizo Manasés en los dos patios de la Casa de Yahveh, el rey los derribó, los rompió allí y arrojó sus cenizas al torrente Cedrón.

El rey profanó los altos que estaban frente a Jerusalén, al sur del Monte de los Olivos, que Salomón, rey de Israel, había construido a Astarté, monstruo abominable de los sidonios, a Kemós, monstruo abominable de Moab, y a Milkom, abominación de los amonitas.

Rompió las estelas, cortó los cipos y llenó sus emplazamientos de los huesos humanos. También el altar que había en Betel y el alto que hizo Jeroboam, hijo de Nebat, el que hizo pecar a Israel, derribó este altar y este alto, rompió las piedras, las redujo a polvo, y quemó el cipo.

Volvió la cabeza Josías y vio los sepulcros que habían allí en la montaña; mandó tomar los huesos de las tumbas y los quemó sobre el altar, profanándolo, y cumpliéndose así la palabra de Yahveh que había dicho al hombre de Dios cuando Jeroboam estaba en pie junto al altar durante la fiesta.

(…)

También hizo desaparecer Josías todos los templos de los altos de las ciudades de Samaría que hicieron los reyes de Israel, irritando a Yahveh, e hizo con ellos enteramente como había hecho en Betel.

Inmoló sobre los altares a todos los sacerdotes de los altos que se encontraban allí y quemó sobre ellos huesos humanos. Y se volvió a Jerusalén.

El rey dio esta orden a todo el pueblo: "Celebrad la Pascua en honor de Yahveh, vuestro Dios, según está escrito en este libro de la alianza". No se había celebrado una Pascua como está desde los días de los Jueces que habían juzgado a Israel, ni en los días de los reyes de Israel y de los reyes de Judá. Tan sólo en el año dieciocho del rey Josías se celebró una Pascua así en honor de Yahveh en Jerusalén. También los nigromantes y los adivinos, los terafim y los ídolos y todos los monstruos abominables que se veían en la tierra de Judá y en Jerusalén, fueron eliminados por Josías, para poner en vigor las palabras de la Ley escritas en el libro que encontró el sacerdote Jilquías en la Casa de Yahveh.

«No hubo antes de él ningún rey que se volviera como él a Yahveh, con todo su corazón, con toda su alma y con toda su fuerza, según toda la ley de Moisés, ni después de él se ha levantado nadie como él. Sin embargo, Yahveh no se volvió del ardor de su gran cólera que se había encendido contra Judá por todas las irritaciones con que le había irritado Manasés. Yahveh había dicho: "También a Judá apartaré de mi presencia, como he apartado a Israel, y rechazaré a esta ciudad que había elegido, a Jerusalén y a la Casa de que había dicho: Mi Nombre estará en ella".» (II Reyes 23:4-27)

Los reyes se suceden y al fin llegan las tropas de Nabucodonosor, rey de Babilonia, quien, conquista Judá y deporta a todos aquellos que ostentaban algún rango y a los adinerados, allí permanecen sólo los pobres.

> «Al pueblo que quedó en la tierra de Judá y que había dejado Nabucodonosor, rey de Babilonia, le puso por gobernador a Godolías, hijo de Ajicam, hijo de Safán.
>
> Todos los jefes de tropas y sus hombres oyeron que el rey de Babilonia había puesto por gobernador a Godolías y fueron donde Godolías a Mispá: Ismael, hijo de Netanías, Yojanán, hijo de Caréaj, Seraías, hijo de Tanjumet el netofita, Yaazanías de Maaká, ellos y sus hombres.
>
> Godolías les hizo un juramento, a ellos y a sus hombres, y les dijo: "No temáis nada de los siervos de los caldeos, quedaos en el país y servid al rey de Babilonia, y os irá bien". Pero en el mes séptimo, Ismael, hijo de Netanías, hijo de Elisamá, que era de linaje real, vino con diez hombres e hirieron de muerte a Godolías, así como a los judíos y caldeos que estaban con él, en Mispá. Entonces todo el pueblo, desde el más pequeño al más grande, y los jefes de tropas se levantaron y se fueron a Egipto, porque tuvieron miedo de los caldeos.» (II Reyes 25:22-26)

En el siguiente párrafo del Libro Segundo de las Crónicas, se puede apreciar un resumen de los hechos desde Nabucodonosor hasta Ciro de Persia.

> «Yoyaquim tenía veinticinco años cuando comenzó a reinar, y reinó once años en Jerusalén.
>
> Hizo el mal a los ojos de Yahveh su Dios.
>
> Nabucodonosor, rey de Babilonia, subió contra él y le ató con cadenas de bronce para condu-

cirle a Babilonia.

Nabucodonosor llevó también a Babilonia algunos objetos de la Casa de Yahveh que depositó en su santuario, en Babilonia. El resto de los hechos de Yoyaquim, las abominaciones que cometió y todo lo que le sucedió, está escrito en el libro de los reyes de Israel y de Judá. En su lugar reinó su hijo Joaquín.

Joaquín tenía ocho años cuando empezó a reinar, y reinó tres meses y diez días en Jerusalén; hizo el mal a los ojos de Yahveh.

A la vuelta de un año mandó el rey Nabucodonosor que le llevasen a Babilonia, juntamente con los objetos más preciosos de la Casa de Yahveh, y puso por rey en Judá y Jerusalén a Sedecías, hermano de Joaquín.

Sedecías tenía veintiún años cuando comenzó a reinar, y reinó once años en Jerusalén. Hizo el mal a los ojos de Yahveh su Dios, y no se humilló ante el profeta Jeremías que le hablaba por boca de Yahveh. También él se rebeló contra el rey Nabucodonosor, que le había hecho jurar por Dios; endureció su cerviz y se obstinó en su corazón, en vez de volverse a Yahveh, el Dios de Israel. Del mismo modo, todos los jefes de los sacerdotes y el pueblo multiplicaron sus infidelidades, según todas las costumbres abominables de las gentes, y mancharon la Casa de Yahveh, que él se había consagrado en Jerusalén.

Yahveh, el Dios de sus padres, les envió desde el principio avisos por medio de sus mensajeros, porque tenía compasión de su pueblo y de su Morada. Pero ellos se burlaron de los mensajeros de Dios, despreciaron sus palabras y se mofaron de sus profetas, hasta que subió la ira de Yahveh contra su pueblo a tal punto que ya no hubo remedio. Entonces hizo subir contra ellos al rey de los caldeos, que mató a espada a los mejores en la Casa de su santuario, sin perdonar a joven ni a doncella, a viejo ni a canoso; a todos los entregó Dios en su mano. Todos los objetos de la Casa de Dios, grandes y pequeños, los tesoros de la Casa de Yahveh y los tesoros del rey y de sus jefes, todo se lo llevó a Babilonia. Incendiaron la Casa de Dios y derribaron las murallas de Jerusalén: pegaron fuego a todos sus palacios y destruyeron todos sus objetos preciosos. Y a los que escaparon de la espada los llevó cautivos a Babilonia, donde fueron esclavos de él y de sus hijos hasta el advenimiento del reino de los persas; para que se cumpliese la palabra de Yahveh, por boca de Jeremías: "Hasta que el país haya pagado sus sábados, descansará todos los días de la desolación, hasta que se cumplan los setenta años".

En el año primero de Ciro, rey de Persia, en cumplimiento de la palabra de Yahveh, por boca de Jeremías, movió Yahveh el espíritu de Ciro, rey de Persia, que mandó publicar de palabra y por escrito en todo su reino: "Así habla Ciro, rey de Persia: Yahveh, el Dios de los cielos, me ha dado todos los reinos de la tierra. El me ha encargado que le edifique una Casa en Jerusalén, en Judá. Quien de entre vosotros pertenezca a su pueblo, ¡sea su Dios con él y suba!"» (II Crónicas 36:5-23)

La "onda expansiva", podríamos decir, del pueblo elegido ya había llegado bastante más allá y "los otros", aun los más alejados, ya conocían a Yahveh.

Para ubicarnos, el imperio persa ocupó lo que hoy sería: nor-oeste de África sobre el mar Mediterráneo, parte de Egipto sobre el Nilo, Jordania e Israel, -donde estaban originalmente los israelitas-, Turquía, Siria, Bulgaria, Rumania, Irán, Afganistán, y Pakistán, aproximadamente.

El sistema había funcionado, obviamente, y la maquinaria de Yahveh expandía los horizontes del Dios del pueblo elegido:

Esta frase lo resume: "*Así habla Ciro, rey de Persia: Yahveh, el Dios de los cielos, me ha dado todos los reinos de la tierra. El me ha encargado que le edifique una Casa en Jerusalén, en Judá. Quien de entre vosotros pertenezca a su pueblo, ¡sea su Dios con él y suba!*»

– ¿El rey de Persia?, ¿eso dijo el rey de Persia? -pregunta Lautaro.

– Sí, exactamente, así fue…

En el 500 AC (quinientos antes de Cristo), aproximadamente, los israelitas, de las tribus de Israel, y los judíos, de la tribu de Judá, habían iniciado el retorno desde el exilio.

20
EL REGRESO A CASA LUEGO DE UN TRABAJO BIEN HECHO

«En el año primero de Ciro, rey de Persia, en cumplimiento de la palabra de Yahveh, por boca de Jeremías, movió Yahveh el espíritu de Ciro, rey de Persia, que mandó publicar de palabra y por escrito en todo su reino:

"Así habla Ciro, rey de Persia: Yahveh, el Dios de los cielos, me ha dado todos los reinos de la tierra. El me ha encargado que le edifique una Casa en Jerusalén, en Judá. Quien de entre vosotros pertenezca a su pueblo, sea su Dios con él. Suba a Jerusalén, en Judá, a edificar la Casa de Yahveh, Dios de Israel, el Dios que está en Jerusalén. A todo el resto del pueblo, donde residan, que las gentes del lugar les ayuden proporcionándoles plata, oro, hacienda y ganado, así como ofrendas voluntarias para la Casa de Dios que está en Jerusalén".

Entonces los cabezas de familia de Judá y Benjamín, los sacerdotes y los levitas, todos aquellos cuyo ánimo había movido Dios, se pusieron en marcha para subir a edificar la Casa de Yahveh en Jerusalén; y todos sus vecinos les proporcio-

> naron toda clase de ayuda: plata, oro, hacienda, ganado, objetos preciosos en cantidad, además de toda clase de ofrendas voluntarias.
>
> El rey Ciro mandó tomar los utensilios de la Casa de Yahveh que Nabucodonosor se había llevado de Jerusalén y había depositado en el templo de su dios. Ciro, rey de Persia, los puso en manos del tesorero Mitrídates, el cual los contó para entregárselos a Sesbassar, el príncipe de Judá. Este es el inventario: fuentes de oro: 30; fuentes de plata: 1.000; reparadas: 29; copas de oro: 30; copas de plata: 1.000; estropeadas: 410; otros utensilios: 1.000. Total de los utensilios de oro y plata: 5.400. Todo esto se lo llevó Sesbassar cuando se permitió a los deportados volver de Babilonia a Jerusalén.» (Esdras 1:1-11)

No sólo los devuelven a su lugar, sino que, además, les dan dinero, hacienda y ganado... ¿no sería demasiado?...

Al regresar, muchos ya no estaban en los registros que llevaban los israelitas, por lo tanto, quedaron excluidos de determinadas tareas.

Esto es muy importante, ya que lo que se buscaba era mantener la cadena sanguínea sin que se cortara.

> «Estas son las personas de la provincia que regresaron del cautiverio, aquellas que había deportado a Babilonia Nabucodonosor, rey de Babilonia, y que volvieron a Jerusalén y Judá, cada uno a su ciudad.
>
> Vinieron con Zorobabel, Josué, Nehemías, Seraías, Reelaías, Najamaní, Mardoqueo, Bilsán, Mispar, Bigvay, Rejum, Baaná. Lista de los hom-

bres del pueblo de Israel: (...) Y entre los sacerdotes: los hijos de Jobayías, los hijos de Haqcós, los hijos de Barzillay -el cual se había casado con una de las hijas de Barzillay el gaaladita, cuyo nombre adoptó-.

Estos investigaron en su registro genealógico, pero no figuraban, por lo cual se les excluyó del sacerdocio como ilegítimos, y el Gobernador les prohibió comer de las cosas sacratísimas hasta que no se presentara un sacerdote para el Urim y el Tummim.» (Esdras 2:1-63)

También podemos observar que los deportados que regresaban se acercaron a Dios como en otras épocas; íbamos hacia delante nuevamente en este permanente ciclo de avances-retrocesos.

En ese momento, junto con ellos convivían los invasores persas que habían quedado en las ciudades luego de la invasión. Estos, al ver que los israelitas estaban reconstruyendo las ciudades, las fortificaciones y los templos, avisan a su rey para que les indicara qué hacer, pues temían una insurrección.

Ante esta situación, el rey de Persia les ordena detener la reconstrucción de las fortalezas; pero, luego de analizar los antecedentes sobre el permiso de reconstrucción del templo, les permite continuar con las obras y además las financia.

«Los profetas Ageo y Zacarías, hijo de Iddó, empezaron a profetizar a los judíos de Judá y de Jerusalén, en nombre del Dios de Israel que velaba sobre ellos. Con esto, Zorobabel, hijo de Sealtiel, y Josué, hijo de Yosadaq, se decidieron a reanudar la construcción de la Casa de Dios en Jerusalén: los profetas de Dios estaban con ellos, apoyándoles.

Por entonces, Tattenay, sátrapa de Transeufratina, Setar Boznay y sus colegas vinieron donde ellos y les preguntaron: "¿Quién os ha autorizado a construir esta Casa y a rematar este santuario? ¿Cómo se llaman los hombres que construyen este edificio?". Pero los ojos de su Dios velaban sobre los ancianos de los judíos, y no se les obligó a suspender la obra en espera de que llegase un informe a Darío y volviera un decreto oficial sobre el particular.

«Copia de la carta que Tattenay, sátrapa de Transeufratina, Setar Boznay y sus colegas, las autoridades de Transeufratina, remitieron al rey Darío. Le enviaron un escrito de este tenor:

«"Al rey Darío, paz completa.

Sepa el rey que nosotros hemos ido a la provincia de Judá, a la Casa del gran Dios: se está reconstruyendo con piedras sillares; se recubren de madera las paredes; la obra se ejecuta cuidadosamente y adelanta en sus manos. Preguntando, pues, a estos ancianos, les hemos dicho: "¿Quién os ha autorizado a construir esta Casa y a rematar este santuario?". Les hemos preguntado además sus nombres para informarte de ello; y así te damos por escrito los nombres de los hombres que están al frente de ellos.

"Ellos nos han dado esta respuesta: "Nosotros somos servidores del Dios del cielo y de la tierra; estamos reconstruyendo una Casa que estuvo en pie anteriormente durante muchos años y que un gran rey de Israel construyó y acabó. Pero nuestros padres irritaron al Dios del cielo, y él los entregó en manos de Nabucodonosor, el caldeo, rey de Babilonia. Sin embargo, el año primero de Ciro, rey de Babilonia, el rey Ciro dio autorización para reconstruir esta Casa de Dios; además los utensilios de oro y plata de la Casa de Dios que Nabucodonosor había quitado al santuario de Jerusalén y había llevado al santuario de Babilonia, el rey Ciro los mandó sacar del santuario de Babilonia, y entregar a un hombre llamado Sesbassar, a quien constituyó sátrapa; y le dijo: Toma estos utensilios; vete a llevarlos al santuario de Jerusalén y que sea reconstruida la Casa de Dios en su emplazamiento; vino, pues, este Sesbassar y echó los cimientos de la Casa de Dios en Jerusalén, y desde entonces hasta el presente se viene reconstruyendo, pero no está acabada".

"Ahora, pues, si le place al rey, investíguese en el departamento del tesoro del rey de Babilonia si es verdad que el rey Ciro dio autorización para reconstruir esta Casa de Dios en Jerusalén. Y que se nos remita la decisión del rey sobre este asunto".» (Esdras 5:1-17)

«Entonces, por orden del rey Darío, se investigó en los archivos del tesoro conservado allí en Babilonia, y se encontró en Ecbátana, la fortaleza situada en la provincia de los medos, un rollo cuyo tenor era el siguiente:

«Memorándum.

«El año primero del rey Ciro, el rey Ciro ha ordenado: "Casa de Dios en Jerusalén":

«La Casa será construida como lugar donde se ofrezcan sacrificios y sus fundamentos quedarán establecidos. Su altura será de sesenta codos, su anchura de sesenta codos. Habrá tres hileras de piedras de sillería y una de madera. Los gastos serán costeados por la casa del rey. Además, los utensilios de oro y plata de la Casa de Dios, que Nabucodonosor sacó del santuario de Jerusalén y se llevó a Babilonia, serán restituidos, para que todo vuelva a ocupar su lugar en el santuario de Jerusalén y vuelva a ser colocado en la Casa de Dios.

«Ahora, pues, Tattenay, sátrapa de Transeufratina, Setar Boznay y vosotros, sus colegas, las autoridades de Transeufratina, retiraos de allí; dejad trabajar en esta Casa de Dios al sátrapa de Judá y a los ancianos de los judíos, y que reconstruyan esa Casa de Dios en su emplazamiento. Estas son mis órdenes acerca de vuestro proceder con los ancianos de los judíos para la reconstrucción de esa Casa de Dios: de los fondos reales de los impuestos de Transeufratina, se les pagarán a esos hombres los gastos exactamente y sin interrupción. Lo que necesiten para holocaustos de Dios del cielo: novillos, carneros y corderos, así como trigo, sal, vino y aceite, se les proporcionará sin falta cada día, según las indicaciones de los sacerdotes de Jerusalén, para que se ofrezcan al Dios del cielo ofrendas agradables y se ruegue por la vida del rey y de sus hijos. Ordeno, además, lo siguiente: A todo aquel que no cumpla este edicto, le será arrancada de su casa una viga, se le amarrará a ella y será azotado; en cuanto a su casa, será reducida, por este delito, a un montón de escombros. Y el Dios que ha puesto allí la morada de su Nombre, aplaste a todo aquel rey o pueblo que trate de transgredir esto, destruyendo esa Casa de Dios en Jerusalén. Yo, Darío, he promulgado este decreto. Sea ejecutado exactamente".

Entonces Tattenay, sátrapa de Transeufratina, Setar Boznay y sus colegas ejecutaron exactamente las instrucciones mandadas par el rey Darío. Así, los ancianos de los judíos continuaron reconstruyendo con éxito, según la profecía de Ageo el profeta, y de Zacarías, hijo de Iddó.

Llevaron a término la construcción según la orden del Dios de Israel y la orden de Ciro y de Darío.

Esta Casa fue terminada el día veintitrés del mes de Adar, el año sexto del reinado del rey Darío. Los israelitas -los sacerdotes, los levitas y el resto de los deportados- celebraron con júbilo la dedicación de esta Casa de Dios; ofrecieron para la dedicación de esta Casa de Dios cien toros, doscientos carneros, cuatrocientos corderos y, como sacrificio por el pecado de todo Israel, doce machos cabríos, conforme al número de las tribus de Israel. Luego establecieron a los sacerdotes según sus categorías, y a los levitas según sus clases, para el servicio de la Casa de Dios en Jerusalén, según está escrito en el libro de Moisés.

> Los deportados celebraron la Pascua el día catorce del primer mes; ya que los levitas se habían purificado como un solo hombre, todos estaban puros; inmolaron, pues, la pascua para todos los deportados, para sus hermanos los sacerdotes y para sí mismos.
> Comieron la pascua los israelitas que habían vuelto del destierro y todos aquellos que, habiendo roto con la impureza de las gentes del país se habían unido a ellos para buscar a Yahveh, Dios de Israel.
> Celebraron con júbilo, durante siete días, la fiesta de los Azimos, porque Yahveh les había llenado de gozo, pues volvió hacia ellos el corazón del rey de Asiria, para que reafirmase sus manos en las obras de la Casa de su Dios, el Dios de Israel.» (Esdras 6:1-22)

No sólo el rey Ciro de Persia les permite y financia las reconstrucciones, lo mismo hace el rey Darío, su sucesor !¿...?¡

En estas acciones hay un reconocimiento implícito de Yahveh como dios, de lo contrario no tendría sentido. Como mucho, les hubiesen dejado reconstruir sus templos por una cuestión de pura tolerancia, pero financiar el trabajo implicaba querer ser parte de ello.

Como un tema secundario podemos advertir la enorme diferencia que existe en la forma de tratar los temas de estado. La manera en que realizan el envío de escritos y su redacción, el trato que le dan los reyes a los asuntos y cómo se manejan los representantes.

Si recordamos cómo eran manejados estos temas por los israelitas en siglos anteriores, por simple espada y sangre, percibimos que ha habido una evolución considerable.

Tal vez se siguieran produciendo hechos terribles, pero al menos mediaba un poco de reflexión.

En esta instancia de la lectura, estamos en el año 400 a.C. (cuatrocientos antes de Cristo) aproximadamente, Artajerjes es el rey de Persia.

> « (…) Después de estos acontecimientos, bajo el reinado de Artajerjes, rey de Persia, Esdras, hijo de Seraías, hijo de Azarías, hijo de Jilquías, hijo de Sallum, hijo de Sadoq, hijo de Ajitub, hijo de Amarías, hijo de Azarías, hijo de Merayot, de Zerajías, hijo de Uzzí, hijo de Buqquí, hijo de Abisúa, hijo de Pinjás, hijo de Eleazar, hijo del sumo sacerdote Aarón, este Esdras subió de Babilonia.
> Era un escriba versado en la Ley de Moisés que había dado Yahveh, Dios de Israel.
> Como la mano de Yahveh su Dios estaba con él, el rey le concedió todo lo que pedía.
> Subieron también a Jerusalén, el año séptimo del rey Artajerjes, parte de los israelitas, de los sacerdotes, levitas, cantores, porteros y donados.
> El llegó a Jerusalén el mes quinto: era el año séptimo del rey.
> Había dispuesto para el día uno del primer mes su salida de Babilonia, y el día uno del quinto mes llegaba a Jerusalén. ¡La mano bondadosa de su Dios estaba con él! Porque Esdras había aplicado su corazón a escrutar la Ley de Yahveh, a ponerla en práctica y a enseñar en Israel los preceptos y las normas.

Esta es la copia del documento que el rey Artajerjes entregó a Esdras, el sacerdote-escriba dedicado a escribir las palabras de los mandamientos de Yahveh y sus decretos acerca de Israel.

«"Artajerjes, rey de reyes, al sacerdote Esdras, secretario de la Ley del Dios del cielo, paz perfecta, etc.

Estas son mis órdenes: Todo aquel que en mi reino pertenezca al pueblo de Israel, a sus sacerdotes o a sus levitas, y quiera volver a Jerusalén, puede partir contigo, ya que tú eres enviado por el rey y sus siete consejeros para inspeccionar a Judá y Jerusalén en lo referente a la Ley de tu Dios que está en tus manos, y para llevar la plata y el oro que el rey y sus consejeros han ofrecido voluntariamente al Dios de Israel, cuya morada está en Jerusalén, así como toda la plata y el oro que hayas reunido de toda la provincia de Babilonia, con las ofrendas voluntarias que el pueblo y los sacerdotes hayan hecho para la Casa de su Dios en Jerusalén. Con este dinero procura comprar novillos, carneros, corderos, con las oblaciones y libaciones correspondientes, para ofrecerlo luego sobre el altar de la Casa de vuestro Dios en Jerusalén; y la plata y el oro que sobre, lo emplearéis como mejor os parezca a ti y a tus hermanos, conforme a la voluntad de vuestro Dios.

Los utensilios que se te entregan para el servicio de la Casa de tu Dios, deposítalos delante de tu Dios en Jerusalén.

Lo que aún se necesite para la Casa de tu Dios y que tú tengas que procurarte, se te dará de los tesoros reales.

Yo mismo, el rey Artajerjes, doy esta orden a todos los tesoreros de Transeufratina:

Todo lo que os pida el sacerdote Esdras, Secretario de la Ley del Dios del cielo, se lo daréis puntualmente, hasta la suma de cien talentos de plata, cien cargas de trigo, cien medidas de vino y cien medidas de aceite; la sal se le dará sin tasa.

Todo lo que ordena el Dios del cielo, debe ser cumplido con celo para la Casa del Dios del cielo, a fin de que la Cólera no caiga sobre el reino del rey y de sus hijos.

Os hacemos saber también que no se puede percibir impuesto, contribución o peaje, de ninguno de los sacerdotes, levitas, cantores, porteros, donados, de ninguno de los servidores de esta Casa de Dios.

Y tú, Esdras, conforme a la sabiduría de tu Dios, que posees, establece escribas y jueces que administren la justicia a todo el pueblo de Transeufratina, a todos los que conocen la Ley de tu Dios. A quienes la ignoran, habréis de enseñársela. Y a todo aquel que no cumpla la Ley de tu Dios y la ley del rey, aplíquesele una rigurosa justicia: muerte, destierro, multa en dinero o cárcel".

«¡Bendito sea Yahveh, Dios de nuestros padres, que movió de esta manera el corazón del rey para glorificar la Casa de Yahveh en Jerusalén, y a mí me granjeó gracia delante del rey, de sus consejeros y de los altos jefes del rey!

Yo cobré ánimo porque la mano de Yahveh mi Dios estaba conmigo, y reuní a los jefes de Israel para que salieran conmigo.» (Esdras 7:1-28)

Aquí nuevamente notamos la preocupación por preservar la cadena sanguínea: *"Esdras, hijo de Seraías, hijo de Azarías, hijo de Jilquías, hijo de Sallum, hijo de Sadoq, hijo de Ajitub, hijo de Amarías, hijo de Azarías, hijo de Merayot, de Zerajías, hijo de Uzzí, hijo de Buqquí, hijo de Abisúa, hijo de Pinjás, hijo de Eleazar, hijo del sumo sacerdote Aarón"*, ella la que no debía cortarse.

21
LA CADENA DE SANGRE SE PONE EN RIESGO
"Despidieron tanto a las mujeres como a sus hijos".

«Concluido esto, se me presentaron los jefes diciendo:
"El pueblo de Israel, los sacerdotes y los levitas no se han separado de las gentes del país, hundidas en sus abominaciones -cananeos, hititas, perizitas, jebuseos, ammonitas, moabitas, egipcios y amorreos-, sino que han tomado para ellos y para sus hijos mujeres de entre las hijas de ellos: la raza santa se ha mezclado con las gentes del país; los jefes y los consejeros han sido los primeros en esta rebeldía".

Al oír esto rasgué mis vestiduras y mi manto, me arranqué los pelos de la cabeza y de la barba, y me senté desolado.

Todos los temerosos de las palabras del Dios de Israel se reunieron en torno a mí, a causa de esta rebeldía de los deportados. Yo permanecí sentado, desolado, hasta la oblación de la tarde. A la hora de la oblación de la tarde salí de mi postración y, con las vestiduras y el manto rasgados, caí de rodillas, extendí las manos hacia Yahveh mi Dios, y dije:

"Dios mío, harta vergüenza y confusión tengo para levantar mi rostro hacia ti, Dios mío. Porque nuestros crímenes se han multiplicado hasta sobrepasar nuestra cabeza, y nuestro delito ha crecido hasta el cielo. Desde los días de nuestros padres hasta el día de hoy nos hemos hecho muy culpables: por nuestros crímenes fuimos entregados, nosotros, nuestros reyes y nuestros sacerdotes, en manos de los reyes de los países, a la espada, al cautiverio, al saqueo y al oprobio, como todavía hoy sucede. Mas ahora, en un instante, Yahveh nuestro Dios nos ha concedido la gracia de dejarnos un Resto y de darnos una liberación en su lugar santo: nuestro Dios ha iluminado así nuestros ojos y nos ha reanimado en medio de nuestra esclavitud. Porque esclavos fuimos nosotros, pero en nuestra esclavitud nuestro Dios no nos ha abandonado; nos ha granjeado el favor de los reyes de Persia, dándonos ánimos para levantar de nuevo la Casa de nuestro Dios y restaurar sus ruinas y procurándonos un valladar seguro en Judá y Jerusalén. Pero ahora, Dios nuestro, ¿qué vamos a decir, si, después de todo esto, hemos abandonado tus mandamientos, que por medio de tus siervos los profetas tú habías prescrito en estos términos: "La tierra en cuya posesión vais a entrar es una tierra manchada por la inmundicia de las gentes de la tierra, por las abominaciones con que la han llenado de un extremo a otro con su impureza? Así pues, no deis vuestras hijas a sus hijos ni toméis sus hijas para vuestros hijos; no busquéis nunca su paz ni su bienestar, a fin de que podáis haceros fuertes, comáis los mejores frutos de la tierra y la dejéis en herencia a vuestros hijos para siempre".

"Mas después de todo lo que nos ha sobrevenido por nuestras malas acciones y nuestras culpas -y eso que tú, Dios nuestro, has disminuido nuestros crímenes y nos has concedido esta liberación- ¿hemos de volver a violar tus mandamientos, emparentándonos con estas gentes abominables? ¿No te irritarías tú contra nosotros hasta exterminarnos sin que quedara Resto ni salvación? Yahveh, Dios de Israel, justo eres, pues un Resto nos hemos salvado, como en el caso presente: aquí estamos ante ti, con nuestro delito. Pues por su causa nadie resiste en tu presencia".» (Esdras 9:1-15)

«Mientras Esdras, llorando y prosternado ante la Casa de Dios, oraba y hacía esta confesión, una inmensa asamblea de Israel, hombres, mujeres y niños, se había reunido en torno a él: y este pueblo lloraba copiosamente. Entonces, Sekanías, hijo de Yejiel, de los hijos de Elam, dijo a Esdras:

"Hemos sido rebeldes a nuestro Dios, casándonos con mujeres extranjeras, tomadas de entre las gentes del país. Ahora bien, a pesar de ello, todavía, hay una esperanza para Israel. Hagamos alianza con nuestro Dios de despedir a todas las mujeres extranjeras y a los hijos nacidos de ellas, conforme al consejo de mi señor y de los temerosos de los mandamientos de nuestro Dios. Hágase según la Ley. Levántate, que este asunto te incumbe a ti; nosotros estaremos a tu lado. ¡Animo y manos a la obra!" Entonces Esdras se levantó e hizo jurar a los jefes de los sacerdotes y de los levitas y a todo Israel que harían conforme a lo dicho; y lo juraron. Luego Esdras se retiró de delante de la Casa de Dios y se fue al aposento de Yehojanán, hijo de Elyasib, donde pasó la noche sin comer pan ni beber agua, haciendo duelo a causa de la rebeldía de los deportados. Se publicó un bando en Judá y Jerusalén a todos los deportados para que se reunieran en Jerusalén.

Todo aquel que no viniera en el plazo de tres días, según el consejo de los jefes y de los ancianos, vería consagrada al anatema toda su hacienda y sería él mismo excluido de la asamblea de los deportados.

Todos los hombres de Judá y de Benjamín se reunieron, pues, en Jerusalén en el plazo de tres días: era el día veinte del mes noveno; todo el pueblo se situó en la plaza de la Casa de Dios, temblando, debido al caso, y también porque llovía a cántaros. Entonces el sacerdote Esdras se levantó y les dijo:

"Habéis sido rebeldes al casaros con mujeres extranjeras, aumentando así el delito de Israel. Ahora, pues, dad gracias a Yahveh, Dios de vuestros padres, y cumplid su voluntad separándoos de las gentes del país y de las mujeres extranjeras".

Toda la asamblea respondió en alta voz: Sí; haremos como tú dices; sólo que el pueblo es numeroso, y estamos en la estación de las lluvias: no podemos soportar la intemperie; además, no se trata de una cosa de un día o dos, porque somos muchos los que hemos incurrido en este pecado. Nuestros jefes podrían representar a toda la asamblea: todos los que en nuestras ciudades se hayan casado con mujeres extranjeras, vendrían a plazos fijados, acompañados de los ancianos y los jueces de cada ciudad, hasta que hayamos apartado de nosotros el furor de la cólera de nuestro Dios por causa de este asunto". Sólo Jonatán, hijo de Asahel, y Yajzeías, hijo de Tiqvá, se opusieron a esto, apoyados por Mesullam y el levita Sabtay. Los deportados actuaron según lo convenido.

El sacerdote Esdras escogió como colaboradores a los cabezas de familia, según sus casas, todos ellos designados nominalmente.

Se comenzaron las sesiones para examinar el caso el día uno del décimo mes. Y el día uno del primer mes se había terminado ya con todos los hombres que estaban casados con mujeres extranjeras.

Entre los sacerdotes, se halló que se habían casado con mujeres extranjeras los siguientes: entre los hijos de Josué, hijo de Yosadaq, y entre sus hermanos: Maaseías, Eliezer, Yarib y Guedalías; éstos se comprometieron bajo juramento a despedir a sus mujeres, y ofrecieron por su delito un carnero en sacrificio de reparación. Entre los hijos de Immer: Jananí y Zebadías. (…) de los hijos de Nebo: Yeiel, Mattitías, Zabad, Zebiná, Yadday, Joel, Benaías.

Todos éstos se habían casado con mujeres extranjeras, pero despidieron tanto a las mujeres como a sus hijos.» (Esdras 10:1-44)

Esto tal vez le sirva a algunos para entender y perdonar hechos similares traspolados a la actualidad. ¿Quién no ha tenido un novio/a judío/a con quien, su familia, no permitió continuar la relación o casarse? ¡Cuánto odio y frustración ha generado esa situación de ambos lados! Espero que ahora puedan entender el motivo. Al comprender las razones, la función trascendental de mantener la cadena de sangre pura, se darán cuenta de que, es posible, que ni siquiera ellos, en el fondo, fuesen concientes del porqué debían mantenerla.

¿Y cuál es el motivo trascendental de mantener la cadena de sangre?, ¿qué tan importante podía ser?

¡Oh! sí, sí…, sí que es importante, es fundamental. Estamos a punto de recibir a Jesús, el Mesías, y Jesús debe ser ciento por ciento judío, con una cadena genealógica que lo lleve directo hasta Adán.

El Mesías debía nacer del pueblo elegido.

22
Y PASARON A LA CLANDESTINIDAD

En una época posterior a Alejandro de Macedonia, hijo de Filipo, también conocido como Alejandro Magno, reina Antíoco Epífanes en Siria; esto acontece aproximadamente en el año 170 antes de Cristo (ciento setenta antes de Cristo)

«En aquellos días surgieron de Israel unos hijos rebeldes que sedujeron a muchos diciendo: "Vamos, concertemos alianza con los pueblos que nos rodean, porque desde que nos separamos de ellos, nos han sobrevenido muchos males". Estas palabras parecieron bien a sus ojos, y algunos del pueblo se apresuraron a acudir donde el rey y obtuvieron de él autorización para seguir las costumbres de los gentiles. En consecuencia, levantaron en Jerusalén un gimnasio al uso de los paganos, rehicieron sus prepucios, renegaron de la alianza santa para atarse al yugo de los gentiles, y se vendieron para obrar el mal.

Antíoco, una vez asentado en el reino, concibió el proyecto de reinar sobre el país de Egipto para ser rey de ambos reinos. Con un fuerte ejército, con carros, elefantes, (jinetes) y numerosa flota, entró en Egipto y trabó batalla con el rey de Egipto, Tolomeo.

Tolomeo rehuyó su presencia y huyó; muchos cayeron heridos.

Ocuparon las ciudades fuertes de Egipto y Antíoco se alzó con los despojos del país.

El año 143, después de vencer a Egipto, emprendió el camino de regreso.

Subió contra Israel y llegó a Jerusalén con un fuerte ejército.

Entró con insolencia en el santuario y se llevó el altar de oro, el candelabro de la luz con todos sus accesorios, la mesa de la proposición, los vasos de las libaciones, las copas, los incensarios de oro, la cortina, las coronas, y arrancó todo el decorado de oro que recubría la fachada del Templo.

Se apropió también de la plata, oro, objetos de valor y de cuantos tesoros ocultos pudo encontrar.

Tomándolo todo, partió para su tierra después de derramar mucha sangre y de hablar con gran insolencia.

En todo el país hubo gran duelo por Israel.» (I Macabeos 1:11-25)

Esta ocupación lleva explícita la orden que, dos años después, todos fueran un sólo pueblo y que abandonaran sus credos y costumbres. Esto significaba, para los judíos, alejarse de la fe de Yahveh y de la ley y adoptar dioses extraños.

Algunos de ellos lo aceptaron y se rindieron a las nuevas normas, pero otros no lo aceptaron y debieron pasar a la clandestinidad.

«El día quince del mes de Kisléu del año 145 levantó el rey sobre el altar de los holocaustos la Abominación de la desolación. También construyeron altares en las ciudades de alrededor de Judá. A las puertas de las casas y en las plazas quemaban incienso. Rompían y echaban al fuego los libros de la Ley que podían hallar. Al que encontraban con un ejemplar de la Alianza en su poder, o bien descubrían que observaba los preceptos de la Ley, la decisión del rey le condenaba a muerte. Actuaban violentamente contra los israelitas que sorprendían un mes y otro en las ciudades; el día veinticinco de cada mes ofrecían sacrificios en el ara que se alzaba sobre el altar de los holocaustos. A las mujeres que hacían circuncidar a sus hijos las llevaban a la muerte, conforme al edicto, con sus criaturas colgadas al cuello. La misma suerte corrían sus familiares y los que habían efectuado la circuncisión. Muchos en Israel se mantuvieron firmes y se resistieron a comer cosa impura. Prefirieron morir antes que contaminarse con aquella comida y profanar la alianza santa; y murieron. Inmensa fue la Cólera que descargó sobre Israel.» (I Macabeos 1:54-64)

«Los enviados del rey, encargados de imponer la apostasía, llegaron a la ciudad de Modín para los sacrificios. Muchos israelitas acudieron donde ellos. También Matatías y sus hijos fueron convocados. Tomando entonces la palabra los enviados del rey, se dirigieron a Matatías y le dijeron:

«"Tú eres jefe ilustre y poderoso en esta ciudad y estás bien apoyado de hijos y hermanos. Acércate, pues, el primero y cumple la orden del rey, como la han cumplido todas las naciones, los notables de Judá y los que han quedado en Jerusalén. Entonces tú y tus hijos seréis contados entre los amigos del rey, y os veréis honrados, tú y tus hijos, con plata, oro y muchas dádivas". Matatías contestó con fuerte voz: "Aunque todas las naciones que forman el imperio del rey le obedezcan hasta abandonar cada uno el culto de sus padres y acaten sus órdenes, yo, mis hijos y mis hermanos nos mantendremos en la alianza de nuestros padres. El Cielo nos guarde de abandonar la Ley y los preceptos. No obedeceremos las órdenes del rey para desviarnos de nuestro culto ni a la derecha ni a la izquierda". Apenas había concluido de pronunciar estas palabras, cuando un judío se adelantó, a la vista de todos, para sacrificar en el altar de Modín, conforme al decreto real. Al verle Matatías, se inflamó en celo y se estremecieron sus entrañas. Encendido en justa cólera, corrió y le degolló sobre el altar. Al punto mató también al enviado del rey que obligaba a sacrificar y destruyó el altar. Emuló en su celo por la Ley la gesta de Pinjás contra Zimrí, el hijo de Salú. Luego, con fuerte voz, gritó Matatías por la ciudad: "Todo aquel que sienta celo por la Ley y mantenga la alianza, que me siga". Y dejando en la ciudad cuanto poseían, huyeron él y sus hijos a las montañas.

Por entonces muchos, preocupados por la justicia y la equidad, bajaron al desierto para establecerse allí con sus mujeres, sus hijos y sus ganados, porque los males duramente les oprimían.

La gente del rey y la tropa que estaba en Jerusalén, en la Ciudad de David, recibieron la denuncia de que unos hombres que habían rechazado el mandato del rey habían bajado a los lugares ocultos del desierto. Muchos corrieron tras ellos y los alcanzaron. Los cercaron y se prepararon para atacarles el día del sábado. Les dijeron: "Basta ya, salid, obedeced la orden del rey y salvaréis vuestras vidas". Ellos les contestaron: "No saldremos ni obedeceremos la orden del rey de profanar el día de sábado". Asaltados al instante, no replicaron ni arrojando piedras ni atrincherando sus cuevas. Dijeron: "Muramos todos en nuestra rectitud. El cielo y la tierra nos son testigos de que nos matáis injustamente". Les atacaron, pues, en sábado y murieron ellos, sus mujeres, hijos y ganados: unas mil personas. Lo supieron Matatías y sus amigos y sintieron por ellos gran pesar. Pero se dijeron: "Si todos nos comportamos como nuestros hermanos y no peleamos contra los gentiles por nuestras vidas y nuestras costumbres, muy pronto nos exterminarán de la tierra". Aquel mismo día tomaron el siguiente acuerdo: "A todo aquel que venga a atacarnos en día de sábado, le haremos frente para no morir todos como murieron nuestros hermanos en las cuevas".

Se les unió por entonces el grupo de los asideos, israelitas valientes y entregados de corazón a la Ley. Además, todos aquellos que querían escapar de los males, se les juntaron y les ofrecieron su apoyo.

Formaron así un ejército e hirieron en su ira

a los pecadores, y a los impíos en su furor. Los restantes tuvieron que huir a tierra de gentiles buscando su salvación.

Matatías y sus amigos hicieron correrías destruyendo altares, obligando a circuncidar cuantos niños incircuncisos hallaron en el territorio de Israel y persiguiendo a los insolentes.

La empresa prosperó en sus manos: arrancaron la Ley de mano de gentiles y reyes, y no consintieron que el pecador se impusiera.» (I Macabeos 2:15-48)

Matatías fallece de viejo y deja como jefe de este ejército insurgente a Judas Macabeo, quien emprende una campaña contra la ocupación. Logra recuperar su territorio y resiste innumerables intentos que realizan las fuerzas enemigas para volver a adueñarse de lo que perdieron.

«El valiente Judas y sus hermanos alcanzaron gran honor ante todo Israel y todas las naciones a donde su nombre llegaba.

Las muchedumbres se agolpaban a su alrededor para aclamarles.

Salió Judas con sus hermanos a campaña contra los hijos de Esaú, al país del mediodía. Tomó Hebrón y sus aldeas, arrasó sus murallas y prendió fuego a las torres de su contorno. Partió luego en dirección al país de los filisteos y atravesó Marisá. Al querer señalarse tomando parte imprudentemente en el combate, cayeron aquel día algunos sacerdotes. Dobló luego Judas sobre Azoto, territorio de los filisteos, y destruyó sus altares, dio fuego a las imágenes de sus dioses y saqueó sus ciudades. Después, regresó al país de Judá.» (I Macabeos 5:63-68)

Las fuerzas enemigas no pueden comprender cómo ese pueblo, pequeño en comparación con otros que habían sucumbido a su poder, lograba resistir, por lo que aumentan los ejércitos y fuerzas que envían. Así y todo, no logran doblegar a los judíos y esto los enerva aún más. Y de esa forma, entre guerras y asedios permanentes, llegamos a los romanos, con quien los judíos establecen alianza.

«La fama de los romanos llegó a oídos de Judas. Decían que eran poderosos, se mostraban benévolos con todos los que se les unían, establecían amistad con cuantos acudían a ellos (y eran poderosos)

Le contaron sus guerras y las proezas que habían realizado entre los galos, cómo les habían dominado y sometido a tributo; todo cuanto habían hecho en la región de España para hacerse con las minas de plata y oro de allí, cómo se habían hecho dueños de todo el país gracias a su prudencia y perseverancia (a pesar de hallarse aquel país a larga distancia del suyo); a los reyes venidos contra ellos desde los confines de la tierra, los habían derrotado e inferido fuerte descalabro, y los demás les pagaban tributo cada año; habían vencido en la guerra a Filipo, a Perseo, rey de los Kittim, y a cuantos se habían alzado contra ellos, y los habían sometido; Antíoco el Grande, rey de Asia, había ido a hacerles la guerra con 120 elefantes, caballería, carros y tropas muy numerosas, y fue derrotado, le apresaron vivo y le obligaron, a él y a sus sucesores en el trono, a pagarles un gran tributo, a entregar rehenes y a ceder algunas de sus mejores provincias: la provincia índica, Media y Lidia, que le quitaron para dárselas al rey Eumeno; los de Grecia habían concebido el proyecto de ir a exterminarlos, y en sabiéndolo los romanos, enviaron contra ellos a un solo general, les hicieron la guerra, mataron a muchos de ellos, llevaron cautivos a sus mujeres y niños, saquearon sus bienes, subyugaron el país, arrasaron sus fortalezas y les sometieron a servidumbre hasta el día de hoy; a los demás reinos y a las islas, a cuantos en alguna ocasión les hicieron frente, los destruyeron y redujeron a servidumbre. En cambio, a sus amigos y a los que en ellos buscaron apoyo, les mantuvieron su amistad.

Tienen bajo su dominio a los reyes vecinos y a los lejanos y todos cuantos oyen su nombre les temen.

Aquellos a quienes quieren ayudar a conseguir el trono, reinan; y deponen a los que ellos quieren.

Han alcanzado gran altura. No obstante, ninguno de ellos se ciñe la diadema ni se viste de púrpura para engreírse con ella.

Se han creado un Consejo, donde cada día 320 consejeros deliberan constantemente en favor del pueblo para mantenerlo en buen orden. Confían cada año a uno solo el mando sobre ellos y el dominio de toda su tierra. Todos obedecen a este solo hombre sin que haya entre ellos envidias ni celos.

Judas eligió a Eupólemo, hijo de Juan, y de Haqcós, y a Jasón, hijo de Eleazar, y los envió a Roma a concertar amistad y alianza, para sacudirse el yugo de encima, porque veían que el reino de los griegos tenía a Israel sometido a servidumbre.

Partieron, pues, para Roma y luego de un larguísimo viaje, entraron en el Consejo, donde tomando la palabra, dijeron: Judas, llamado Macabeo, sus hermanos y el pueblo judío nos han enviado donde vosotros para concertar con vosotros alianza y paz y para que nos inscribáis en el número de vuestros aliados y amigos".

«La propuesta les pareció bien. Esta es la copia de la carta que enviaron a Jerusalén, grabada en planchas de bronce, para que fuesen allí para ellos documento de paz y alianza:

«"Felicidad a los romanos y a la nación de los judíos por mar y tierra para siempre.

Lejos de ellos la espada y el enemigo. Pero, si le sobreviene una guerra primero a Roma o a cualquiera de sus aliados en cualquier parte de sus dominios, la nación de los judíos luchará a su lado, según las circunstancias se lo dicten, de todo corazón.

No darán a los enemigos ni les suministrarán trigo, armas, dinero ni naves. Así lo ha decidido Roma.

Guardarán sus compromisos sin recibir compensación alguna. De la misma manera, si sobreviene una guerra primero a la nación de los judíos, los romanos lucharán a su lado, según las circunstancias se lo dicten, con toda el alma.

No darán a los combatientes trigo, armas, dinero ni naves. Así lo ha decidido Roma.

Guardarán sus compromisos sin dolo. En estos términos se han concertado los romanos con el pueblo de los judíos. Si posteriormente unos y otros deciden añadir o quitar algo, lo podrán hacer a su agrado, y lo que añadan o quiten será valedero.

«"En cuanto a los males que el rey Demetrio les ha causado, le hemos escrito diciéndole: "¿Por qué has hecho sentir pesadamente tu yugo sobre nuestros amigos y aliados los judíos? Si otra vez vuelven a quejarse de ti, nosotros les haremos justicia y te haremos la guerra por mar y tierra".» (I Macabeos 8:1-32)

«Cuando supo Demetrio[28] que Nicanor y su ejército habían caído en la guerra, envió a la tierra de Judá, en una nueva expedición, a Báquides y Alcimo con el ala derecha de su ejército.» (I Macabeos 9:1)

«Los hermanos de Judas encabezan la resistencia y luego de un par de años logran que Báquides capitule.

Los judíos

«(...) trabaron combate con Báquides, le de-

---

28 El rey Demetrio I era rey de Siria. Báquides sacerdote y Alcimo general.

rrotaron y le dejaron sumido (a Báquides) en profunda amargura, porque habían fracasado su plan y su ataque. Montó en cólera contra los hombres sin ley que le habían aconsejado venir a la región, mató a muchos de ellos y decidió volverse a su tierra. Al saberlo, le envió Jonatán legados para concertar con él la paz y conseguir que les devolviera los prisioneros. Báquides aceptó y accedió a las peticiones de Jonatán. Se comprometió con juramento a no hacerle mal en todos los días de su vida, y le devolvió los prisioneros que anteriormente había capturado en el país de Judá. Partió luego para su tierra y no volvió más a territorio judío.

Así descansó la espada en Israel.

Jonatán se estableció en Mikmas, comenzó a juzgar al pueblo e hizo desaparecer de Israel a los impíos.» (I Macabeos 9:68-73)

Como vemos pasaron muchos años sin que Dios realizara grandes demostraciones directas a través de los israelitas. Pero no podemos dejar de notar que la resistencia ofrecida por los judíos a ejércitos muy poderosos no pudo existir ni resultar exitosa si Dios no hubiese estado con ellos. Esto también fue notorio para los ejércitos contra los que lucharon, y les debe haber resultado, cuanto menos, desconcertante.

Así, siguieron pasando los años y Jerusalén fue asediada por unos y por otros.

Relaciones de Jonatán con Roma y Esparta

«Viendo Jonatán que las circunstancias le eran favorables, escogió hombres y los envió a Roma con el fin de confirmar y renovar la amistad con ellos. Con el mismo objeto envió cartas a los espartanos y a otros lugares. Se fueron, pues, a Roma y entrando en el Senado dijeron: "Jonatán, sumo sacerdote, y la nación de los judíos nos han enviado para que se renueve con ellos la amistad y la alianza como antes". Les dieron los romanos cartas para la gente de cada lugar recomendando que se les condujera en paz hasta el país de Judá.» (I Macabeos 12:1-4)

Al fin, Jonatan muere en una emboscada traicionera que le puso el rey Trifón del imperio seleúcida, imperio helenístico sucesor del imperio de Alejandro Magno.

El hermano de Jonatan, Simón, toma el mando.

Durante este período el pueblo elegido vuelve a cumplir las normas de Dios. Trata de mantenerse lo más cerca posible de lo que había sido la ley original.

Por otra parte, continúan los intentos de fuerzas extranjeras de conquistar Jerusalén.

Los judíos hacen alianzas con Roma. Es una época de mucha política y acuerdos.

23
JERUSALÉN, NI TUYA NI MÍA...

Antíoco vuelve a tomar Jerusalén.

«Así pues, Antíoco, llevándose del Templo 1.800 talentos, se fue pronto a Antioquía, creyendo en su orgullo que haría la tierra navegable y el mar viable, por la arrogancia de su corazón.

Dejó también prefectos para hacer daño a la raza: en Jerusalén a Filipo, de raza frigia, que tenía costumbres más bárbaras que el le había nombrado; en el monte Garizim, a Andrónico, y además de éstos, a Menelao, que superaba a los demás en maldad contra sus conciudadanos.

El rey, que albergaba hacia los judíos sentimientos de odio, envió al Misarca Apolonio con un ejército de 22.000 hombres, y la orden de degollar a todos los que estaban en el vigor de la edad, y de vender a las mujeres y a los más jóvenes. Llegado éste a Jerusalén y fingiendo venir en son de paz esperó hasta el día santo del sábado. Aprovechando el descanso de los judíos, mandó a sus tropas que se equiparan con las armas, y a todos los que salían a ver aquel espectáculo, los hizo matar e, invadiendo la ciudad con los soldados armados, hizo caer una considerable multitud. Pero Judas, llamado también Macabeo, formó un grupo de unos diez y se retiró al desierto. Llevaba con sus compañeros, en las montañas, vida de fieras salvajes, sin comer más alimento que hierbas, para no contaminarse de impureza.» (II Macabeos 5:21-27)

Nuevamente, los judíos retroceden hacia la degradación y reanudan la adoración de dioses falsos y caen en la idolatría.

«Poco tiempo después, el rey envió al ateniense Geronta para obligar a los judíos a que desertaran de las leyes de sus padres y a que dejaran de vivir según las leyes de su Dios; y además para contaminar el Templo de Jerusalén, dedicándolo a Zeus Olímpico, y el de Garizim, a Zeus Hospitalario, como lo habían pedido los habitantes del lugar. Este recrudecimiento del mal era para todos penoso e insoportable.

El Templo estaba lleno de desórdenes y orgías por parte de los paganos que holgaban con meretrices y que en los atrios sagrados andaban con mujeres, y hasta introducían allí cosas prohibidas. El altar estaba repleto de víctimas ilícitas, prohibidas por las leyes. No se podía ni celebrar el sábado, ni guardar las fiestas patrias, ni siquiera confesarse judío; antes bien eran obligados con amarga violencia a la celebración mensual del nacimiento del rey con un banquete sacrificial y, cuando llegaba la fiesta de Dióniso, eran forzados a formar parte de su cortejo, coronados de hiedra.

Por instigación de los habitantes de Tolemaida salió un decreto para las vecinas ciudades griegas, obligándolas a que procedieran de la misma forma contra los judíos y a que les hicieran participar en los banquetes sacrificiales, con orden de degollar a los que no adoptaran el cambio a las costumbres griegas. Podíase ya entrever la calamidad inminente.

Dos mujeres fueron delatadas por haber circuncidado a sus hijos; las hicieron recorrer públicamente la ciudad con los niños colgados del pecho, y las precipitaron desde la muralla.

Otros que se habían reunido en cuevas próximas para celebrar a escondidas el día séptimo, fueron denunciados a Filipo y quemados juntos, sin que quisieran hacer nada en su defensa, por respeto a la santidad del día.» (Macabeos 6:1-11)

¿Cuántas veces vimos estos ciclos de avances/retrocesos?

Otra vez logran recuperarse y triunfan contra las fuerzas enemigas, encarando una guerra de guerrillas al mando de Judas Macabeo.

«En su combate con las tropas de Timoteo y Báquides, mataron a éstos más de 20.000 hombres, se adueñaron por completo de altas fortalezas y dividieron el inmenso botín en partes iguales, una para ellos y otra para los que habían sufrido la persecución, los huérfanos y las viudas, así como para los ancianos. Con todo cuidado reunieron las armas capturadas en lugares convenientes y llevaron a Jerusalén el resto de los despojos. Mataron al filarca de la escolta de Timoteo, hombre muy impío que había causado mucho pesar a los judíos. Mientras celebraban la victoria en su patria, quemaron a los que habían incendiado los portones sagrados, así como a Calístenes, que estaban refugiados en una misma casita, y que recibieron así la merecida paga de su impiedad.

Nicanor, tres veces criminal, que había traído a los mil comerciantes para la venta de los judíos, con el auxilio del Señor, quedó humillado por los mismos que él despreciaba como los más viles; despojándose de sus galas, como un fugitivo a campo través, buscando la soledad llegó hasta Antioquía con mucha suerte, después del desastre de su ejército. El que había pretendido saldar el tributo debido a los romanos con la venta de los prisioneros de Jerusalén, proclamaba que los judíos tenían a Alguien que les defendía, y que los judíos eran invulnerables por el hecho de que seguían las leyes prescritas por Aquél.» (Macabeos 8:30-36)

Sirvan estos pequeños trozos de narración para mostrar la situación persistente de conflictos. Permanente ocupación y rechazo de tropas extranjeras.

Luego del tiempo de los macabeos, llega la época de los asmoneos, quienes establecieron un reino desde el año 134 a.C. (antes de Cristo) hasta el advenimiento del Imperio Romano en Israel en el 63 a.C. (antes de Cristo)

Con los asmoneos -descendientes de Asmón-, las dimensiones de las fronteras del reino judío fueron similares a las de tiempos de David y Salomón, anexan Samaria, Galilea e Idumea, y fuerzan a los idumeos, también llamados edomitas, a convertirse al judaísmo.

La dinastía de los asmoneos se desintegra como consecuencia de la guerra civil entre Hircano II y Aristóbulo II, hijos de Salomé Alejandra: la última soberana de los asmoneos y la única mujer que gobernó en Israel. El pedido de ayuda a Roma termina con la conquista del reino por Cneo Pompeyo Magno.

En el año 63 a.C. Pompeyo conquista la región, y la transforma en reino tributario de Roma, quien divide el reino en cinco distritos bajo la jurisdicción de un Sanedrín y nombra sumo sacerdote a Juan Hircano II. De allí en adelante, el Sumo Sacerdote de los judíos es designado por los romanos.

En el año 40 a.C. el Senado romano nombra a Herodes el Grande rey de los judíos, le concede cierta autonomía, que fue casi anulada cuando Augusto une el territorio de Israel con el de Siria, y forma la Provincia de Judea bajo el gobierno de Publio Sulpicio Quirino, aunque mantiene en el trono a Herodes. Quirino ordena censar a la población (recordemos que los censos estaban prohibidos por las leyes judías si no era por orden de Dios), así se inicia una revuelta que es duramente reprimida.

Las relaciones entre judíos y romanos se deterioraron seriamente durante el reinado de Calígula, quien ordena colocar una estatua suya en el Templo, aunque su muerte hizo que la situación se distendiera.

Bien, hemos llegado al momento tan esperado, clave en la historia, fundamental broche de cierre -hasta me animaría a decir de la historia mundial-, bisagra que marca un antes y un después. Donde las piezas del rompecabezas que hemos estado reuniendo van a ocupar su lugar.

El Mesías, el liberador del pueblo elegido va a llegar. El hijo de Dios quien va a generar uno de los hechos más grandes de la humanidad. Tan grande que los acontecimientos históricos va a quedar divididos en antes de Cristo y después de Cristo.

Esto parece un hecho sin importancia, pero no hay forma

de negar, que nadie, ni ningún suceso, ni anterior, ni posterior logró semejante efecto.

Pero eso sería sólo secundario, lo importante y verdaderamente trascendental y motivo de la narración pasa por otro lado.

Busquemos una taza de café, ubiquémonos en un lugar cómodo y veamos caer las piezas en su lugar…

24
Y LLEGÓ EL MESÍAS

Concepción y nacimiento de Jesús

«"La generación de Jesucristo fue de esta manera:

Su madre, María, estaba desposada con José y, antes de empezar a estar juntos ellos, se encontró encinta por obra del Espíritu Santo. Su marido José, como era justo y no quería ponerla en evidencia, resolvió repudiarla en secreto. Así lo tenía planeado, cuando el Ángel del Señor se le apareció en sueños y le dijo:

"José, hijo de David, no temas tomar contigo a María tu mujer porque lo engendrado en ella es del Espíritu Santo. Dará a luz un hijo, y tú le pondrás por nombre Jesús, porque él salvará a su pueblo de sus pecados".

Todo esto sucedió para que se cumpliese el oráculo del Señor por medio del profeta: Ved que la virgen concebirá y dará a luz un hijo, y le pondrán por nombre Emmanuel, que traducido significa: "Dios con nosotros".

Despertado José del sueño, hizo como el Ángel del Señor le había mandado, y tomó consigo a su mujer. Y no la conocía hasta que ella dio a luz un hijo, y le puso por nombre Jesús.» (Mateo 1:18-25)

«"Nacido Jesús en Belén de Judea, en tiempo del rey Herodes, unos magos que venían del Oriente se presentaron en Jerusalén, diciendo: "¿Dónde está el Rey de los judíos que ha nacido? Pues vimos su estrella en el Oriente y hemos venido a adorarle". En oyéndolo, el rey Herodes se sobresaltó y con él toda Jerusalén.

Convocó a todos los sumos sacerdotes y escribas del pueblo, y por ellos se estuvo informando del lugar donde había de nacer el Cristo[29].

Ellos le dijeron: "En Belén de Judea, porque así está escrito por medio del profeta: Y tú, Belén, tierra de Judá, no eres, no, la menor entre los principales clanes de Judá; porque de ti saldrá un caudillo que apacentará a mi pueblo Israel". Entonces Herodes llamó aparte a los magos y por sus datos precisó el tiempo de la aparición de la estrella. Después, enviándolos a Belén, les dijo: "Id e indagad cuidadosamente sobre ese niño; y cuando le encontréis, comunicádmelo, para ir también yo a adorarle". Ellos, después de oír al rey, se pusieron en camino, y he aquí que la estrella que habían visto en el Oriente iba delante de ellos, hasta que llegó y se detuvo encima del lugar donde estaba el niño. Al ver la estrella se llenaron de inmensa alegría. Entraron en la casa; vieron al niño con María su madre y, postrándose, le adoraron; abrieron luego sus cofres y le ofrecieron dones de oro, incienso y mirra. Y, avisados en sueños que no volvieran donde Herodes, se retiraron a su país por otro camino.

Después que ellos se retiraron, el Ángel del Señor se apareció en sueños a José y le dijo: "Leván-

---

29   Cristo significa Mesías, salvador

tate, toma contigo al niño y a su madre y huye a Egipto; y estate allí hasta que yo te diga. Porque Herodes va a buscar al niño para matarle". El se levantó, tomó de noche al niño y a su madre, y se retiró a Egipto; y estuvo allí hasta la muerte de Herodes; para que se cumpliera el oráculo del Señor por medio del profeta: De Egipto llamé a mi hijo. Entonces Herodes, al ver que había sido burlado por los magos, se enfureció terriblemente y envió a matar a todos los niños de Belén y de toda su comarca, de dos años para abajo, según el tiempo que había precisado por los magos. Entonces se cumplió el oráculo del profeta Jeremías: Un clamor se ha oído en Ramá, mucho llanto y lamento: es Raquel que llora a sus hijos, y no quiere consolarse, porque ya no existen.

Muerto Herodes, el Ángel del Señor se apareció en sueños a José en Egipto y le dijo: "Levántate, toma contigo al niño y a su madre, y ponte en camino de la tierra de Israel; pues ya han muerto los que buscaban la vida del niño". El se levantó, tomó consigo al niño y a su madre, y entró en tierra de Israel. Pero al enterarse de que Arquelao[30] reinaba en Judea en lugar de su padre Herodes, tuvo miedo de ir allí; y avisado en sueños, se retiró a la región de Galilea, y fue a vivir en una ciudad llamada Nazaret; para que se

---

30   Herod Archelaus (23 a. C. al 18 d. C.) Fue el rey de Samaria, Judea, y Edom, a partir del 4 a. C. al 6 d. C. Él era el hijo de Herodes el grande y Malthace, el hermano de Herodes Antipas, y el medio hermano de Herodes Philip I. Arquelao recibió el reino de Judea por la última voluntad de su padre, a pesar de una voluntad anterior había legado a su hermano Antipas

cumpliese el oráculo de los profetas: Será llamado Nazoreo[31].» (Mateo 2:1-23)

Observemos un poco lo narrado hasta aquí.
El relato, la historia de los primeros tiempos de Jesús siempre me conmueve, veo en él a la humanidad, igual que con Moisés cuando estaba en Egipto.
¿Recuerdan la cadena de sangre?, ¿lo importante que era?, ¿y todo lo que hizo el pueblo elegido para mantenerla? Bien, éste es el motivo, Jesús debía ser ciento por ciento judío, ciento por ciento sangre del pueblo elegido, en su genealogía encontramos, ahora, el lugar donde ubicar aquella pieza que debíamos guardar en un bolsillo.

Veamos:
«Libro de la generación de Jesucristo, hijo de David, hijo de Abraham: Abraham engendró a Isaac, Isaac engendró a Jacob, Jacob engendró a Judá y a sus hermanos, Judá engendró, de Tamar, a Fares y a Zara, Fares engendró a Esrom, Esrom engendró a Aram, Aram engendró a Aminadab, Aminadab engrendró a Naassón, Naassón engendró a Salmón, Salmón engendró, de Rajab,

---

[31] "Nazoreo": Nadsoraios (forma adoptada por Mt, Jn, Hch) y su sinónimo Nadsarenos (forma adoptada por Mc; Lc emplea dos formas) son dos transcripciones corrientes de un adjetivo arameo (nasraya), derivado a su vez del nombre del lugar "Nazaret" (Nasrath). Aplicado a Jesús, cuyo origen denotaba, 26 69, 71y luego a sus seguidores, Hch 24 5, este término se conservó en el mundo semítico para designar a los discípulos de Jesús, mientras que el nombre de "cristiano", Hch 11 26, prevaleció en el mundo greco-romano. No se ve claramente a qué oráculos proféticos alude aquí Mt; se puede pensar en el nazir de Jc 13 5, 7, o en el neser "vástago" de Is 11 1, o mejor todavía en "nasar" guardar de Is 42 6; 49 8, de donde Namur = el Resto.

a Booz, Booz engendró, de Rut, a Obed, Obed engendró a Jesé, Jesé engendró al rey David. David engendró, de la que fue mujer de Urías, a Salomón, Salomón engendró a Roboam, Roboam engendró a Abiá, Abiá engendró a Asaf, Asaf engendró a Josafat, Josafat engendró a Joram, Joram engendró a Ozías, Ozías engendró a Joatam, Joatam engendró a Acaz, Acaz engendró a Ezequías, engendró a Manasés, Manasés engendró a Amón, Amón engendró a Josías, Josías engendró a Jeconías y a sus hermanos, cuando la deportación a Babilonia. Después de la deportación a Babilonia, Jeconías engendró a Salatiel, Salatiel engendró a Zorobabel, Zorobabel engendró a Abiud, Abiud engendró a Eliakim, Eliakim engendró a Azor, Azor engendró a Sadoq, Sadoq engendró a Aquim, Aquim engendró a Eliud, Eliud engendró a Eleazar, Eleazar engendró a Mattán, Mattán engendró a Jacob, y Jacob engendró a José, el esposo de María, de la que nació Jesús, llamado Cristo.

Así que el total de las generaciones son: desde Abraham hasta David, catorce generaciones; desde David hasta la deportación a Babilonia, catorce generaciones; desde la deportación a Babilonia hasta Cristo, catorce generaciones.» (Mateo 1:1-17)

¿Recuerdan a Rajab? La prostituta que ayuda a los espías israelitas a ver Jericó, Ahí está. ¿Y a Rut? Aquella mujer que fue tan buena con su suegra Noemí, en la historia que había sido casi un bálsamo en la lectura, pues allí está.

Perfecto, sí, todo muy bien, pero ¿qué importancia tiene?

Sí, sí, sí que la tiene; recordemos el Génesis, Dios crea a Adán y Eva, Adán y Eva no son los únicos del planeta, son los primeros del pueblo elegido -recuerden que cuando Adán y Eva son arrojados a la tierra su hijo se casa con una mujer de "los otros"-, ambos comen del fruto prohibido, el fruto del conocimiento, ellos y su descendencia, o sea, los judíos, y todo Israel son los únicos que tienen en sus genes el conocimiento, dado por Dios, para comprender y ver, y Jesús tiene esos genes. El árbol prohibido es fundamental para darle sentido al pueblo elegido, ya que de él va a nacer el Mesías, el salvador de la humanidad, quien va a liberar al pueblo elegido.

¿Y de qué va a liberar el Mesías al pueblo elegido? Ah… sí del trabajo más difícil que se le pudo haber encargado a alguien, un trabajo que les llevó miles de años de sufrimiento, miles de años de guerras, deportaciones, atomización y mezcla de gran parte de ellos entre "los otros", ese trabajo, ese trabajo…, fue el de eliminar el politeísmo de la faz de la tierra.

– Pero Noemí y Rajab no eran judías, y sin embargo están en la cadena de sangre de Jesús -me dice Lautaro.

– Claro, justamente, Noemí y Rajab se habían casado con judíos, por lo cual entraron en la cadena del pueblo elegido, y en la cadena del más importante Judío, el Mesías, con lo cual, Dios está diciendo, que si "los otros" forman parte de la genealogía de Jesús es porque la salvación es para todos.

Hagamos un pequeño racconto.
Dios crea todo, el universo, la tierra, y en ella crea animales

y plantas. Entre esos animales hay uno en particular, el hombre, que tiene conciencia, conciencia de existencia. Este ser, estos seres reconocen a Dios en muchas formas y empiezan a darle nombres y creen, en su ignorancia y juventud espiritual, que tal vez no sea uno sino muchos; en esto consiste es básicamente el politeísmo.

Dios permite este politeísmo como natural debido a la ignorancia de los hombres. Y a que estos seres son como bebés espirituales, acaban de nacer, no tienen idea de nada y están tratando de nombrar lo que no comprenden.

Naturalmente lo más sencillo sería pensar en el dios sol, la diosa luna, y en muchas otras cosas… como dioses, y luego, lo más triste, sería que también le darían a esos dioses características propias de sus naturalezas, y entonces tendríamos dioses buenos, dioses neutros y dioses malos, sí, algunos muy malos.

Eso funcionó al comienzo, pero cuando las cosas se salieron de control, el momento de crecer llegó. Lo de los múltiples dioses había llegado al límite, la humanidad ya estaba grande para ese tipo de cosas, como los chicos, cuando uno le dice a los hijos "ya no podés dejar todo desordenado, ya estás grande". Esto funciona de manera parecida, Dios crea un pueblo especialmente para poner orden, eliminar el politeísmo y sobre todo para terminar con la adoración a dioses atroces como Molek. No sólo tiene que combatir a la adoración sino, también a los adoradores. Su conducta le da a Dios la certeza de que todos estos pueblos ya no tenían arreglo, no había nada que hacer por ellos. La limpieza de los primeros tiempos fue impresionante; pero en esa limpieza Dios fue eligiendo, a éste sí, a éste no. Sólo Él sabe quién tiene esperanza y puede seguir y quién no tiene solución. Un ejemplo es el diluvio en que extingue a su propio pueblo elegido, sólo se salvan Noé y su familia, ¿y por qué Noé se salva?, ¿por qué no lo elimina también a él? Sí, ¿por qué no? Por la cadena de sangre, la que no debía cortarse hasta Jesús.

¿No son bellas las preguntas simples? Las que hacen los niños, como por ejemplo: ¿cómo nacen los bebés? o ¿por qué hay pobres? Y los adultos no sabemos qué responderles, o no sabemos para dónde correr. ¿Cuántas respuestas damos por hechas?, o peor ¿cuántas preguntas hemos descartado?

Sigamos avanzando en el relato.

Miremos cómo las tribus de Israel se disgregan, todas excepto una, la de Judá. Esto es perfecto, obviamente. Las tribus deben disgregarse para llevar al dios de los israelitas a "los otros", pero una debe quedar indemne para continuar la cadena de sangre, sin dudas, hacia el Mesías. Y digo sin dudas, porque si no se podría decir, "si en la época tal o cual dieron vuelta por todo el mundo ¿quién me asegura que la cadena no se cortó?". Eso nos permite saber que visiblemente no se cortó hasta Jesús. Es posible que haya muchísima gente a quienes esto no les afecta porque su fe está más allá, y no le produce conflicto esta diferencia. Pero muchas otras personas necesitan determinadas pruebas, por eso hallamos distintas capas de lectura, para que todos entiendan la historia.

Bien, tenemos la base, que es la cadena de sangre que nos lleva sin escalas hasta el Mesías, Jesús. Tenemos en el origen el árbol de la sabiduría que le da "conocimiento certificado" al pueblo elegido, y siglos después llega Jesús al mundo en un momento en el que la selección, la "limpieza" de épocas anteriores, ha dejado la casa, esa casa que era un tremendo desorden cuando los israelitas iniciaron la "caminata" en el desierto, bastante ordenada como para dar el siguiente paso.

Ahora Dios ha creado las condiciones como para que los

chicos puedan aprender lecciones más avanzadas. Jesús va a enseñar las nuevas normas, las normas que modificarán a las anteriores y que, en un punto, van a colisionar con algunas tradiciones muy arraigadas y que por eso se enfrentarán a enormes intereses puramente humanos.

Tengamos presente en todo momento que alrededor de Jesús hay mucha gente, no sólo judíos, también "los otros", los "gentiles[32]", los que siguen observando lo que ocurre, y que, además, van a aceptar a Jesús, tal vez, más rápido que los propios judíos.

¿Por qué los judíos no aceptaron a Jesús como al Mesías? ¿Qué estaban esperando? Por un lado, por lo que mencionaba antes, Jesús cambia muchas reglas de juego y choca con grandes intereses. Y por otro, cierra, por así decirlo, el club de elite que era el pueblo elegido. Este pueblo había cumplido su misión, esa misión para la que había sido creado y por lo tanto, ya no iba a ser necesario. Ahora podían seguir con sus vidas normales, igual que "los otros", los "gentiles". Ahora los judíos iban a ser iguales que los gentiles. Jesús los iba a liberar, los iba a redimir de ese tremendo trabajo que le había dado Dios, de esa tremenda carga. Pero ellos ya se habían acostumbrado, ya no se daban cuenta de lo pesada que era, o que había sido, y querían continuar siendo el pueblo elegido, el pueblo santo. Y además de eso, debían comprender que ya no eran necesarios, debían asumir, que ya no eran indispensables.

Muchos de los judíos lo reconocieron inmediatamente, esos fueron los primeros cristianos, más adelante otros también lo reconocieron como Mesías y sin ser cristianos siguieron siendo judíos, son los que se llaman judíos mesiánicos. Pero, al mismo tiempo muchos continúan esperando, son los que no

---

32 Gentil: Goy, término usado por los judíos para referirse a las naciones o individuos no-judíos. A veces Por extensión se usa como denominación hacia los no cristianos.

se resignaron a dejar de ser los protagonistas de la historia de Dios. El problema es que esa historia ahora transcurre por otro lado, y ellos ya no participan. No lograron adaptarse a este tremendo cambio, a esta maravillosa transformación.

Se modificaron las leyes, ya no es "ojo por ojo y diente por diente", ahora es "pon la otra mejilla"; ahora es "ama a tu prójimo como a ti mismo"; y lo que es peor y más grave, es para todos, tanto judíos como gentiles, ya no hay diferencia. Dios da la vida por la humanidad, por todos. Ya no hay ciudadanos de primera y de segunda, ahora son todos iguales.

Sí…, tienen razón, fue mucho, mucho para poder soportarlo, es, hasta podríamos decir, comprensible.

Pero bueno…, llevamos dos mil años de historia después de Cristo y aún hay resabios politeístas, todavía se escuchan comentarios como: "yo creo en algo más grande que Dios", o "yo creo en el universo". ¿No es un anacronismo? Creer en el universo como rector de nuestras vidas es tan moderno como un dinosaurio, ¿qué diferencia hay entre el dios sol y el dios universo? ¿el tamaño? Si Dios es el creador de todo, es obvio que Dios crea los universos, no sólo éste, sino todos los universos. Por lo tanto ¿cómo puede haber algo más grande que Dios? A no ser que la idea de Dios sea de algo bastante pequeña, tal vez del tamaño del universo.

También coexiste toda una línea de creencias nuevas, que mezclan a la física cuántica con Dios. Regresamos a lo mismo, las partículas subatómicas y sus comportamientos, que describe la física de partículas; la física cuántica, simplemente describe una parte de la creación, no al creador.

Otra vez aquello que excede la mente del observador se convierte en Dios, ¿no lo habíamos superado? No, no, no, todavía no, pero ya falta menos, serán unos miles de años más y tal vez podamos creer en un sólo Dios y ya no necesitemos ídolos, o estatuas, o estampitas, y podamos ver en cada cosa una representación, una manifestación de Dios.

También contamos en estos últimos años con un nuevo credo del capitalismo liberal y su evangelio "El secreto" y su dios dinero, donde los marketineros de las multinacionales han creado el dogma exacto que reúne los requisitos de los productores, en los que los seres humanos son sólo consumidores, y llevan delante un gran cartel que dice: "Deseen Deseen". Frase que se transmite inmediatamente en "Compren Compren", así mantienen funcionando sus descomunales fábricas contaminantes; y, genialmente, lo nombraron "El secreto" para, subliminalmente, hacer que todos se lo cuenten a alguien. Pero eso no termina allí, no es sólo deseo y compra, sino que detrás de ello viene la frustración por no poder comprar, y la presión que sienten muchos al no poder alcanzar el molde de belleza y riqueza impuesto. Además, los que no llegan, simplemente son excluidos; si no pueden comprar, no sirven, pero igual se los mantiene en la periferia para que sigan deseando, así, la esperanza de que algún día tendrán, los mantiene quietos. Estos genios capitalistas han hecho un maravilloso "rejunte" de ciencia y tecnología, con sentimientos egoístas, física cuántica, y abandono de la culpa por el deseo. El lema es: *no tengas culpa, desea, desea, el universo te lo va a dar porque te lo mereces, todo está en tu mente, no hay dios, no hay consecuencias.*

***

Dice el Bhagavad Gita del hinduismo:

«Quien extirpa todo deseo y vive libre de egoísmo, aflicción y vanidad, obtiene la suprema paz.» Bhagavad Gita 2:71

«Tanto el camino de la renuncia, como el camino de la acción desinteresada, nos llevan al estado de la Dicha Suprema. Sin embargo, de los dos, es mejor el camino de la acción con desapego que el de la mera renuncia.

Como auténtico renunciante, se considera a aquél que nada desea y que nada aborrece. Pues aquél que no se ve afectado por los paros de opuestos, pronto ha de encontrar su liberación. Sólo el ignorante, y nunca el sabio, considera que la renuncia a la acción y la adoración mediante las obras puras son dos cosas diferentes.

Cuando uno se entrega con toda su alma a uno de estos dos caminos, con seguridad alcanza la meta a la que ambos conducen. Aquéllos que hacen vida de renuncia logran la misma victoria que los que actúan con desapego.

Entiende, pues, que el sabio es aquél que no hace diferencias entre la renuncia a la acción y la acción con desapego. Ambas coexisten, pues tienen la misma esencia. Pero sin practicar el Yoga de la acción pura, muy difíciles, oh Arjuna, hacer vida de renuncia.

Cuando un sabio logra entregarse a la acción libre de apego, pronto ha de alcanzar la unión con Dios. Las acciones no pueden atar al hombre de corazón puro, que tiene sus sentidos en armonía y ha entregado su voluntad a la fuerza que le da vida. Su alma vive en la conciencia de unidad con todo lo que existe.

El hombre que está en armonía y que ha sido iniciado en la visión interior de la verdad, con certeza piensa: "Yo no hago riada". Pues cuando ve, o huele, o toca, u oye, o come, o duerme, o anda, o respira. O cuando habla o toca cosas, o las suelta, incluso cuando abre o cierra sus ojos, él siempre recuerda: "Son tan sólo los sirvientes de mi alma que, siguiendo sus órdenes, ejecutan acciones".

Ofrece a Dios todas sus acciones, y realiza tu trabajo libre de todo deseo egoísta. Así, libre estarás del alcance del pecado; al igual que las aguas mugrientas no pueden alcanzar las hojas del loto, pues siempre flotará sobre ellas.» (Bhagavad Gita capitulo 5:2-10)

«El devoto que renuncia al fruto de sus acciones, consigue la paz eterna. Por el contrario, el hombre que, acuciado por sus deseos y carente de devoción, busca la recompensa de sus acciones, de este modo se encadena a la esclavitud del apego a los resultados.

Aquella alma realizada que ha entregado su mente, desapegándola de todo resultado, y que descansa en la dicha de la paz que encuentra dentro del castillo de nueve puertas (que es su cuerpo), jamás actuará por egoísmo, ni inducirá a otros a actuar así.» (Bhagavad Gita capitulo 5:12-13)

***

Algunas narraciones de la vida de Jesús

Jesús va en busca de Juan el Bautista.

«Entonces aparece Jesús, que viene de Galilea al Jordán donde Juan, para ser bautizado por él. Pero Juan trataba de impedírselo diciendo: "Soy yo el que necesita ser bautizado por ti, ¿y tú vienes a mí?". Jesús le respondió: "Déjame ahora, pues conviene que así cumplamos toda justicia". Entonces le dejó. Bautizado Jesús, salió luego del agua; y en esto se abrieron los cielos y vio al Espíritu de Dios que bajaba en forma de paloma y venía sobre él. Y una voz que salía de los cielos decía: "Éste es mi Hijo amado, en quien me complazco".» (Mateo 3:13-17)

Recuerden esta frase *"Este es mi Hijo amado, en quien me complazco"* porque es fundamental. ¿Recuerdan a Abraham cuando Dios le pide el sacrificio de su hijo? ¿el sacrificio de su hijo muy amado?, bien, ahora vamos a presenciar el máximo sacrificio que pueda realizar un padre.

Ya falta muy poco.

Jesús se dirige a Galilea al enterarse que Juan el bautista había sido encarcelado. Empieza a elegir a los apóstoles, los que parecen haber estado esperándolo -¿no es interesante esto, de que ni bien Jesús los nombra, abandonan lo que están haciendo y lo siguen?-. También vemos cómo su fama enseguida se disemina y llega a otros lugares.

«Caminando por la ribera del mar de Galilea vio a dos hermanos, Simón, llamado Pedro, y su hermano Andrés, echando la red en el mar, pues eran pescadores, y les dice: "Venid conmigo, y os haré pescadores de hombres". Y ellos al instante, dejando las redes, le siguieron.

Caminando adelante, vio a otros dos hermanos, Santiago el de Zebedeo y su hermano Juan, que estaban en la barca con su padre Zebedeo arreglando sus redes; y los llamó. Y ellos al instante, dejando la barca y a su padre, le siguieron.

Recorría Jesús toda Galilea, enseñando en sus sinagogas, proclamando la Buena Nueva del Reino y curando toda enfermedad y toda dolencia en el pueblo.

Su fama llegó a toda Siria; y le trajeron todos los que se encontraban mal con enfermedades y sufrimientos diversos, endemoniados, lunáticos y paralíticos, y los curó. Y le siguió una gran muchedumbre de Galilea, Decápolis, Jerusalén y Judea, y del otro lado del Jordán.» (Mateo 4:18-25)

25
LAS REGLAS DEL JUEGO
¿Y la ley?

Observemos este discurso de Jesús y el cambio de paradigma que conlleva.

«Viendo la muchedumbre, subió al monte, se sentó, y sus discípulos se le acercaron. Y tomando la palabra, les enseñaba diciendo:

«"Bienaventurados los pobres de espíritu, porque de ellos es el Reino de los Cielos.
Bienaventurados los mansos, porque ellos poseerán en herencia la tierra.
Bienaventurados los que lloran, porque ellos serán consolados.
Bienaventurados los que tienen hambre y sed de la justicia, porque ellos serán saciados.
Bienaventurados los misericordiosos, porque ellos alcanzarán misericordia.
Bienaventurados los limpios de corazón, porque ellos verán a Dios.
Bienaventurados los que trabajan por la paz, porque ellos serán llamados hijos de Dios.
Bienaventurados los perseguidos por causa de la justicia, porque de ellos es el Reino de los Cielos.
Bienaventurados seréis cuando os injurien, y os persigan y digan con mentira toda clase de mal contra vosotros por mi causa.
Alegraos y regocijaos, porque vuestra recom-

pensa será grande en los cielos; pues de la misma manera persiguieron a los profetas anteriores a vosotros.» (Mateo 5:1-12)

Es impresionante la diferencia de conceptos: "*Bienaventurados los mansos*", pensemos en la belicosidad que hemos presenciado en todas estas páginas, y ahora Jesús les dice: "*¡Bienaventurados los mansos!, ¡bienaventurados los misericordiosos!*". Empezamos a ver el motivo por lo que no les caería bien a los que ostentaban el poder en ese momento.

Sigamos.

«"Habéis oído que se dijo a los antepasados: No matarás; y aquel que mate será reo ante el tribunal. Pues yo os digo: Todo aquel que se encolerice contra su hermano, será reo ante el tribunal; pero el que llame a su hermano "imbécil", será reo ante el Sanedrín; y el que le llame "renegado", será reo de la gehenna[IV] de fuego. Si, pues, al presentar tu ofrenda en el altar te acuerdas entonces de que un hermano tuyo tiene algo contra ti, deja tu ofrenda allí, delante del altar, y vete primero a reconciliarte con tu hermano; luego vuelves y presentas tu ofrenda. Ponte enseguida a buenas con tu adversario mientras vas con él por el camino; no sea que tu adversario te entregue al juez y el juez al guardia, y te metan en la cárcel. Yo te aseguro: no saldrás de allí hasta que no hayas pagado el último céntimo.

"Habéis oído que se dijo: No cometerás adulterio. Pues yo os digo: Todo el que mira a una mujer deseándola, ya cometió adulterio con ella en su corazón. Si, pues, tu ojo derecho te es ocasión de pecado, sácatelo y arrójalo de ti; más te conviene que se pierda uno de tus miembros, que no que todo tu cuerpo sea arrojado a la gehenna. Y si tu mano derecha te es ocasión de pecado, córtatela y arrójala de ti; más te conviene que se pierda uno de tus miembros, que no que todo tu cuerpo vaya a la gehenna.

"También se dijo: El que repudie a su mujer, que le dé acta de divorcio.

Yo os digo: Todo el que repudia a su mujer, excepto el caso de fornicación, la hace ser adúltera; y el que se case con una repudiada, comete adulterio.

"Habéis oído también que se dijo a los antepasados: No perjurarás, sino que cumplirás al Señor tus juramentos. Pues yo digo que no juréis en modo alguno: ni por el Cielo, porque es el trono de Dios, ni por la Tierra, porque es el escabel de sus pies; ni por Jerusalén, porque es la ciudad del gran rey. Ni tampoco jures por tu cabeza, porque ni a uno solo de tus cabellos puedes hacerlo blanco o negro. Sea vuestro lenguaje: "Sí, sí"; "no, no": que lo que pasa de aquí viene del Maligno.

"Habéis oído que se dijo: Ojo por ojo y diente por diente. Pues yo os digo: no resistáis al mal; antes bien, al que te abofetee en la mejilla derecha ofrécele también la otra: al que quiera pleitear contigo para quitarte la túnica déjale también el manto; y al que te obligue a andar una milla vete con él dos. A quien te pida da, y al que desee que le prestes algo no le vuelvas la espalda.

"Habéis oído que se dijo: Amarás a tu prójimo y odiarás a tu enemigo. Pues yo os digo: Amad a vuestros enemigos y rogad por los que os persigan, para que seáis hijos de vuestro Padre celestial, que hace salir su sol sobre malos y buenos, y llover sobre justos e injustos. Porque si amáis a los que os aman, ¿qué recompensa vais a tener? ¿No hacen eso mismo también los publicanos? Y si no saludáis más que a vuestros hermanos, ¿qué hacéis de particular? ¿No hacen eso mismo también los gentiles? Vosotros, pues, sed perfectos como es perfecto vuestro Padre celestial.» (Mateo 5:21-48)

Aquí hay, claramente, un cambio sobre las leyes. Estas modificaciones debían poner, cuanto menos, a mucha gente nerviosa, porque si el que hablaba era realmente el Mesías, debería hacerse como él decía, y eso les iba a causar algunos problemas a los que estaban muy aferrados a las tradiciones.

Hay más…

«"Cuidad de no practicar vuestra justicia delante de los hombres para ser vistos por ellos; de lo contrario no tendréis recompensa de vuestro Padre celestial. Por tanto, cuando hagas limosna, no lo vayas trompeteando por delante como hacen los hipócritas en las sinagogas y por las calles, con el fin de ser honrados por los hombres; en verdad os digo que ya reciben su paga. Tú, en cambio, cuando hagas limosna, que no sepa tu mano izquierda lo que hace tu derecha; así tu limosna quedará en secreto; y tu Padre, que ve en lo secreto, te recompensará.

"Y cuando oréis, no seáis como los hipócritas, que gustan de orar en las sinagogas y en las esquinas de las plazas bien plantados para ser vistos de los hombres; en verdad os digo que ya reciben su paga. Tú, en cambio, cuando vayas a orar, entra en tu aposento y, después de cerrar la puerta, ora a tu Padre, que está allí, en lo secreto; y tu Padre, que ve en lo secreto, te recompensará. Y al orar, no charléis mucho, como los gentiles, que se figuran que por su palabrería van a ser escuchados. No seáis como ellos, porque vuestro Padre sabe lo que necesitáis antes de pedírselo.

"Vosotros, pues, orad así:

Padre nuestro que estás en los cielos, santificado sea tu Nombre; venga tu Reino; hágase tu Voluntad así en la tierra como en el cielo. Nuestro pan cotidiano dánosle hoy; y perdónanos nuestras deudas, así como nosotros hemos perdonado a nuestros deudores; y no nos dejes caer en tentación, mas líbranos del mal.

"Que si vosotros perdonáis a los hombres sus ofensas, os perdonará también a vosotros vuestro Padre celestial; pero si no perdonáis a los hombres, tampoco vuestro Padre perdonará vuestras ofensas.

"Cuando ayunéis, no pongáis cara triste, como los hipócritas, que desfiguran su rostro para que los hombres vean que ayunan; en verdad os digo que ya reciben su paga. Tú, en cambio, cuando ayunes, perfuma tu cabeza y lava tu rostro, para que tu ayuno sea visto, no por los hombres, sino por tu Padre que está allí, en lo secreto; y tu Padre, que ve en lo secreto, te recompensará.

"No os amontonéis tesoros en la tierra, donde hay polilla y herrumbre que corroen, y ladrones que socavan y roban. Amontonaos más bien tesoros en el cielo, donde no hay polilla ni herrumbre que corroan, ni ladrones que socaven y roben. Porque donde esté tu tesoro, allí estará también tu corazón.

"La lámpara del cuerpo es el ojo. Si tu ojo está sano, todo tu cuerpo estará luminoso; pero si tu ojo está malo, todo tu cuerpo estará a oscuras. Y, si la luz que hay en ti es oscuridad, ¡qué oscuridad habrá! Nadie puede servir a dos señores; porque aborrecerá a uno y amará al otro; o bien se entregará a uno y despreciará al otro. No podéis servir a Dios y al Dinero.

"Por eso os digo: No andéis preocupados por vuestra vida, qué comeréis, ni por vuestro cuerpo, con qué os vestiréis. ¿No vale más la vida que el alimento, y el cuerpo más que el vestido? Mirad las aves del cielo: no siembran, ni cosechan, ni recogen en graneros; y vuestro Padre celestial las alimenta. ¿No valéis vosotros más que ellas? Por lo demás, ¿quién de vosotros puede, por más que se preocupe, añadir un solo codo a la medida de su vida? Y del vestido, ¿por qué preocuparos? Observad los lirios del campo, cómo crecen; no se fatigan, ni hilan. Pero yo os digo que ni Salomón, en toda su gloria, se vistió como uno de ellos. Pues si a la hierba del campo, que hoy es y mañana se echa al horno, Dios así la viste, ¿no lo hará mucho más con vosotros, hombres de poca fe? No andéis, pues, preocupados diciendo: ¿Qué vamos a comer?, ¿qué vamos a beber?,

¿con qué vamos a vestirnos? Que por todas esas cosas se afanan los gentiles; pues ya sabe vuestro Padre celestial que tenéis necesidad de todo eso. Buscad primero su Reino y su justicia, y todas esas cosas se os darán por añadidura. Así que no os preocupéis del mañana: el mañana se preocupará de sí mismo. Cada día tiene bastante con su propio mal."» (Mateo 6:1-34)

O sea, está mal ser rico, hay que perdonar a los deudores, la limosna y la oración debe hacerse sin que otros vean, con discreción…, esto no podía estar ocurriendo, algo andaba mal, éste no podía ser el Mesías. El Mesías que ellos esperaban debía decir todo lo contrario. Este Mesías no les iba a servir. ¿Cómo es que ser rico está mal? No puede ser. *"¡No podéis servir a Dios y al Dinero!"*

Y más…

«"No juzguéis, para que no seáis juzgados. Porque con el juicio con que juzguéis seréis juzgados, y con la medida con que midáis se os medirá. ¿Cómo es que miras la brizna que hay en el ojo de tu hermano, y no reparas en la viga que hay en tu ojo? ¿O cómo vas a decir a tu hermano: "Deja que te saque la brizna del ojo", teniendo la viga en el tuyo? Hipócrita, saca primero la viga de tu ojo, y entonces podrás ver para sacar la brizna del ojo de tu hermano.

"No deis a los perros lo que es santo, ni echéis vuestras perlas delante de los puercos, no sea que las pisoteen con sus patas, y después, volviéndose, os despedacen.

"Pedid y se os dará; buscad y hallaréis; llamad

y se os abrirá. Porque todo el que pide recibe; el que busca, halla; y al que llama, se le abrirá. ¿O hay acaso alguno entre vosotros que al hijo que le pide pan le dé una piedra; o si le pide un pez, le dé una culebra? Si, pues, vosotros, siendo malos, sabéis dar cosas buenas a vuestros hijos, ¡cuánto más vuestro Padre que está en los cielos dará cosas buenas a los que se las pidan!

"Por tanto, todo cuanto queráis que os hagan los hombres, hacédselo también vosotros a ellos; porque ésta es la Ley y los Profetas.

"Entrad por la entrada estrecha; porque ancha es la entrada y espacioso el camino que lleva a la perdición, y son muchos los que entran por ella; mas ¡qué estrecha la entrada y qué angosto el camino que lleva a la Vida!; y poco son los que lo encuentran.

"Guardaos de los falsos profetas, que vienen a vosotros con disfraces de ovejas, pero por dentro son lobos rapaces. Por sus frutos los conoceréis. ¿Acaso se recogen uvas de los espinos o higos de los abrojos? Así, todo árbol bueno da frutos buenos, pero el árbol malo da frutos malos. Un árbol bueno no puede producir frutos malos, ni un árbol malo producir frutos buenos. Todo árbol que no da buen fruto, es cortado y arrojado al fuego. Así que por sus frutos los reconoceréis.

"No todo el que me diga: "Señor, Señor, entrará en el Reino de los Cielos, sino el que haga la voluntad de mi Padre celestial. Muchos me dirán aquel Día: "Señor, Señor, ¿no profetizamos en tu nombre, y en tu nombre expulsamos demonios, y en tu nombre hicimos muchos milagros?". Y entonces les declararé: "¡Jamás os conocí; apartaos de mí, agentes de iniquidad!"

"Así pues, todo el que oiga estas palabras mías y las ponga en práctica, será como el hombre prudente que edificó su casa sobre roca: cayó la lluvia, vinieron los torrentes, soplaron los vientos, y embistieron contra aquella casa; pero ella no cayó, porque estaba cimentada sobre roca. Y todo el que oiga estas palabras mías y no las ponga en práctica, será como el hombre insensato que edificó su casa sobre arena: cayó la lluvia, vinieron los torrentes, soplaron los vientos, irrumpieron contra aquella casa y cayó, y fue grande su ruina". Y sucedió que cuando acabó Jesús estos discursos, la gente quedaba asombrada de su doctrina; porque les enseñaba como quien tiene autoridad, y no como sus escribas".» (Mateo 7:1-29)

Está claro que nadie tiene asegurado nada, hasta los profetas serán juzgados llegado el momento. Esto es correcto porque en definitiva son hombres, pero lo que conmociona es que ante el pueblo, los sacerdotes y los profetas tenían un halo de protección, se consideraba que ellos eran los justos y los demás eran los pecadores. Luego de Jesús el pueblo puede mirar a los sacerdotes y profetas como iguales. Nosotros seremos pecadores pero puede que ustedes también. El dedo acusador de los sacerdotes "ustedes los pecadores" es puesto en duda. La lección es que Dios ve en nuestro corazón, nuestras verdaderas intenciones, a Él no se le puede ocultar ni engañar, él no va a escuchar nuestras explicaciones, Él sabe perfectamente qué fue lo que motivó nuestras acciones y nos conoce mejor que nosotros mismos.

Pronto se nota que rápidamente lo sigue mucha gente y que además esa muchedumbre se da cuenta de que él tiene autoridad para hablar, que no habla simplemente por hablar.

«Cuando bajó del monte, fue siguiéndole una gran muchedumbre. En esto, un leproso se acercó y se postró ante él, diciendo: "Señor, si quieres puedes limpiarme". El extendió la mano, le tocó y dijo: "Quiero, queda limpio". Y al instante quedó limpio de su lepra. Y Jesús le dice: "Mira, no se los digas a nadie, sino vete, muéstrate al sacerdote y presenta la ofrenda que prescribió Moisés, para que les sirva de testimonio.

Al entrar en Cafarnaúm, se le acercó un centurión y le rogó diciendo: "Señor, mi criado yace en casa paralítico con terribles sufrimientos". Dícele Jesús: "Yo iré a curarle". Replicó el centurión: "Señor, no soy digno de que entres bajo mi techo; basta que lo digas de palabra y mi criado quedará sano. Porque también yo, que soy un subalterno, tengo soldados a mis órdenes, y digo a éste: "Vete", y va; y a otro: "Ven", y viene; y a mi siervo: "Haz esto", y lo hace". Al oír esto Jesús quedó admirado y dijo a los que le seguían: "Os aseguro que en Israel no he encontrado en nadie una fe tan grande. Y os digo que vendrán muchos de oriente y occidente y se pondrán a la mesa con Abraham, Isaac y Jacob en el reino de los Cielos, mientras que los hijos del Reino serán echados a las tinieblas de fuera; allí será el llanto y el rechinar de dientes". Y dijo Jesús al centurión: "Anda; que te suceda como has creído". Y en aquella hora sanó el criado.» (Mateo 8:1-13)

¡El centurión no era judío! ¿Cómo es que va a sentarse a la mesa con Abraham, Isaac y Jacob? ¿Y entonces? ¿No éramos el pueblo elegido? ¿No somos nosotros lo que nos vamos a sentar a la mesa? ¿Cómo puede ser que un gentil, un extraño, uno de "los otros" esté como igual? Eso no puede suceder. Alguien debe hacer algo, esto no puede seguir.

Trato de situarme en ese lugar, en ese tiempo, y puedo escuchar al pueblo judío, al pueblo elegido hacer este tipo de comentarios. Hasta puedo sentir su enojo, su imposibilidad de aceptar estas enseñanzas. No todos, por supuesto, mucha gente lo reconoció inmediatamente, cambio su vida y lo siguió. Pero también debía cumplirse la última parte de la obra, esta tragedia que Dios había montado desde el Génesis y que ahora llegaba a su apogeo, a su culminación.

Es muy impresionante cómo Jesús cura a los enfermos y echa a los demonios, continuamente. También se puede ver, por el rabillo del ojo, la cantidad de gente que le sigue y que se agolpa allí donde quiera que él vaya. Tanta gente, tanta gente…

La muchedumbre se desespera por verlo, por tocarlo. La energía que irradiaba debería de ser en extremo notoria.

Veamos esta narración y lo que ocurre con el pueblo donde Jesús está por entrar.

«Subió a la barca y sus discípulos le siguieron. De pronto se levantó en el mar una tempestad tan grande que la barca quedaba tapada por las olas; pero él estaba dormido. Acercándose ellos le despertaron diciendo: "¡Señor, sálvanos, que perecemos!" Díceles: "¿Por qué tenéis miedo, hombres de poca fe?". Entonces se levantó, increpó a los vientos y al mar, y sobrevino una gran bonanza. Y aquellos hombres, maravillados, decían: "¿Quién es éste, que hasta los vientos y el mar le obedecen?".

Al llegar a la otra orilla, a la región de los gadarenos, vinieron a su encuentro dos endemoniados que salían de los sepulcros, y tan furiosos que nadie era capaz de pasar por aquel camino. Y se pusieron a gritar: "¿Qué tenemos nosotros contigo, Hijo de Dios? ¿Has venido aquí para atormentarnos antes de tiempo?". Había allí a cierta distancia una gran piara de puercos paciendo. Y le suplicaban los demonios: "Si nos echas, mándanos a esa piara de puercos". El les dijo: "Id". Saliendo ellos, se fueron a los puercos, y de pronto toda la piara se arrojó al mar precipicio abajo, y perecieron en las aguas. Los porqueros huyeron, y al llegar a la ciudad lo contaron todo y también lo de los endemoniados. Y he aquí que toda la ciudad salió al encuentro de Jesús y, en viéndole, le rogaron que se retirase de su término".» (Mateo 8:23-34)

Es tan grande el poder de Jesús, que la gente no logra entender lo que ocurre y hasta entran en pánico, por lo que no lo dejan llegar a su pueblo y le piden que se retire.

«Subiendo a la barca, pasó a la otra orilla y vino a su ciudad. En esto le trajeron un paralítico postrado en una camilla. Viendo Jesús la fe de ellos, dijo al paralítico: "¡Animo!, hijo, tus pecados te son perdonados". Pero he aquí que algunos escribas dijeron para sí: "Este está blasfemando". Jesús, conociendo sus pensamientos, dijo: "¿Por qué pensáis mal en vuestros corazones? ¿Qué es más fácil, decir: "Tus pecados te son perdonados", o decir: "Levántate y anda"? Pues para que sepáis que el Hijo del hombre tiene en la tierra poder de perdonar pecados -dice entonces al paralítico-: "Levántate, toma tu camilla y vete a tu casa"". El se levantó y se fue a su casa. Y al ver esto, la gente temió y glorificó a Dios, que había dado tal poder a los hombres. Cuando se iba de allí, al pasar vio Jesús a un hombre llamado Mateo, sentado en el despacho de impuestos, y le dice: "Sígueme". El se levantó y le siguió. Y sucedió que estando él a la mesa en casa de Mateo, vinieron muchos publicanos y pecadores, y estaban a la mesa con Jesús y sus discípulos. Al verlo los fariseos decían a los discípulos: "¿Por qué come vuestro maestro con los publicanos y pecadores?". Mas él, al oírlo, dijo: "No necesitan médico los que están fuertes sino los que están mal. Id, pues, a aprender qué significa aquello de: Misericordia quiero, que no sacrificio. Porque no he venido a llamar a justos, sino a pecadores".» (Mateo 9:1-13)

Analicemos un poco más: algunos escribas dijeron para sí: "*Éste está blasfemando*", Jesús les había dicho "*tus pecados te son perdonados*", cada cosa que hace Jesús es una enseñanza y una ruptura con el status quo. Recluta a los cobradores de impuestos, -publicanos- y pecadores y dice "no he venido a llamar a justos, sino a pecadores".

Me imagino a los que más apegados estaban a las tradiciones, diciendo cosas como estas: "¡viene a buscar a los pecadores!, debería venir a buscar a los justos, ¿cómo se junta con los peores?".

Jesús envía a los apóstoles en busca de los judíos

«Y llamando a sus doce discípulos, les dio poder sobre los espíritus inmundos para expulsarlos, y para curar toda enfermedad y toda dolencia.

Los nombres de los doce Apóstoles son éstos: primero Simón, llamado Pedro, y su hermano Andrés; Santiago el de Zebedeo y su hermano Juan; Felipe y Bartolomé; Tomás y Mateo el publicano; Santiago el de Alfeo y Tadeo; Simón el Cananeo y Judas el Iscariote, el mismo que le entregó. A estos doce envió Jesús, después de darles estas instrucciones:

"No toméis camino de gentiles ni entréis en ciudad de samaritanos; dirigíos más bien a las ovejas perdidas de la casa de Israel. Id proclamando que el Reino de los Cielos está cerca. Curad enfermos, resucitad muertos, purificad leprosos, expulsad demonios. Gratis lo recibisteis; dadlo gratis.

No os procuréis oro, ni plata, ni calderilla en vuestras fajas; ni alforja para el camino, ni dos túnicas, ni sandalias, ni bastón; porque el obrero merece su sustento".» (Mateo 10:1-10)

Si a lo que había dicho antes sobre *"no he venido a llamar a justos, sino a pecadores"* le sumamos este nuevo pedido: *"dirigíos más bien a las ovejas perdidas de la casa de Israel"*, ¿qué se debía pensar?, ¿qué los gentiles, "los otros", podían llegar a estar en mejores condiciones que el pueblo elegido? No, eso era totalmente inaceptable.

También Jesús predice las persecuciones que iban a tener que soportar por su causa.

«"Mirad que yo os envío como ovejas en medio de lobos. Sed, pues, prudentes como las serpientes, y sencillos como las palomas.

Guardaos de los hombres, porque os entregarán a los tribunales y os azotarán en sus sinagogas; y por mi causa seréis llevados ante gobernadores y reyes, para que deis testimonio ante ellos y ante los gentiles. Mas cuando os entreguen, no os preocupéis de cómo o qué vais a hablar.

Lo que tengáis que hablar se os comunicará en aquel momento. Porque no seréis vosotros los que hablaréis, sino el Espíritu de vuestro Padre el que hablará en vosotros.

"Entregará a la muerte hermano a hermano y padre a hijo; se levantarán hijos contra padres y los matarán. Y seréis odiados de todos por causa de mi nombre; pero el que persevere hasta el fin, ése se salvará.

"Cuando os persigan en una ciudad huid a otra, y si también en ésta os persiguen, marchaos a otra. Yo os aseguro: no acabaréis de recorrer las ciudades de Israel antes que venga el Hijo del hombre.

"No está el discípulo por encima del maestro, ni el siervo por encima de su amo. Ya le basta al discípulo ser como su maestro, y al siervo como su amo. Si al dueño de la casa le han llamado Beelzebul, ¡cuánto más a sus domésticos!

"No les tengáis miedo. Pues no hay nada encubierto que no haya de ser descubierto, ni oculto que no haya de saberse. Lo que yo os digo en la oscuridad, decidlo vosotros a la luz; y lo que oís al oído, proclamadlo desde los terrados".» (Mateo 10:16-27)

Es tan rotundo el cambio que Jesús propone, que es absolutamente inevitable, que él es conciente, obviamente, de que va a generar conflictos incluso dentro de las familias, unos se pondrán a favor de abrazar sus enseñanzas y otros en contra. Este cambio es un río al que es inútil oponer resistencia.

«"El que ama a su padre o a su madre más que a mí, no es digno de mí; el que ama a su hijo o a su hija más que a mí, no es digno de mí. El que no toma su cruz y me sigue detrás no es digno de mí. El que encuentre su vida, la perderá; y el que pierda su vida por mí, la encontrará.

"Quien a vosotros recibe, a mí me recibe, y quien me recibe a mí, recibe a Aquel que me ha enviado.

"Quien reciba a un profeta por ser profeta, recompensa de profeta recibirá, y quien reciba a un justo por ser justo, recompensa de justo recibirá".» (Mateo 10:37-41)

Los apóstoles representan a Jesús y Jesús a Dios. Los apóstoles son enviados de Dios para terminar lo que Él había empezado con Adán y Eva. Ahora ellos eran los encargados de continuar el trabajo luego de la partida de Jesús.

Jesús será la bisagra de la historia, un embudo que va a generar un antes y un después. Él modifica las reglas, cierra y termina el trabajo del pueblo elegido, lo libera y a partir de ese momento envía a los apóstoles a evangelizar, a terminar de acomodar lo que queda suelto, lo que falta, pero ya no por las armas como se hizo antes, sino por el amor, el amor del padre hacia sus hijos.

Jesús compara a la gente con niños

«"¿Pero, con quién compararé a esta generación? Se parece a los chiquillos que, sentados en las plazas, se gritan unos a otros diciendo: "Os hemos tocado la flauta, y no habéis bailado, os hemos entonado endechas, y no os habéis lamentado". Porque vino Juan, que ni comía ni bebía, y dicen: "Demonio tiene". Vino el Hijo del hombre[33], que come y bebe, y dicen: "Ahí tenéis un comilón y un borracho, amigo de publicanos y pecadores". Y la Sabiduría se ha acreditado por sus obras".

«En aquel tiempo cruzaba Jesús un sábado por los sembrados. Y sus discípulos sintieron hambre y se pusieron a arrancar espigas y a comerlas. Al verlo los fariseos, le dijeron:

"Mira, tus discípulos hacen lo que no es lícito hacer en sábado". Pero él les dijo: "¿No habéis leí-

---

33 Jesús se refiere a sí mismo con "el Hijo del hombre".

do lo que hizo David cuando sintió hambre él y los que le acompañaban, cómo entró en la Casa de Dios y comieron los panes de la Presencia, que no le era lícito comer a él, ni a sus compañeros, sino sólo a los sacerdotes? ¿Tampoco habéis leído en la Ley que en día de sábado los sacerdotes, en el Templo, quebrantan el sábado sin incurrir en culpa? Pues yo os digo que hay aquí algo mayor que el Templo. Si hubieseis comprendido lo que significa aquello de: Misericordia quiero, que no sacrificio, no condenaríais a los que no tienen culpa. Porque el Hijo del hombre es señor del sábado".

Pasó de allí y se fue a la sinagoga de ellos. Había allí un hombre que tenía una mano seca. Y le preguntaron si era lícito curar en sábado, para poder acusarle. El les dijo:

"¿Quién de vosotros que tenga una sola oveja, si ésta cae en un hoyo en sábado, no la agarra y la saca? Pues, ¡cuánto más vale un hombre que una oveja! Por tanto, es lícito hacer bien en sábado". Entonces dice al hombre: "Extiende tu mano". El la extendió, y quedó restablecida, sana como la otra. Pero los fariseos, en cuanto salieron, se confabularon contra él para ver cómo eliminarle.» (Mateo 12:1-14)

Y sí…
Lo empiezan a atacar y a buscar fallas en lo que dice o hace. Por supuesto…

26
¿NO ES ÉSTE EL HIJO DEL CARPINTERO?

«Entonces le interpelaron algunos escribas y fariseos:

«"Maestro, queremos ver una señal hecha por ti". Mas él les respondió: "¡Generación malvada y adúltera! Una señal pide, y no se le dará otra señal que la señal del profeta Jonás. Porque de la misma manera que Jonás estuvo en el vientre del cetáceo tres días y tres noches, así también el Hijo del hombre estará en el seno de la tierra tres días y tres noches. Los ninivitas se levantarán en el Juicio con esta generación y la condenarán; porque ellos se convirtieron por la predicación de Jonás, y aquí hay algo más que Jonás. La reina del Mediodía se levantará en el Juicio con esta generación y la condenará; porque ella vino de los confines de la tierra a oír la sabiduría de Salomón, y aquí hay algo más que Salomón.» (Mateo 12:38-42)

Nadie es profeta en su tierra...

«Y sucedió que, cuando acabó Jesús estas parábolas, partió de allí. Viniendo a su patria, les enseñaba en su sinagoga, de tal manera que decían maravillados: "¿De dónde le viene a éste esa sabiduría y esos milagros? ¿No es éste el hijo del carpintero? ¿No se llama su madre María, y sus hermanos Santiago, José, Simón y Judas? Y sus hermanas, ¿no están todas entre nosotros? Entonces, ¿de dónde le viene todo esto?". Y se escandalizaban a causa de él. Mas Jesús les dijo: "Un profeta sólo en su patria y en su casa carece de prestigio". Y no hizo allí muchos milagros, a causa de su falta de fe.» (Mateo 13:53-58)

Las tradiciones son puestas en duda

«Entonces se acercan a Jesús algunos fariseos y escribas venidos de Jerusalén, y le dicen: "¿Por qué tus discípulos traspasan la tradición de los antepasados?; pues no se lavan las manos a la hora de comer". El les respondió: "Y vosotros, ¿por qué traspasáis el mandamiento de Dios por vuestra tradición? Porque Dios dijo: Honra a tu padre y a tu madre, y: El que maldiga a su padre o a su madre, sea castigado con la muerte. Pero vosotros decís: El que diga a su padre o a su madre: "Lo que de mí podrías recibir como ayuda es ofrenda", ése no tendrá que honrar a su padre y a su madre. Así habéis anulado la Palabra de Dios por vuestra tradición. Hipócritas, bien profetizó de vosotros Isaías cuando dijo: Este pueblo me honra con los labios, pero su corazón está lejos de mí. En vano me rinden culto, ya que enseñan doctrinas que son preceptos de hombres". Luego llamó a la gente y les dijo: "Oíd y entended. No es lo que entra en la boca lo que contamina al hombre; sino lo que sale de la boca, eso es lo que contamina al hombre". Entonces se acercan los discípulos y le dicen: "¿Sabes que los fariseos se han escandalizado al oír tu palabra?". El les respondió: "Toda planta que no haya plantado mi Padre celestial será arrancada de raíz. Dejadlos: son ciegos que guían a ciegos. Y si un ciego guía a otro ciego, los dos caerán en el hoyo". Tomando Pedro la palabra, le dijo: "Explícanos la parábola". El dijo: "¿También vosotros estáis todavía sin inteligencia? ¿No comprendéis que todo lo que entra en la boca pasa al vientre y luego se echa al excusado? En cambio lo que sale de la boca viene de dentro del corazón, y eso es lo que contamina al hombre. Porque del corazón salen las intenciones malas, asesinatos, adulterios, fornicaciones, robos, falsos testimonios, injurias. Eso es lo que contamina al hombre; que el comer sin lavarse las manos no contamina al hombre".» (Mateo 15:1-20)

Recordemos la cantidad de gente que venía a verlo y que muchos eran de otras pueblos, de otras regiones, esos, eran "los otros".

«Pasando de allí Jesús vino junto al mar de Galilea; subió al monte y se sentó allí. Y se le acercó mucha gente trayendo consigo cojos, lisiados, ciegos, mudos y otros muchos; los pusieron a sus pies, y él los curó. De suerte que la gente quedó maravillada al ver que los mudos hablaban, los lisiados quedaban curados, los cojos caminaban y los ciegos veían; y glorificaron al Dios de Israel.» (Mateo 15:29-31)

Los fariseos y saduceos piden señales del cielo; en realidad, lo hacen con mala intención.

«Se acercaron los fariseos y saduceos y, para ponerle a prueba, le pidieron que les mostrase una señal del cielo. Mas él les respondió: "Al atardecer decís: "Va a hacer buen tiempo, porque el cielo tiene un rojo de fuego", y a la mañana: "Hoy habrá tormenta, porque el cielo tiene un rojo sombrío". ¡Conque sabéis discernir el aspecto del cielo y no podéis discernir las señales de los tiempos! ¡Generación malvada y adúltera! Una señal pide y no se le dará otra señal que la señal de Jonás". Y dejándolos, se fue.» (Mateo 16:1-4)

Los apóstoles ya sabían quién era Jesús, Dios se los había revelado en su conciencia.

«Llegado Jesús a la región de Cesarea de Filipo, hizo esta pregunta a sus discípulos: "¿Quién dicen los hombres que es el Hijo del hombre?". Ellos dijeron: "Unos, que Juan el Bautista; otros, que Elías, otros, que Jeremías o uno de los profetas". Díceles él: "Y vosotros ¿quién decís que soy yo?". Simón Pedro contestó: "Tú eres el Cristo, el Hijo de Dios vivo". Replicando Jesús le dijo: "Bienaventurado eres Simón, hijo de Jonás, porque no te ha revelado esto la carne ni la sangre, sino mi Padre que está en los cielos. Y yo a mi vez te digo que tú eres Pedro, y sobre esta piedra edificaré mi Iglesia, y las puertas del Hades no prevalecerán contra ella. A ti te daré las llaves del Reino de los Cielos; y lo que ates en la tierra quedará atado en los cielos, y lo que desates en la tierra quedará desatado en los cielos". Entonces mandó a sus discípulos que no dijesen a nadie que él era el Cristo.» (Mateo 16:13-20)

Jesús les pide que no le digan a nadie. Sólo se darían cuenta de que él era el Mesías los que estuviesen en condiciones de entender, el resto no lo iba a poder reconocer como tal, y era muy importante que todo se cumpliera según el plan de Dios. Era fundamental que él fuera asesinado, era necesaria la muerte de Jesús, el Hijo de Dios, para cerrar esta obra.

Pedro es la base de la Iglesia Católica por las palabras que pronunció Jesús, no porque Jesús lo haya decretado o exigido, sino porque mucho después, es la Iglesia Católica la que las toma como su fundamento.

– ¿Por qué Jesús no quieren que cuenten que él es el Mesías? –pregunta Lautaro

– Porque, me parece a mi, que Dios no quiere que la gente llegue a él por la razón, por las pruebas, sino porque Dios, o el conocimiento de Dios, se les debe revelar en su corazón.

Jesús anuncia que va a morir a manos de los escribas y sacerdotes

«Desde entonces comenzó Jesús a manifestar a sus discípulos que él debía ir a Jerusalén y sufrir mucho de parte de los ancianos, los sumos sacerdotes y los escribas, y ser matado y resucitar al tercer día.

Tomándole aparte Pedro, se puso a reprenderle diciendo: "¡Lejos de ti, Señor! ¡De ningún modo te sucederá eso!" Pero él, volviéndose, dijo a Pedro: "¡Quítate de mi vista, Satanás! ¡Escándalo eres para mí, porque tus pensamientos no son los de Dios, sino los de los hombres! Entonces dijo Jesús a sus discípulos: "Si alguno quiere venir en pos de mí, niéguese a sí mismo, tome su cruz y sígame. Porque quien quiera salvar su vida, la perderá, pero quien pierda su vida por mí, la encontrará. Pues ¿de qué le servirá al hombre ganar el mundo entero, si arruina su vida? O ¿qué puede dar el hombre a cambio de su vida?

"Porque el Hijo del hombre ha de venir en la gloria de su Padre, con sus ángeles, y entonces pagará a cada uno según su conducta. Yo os aseguro: entre los aquí presentes hay algunos que no gustarán la muerte hasta que vean al Hijo del hombre venir en su Reino".» (Mateo 16:21-28)

«Yendo un día juntos por Galilea, les dijo Jesús: "El Hijo del hombre va a ser entregado en manos de los hombres; le matarán, y al tercer día resucitará". Y se entristecieron mucho.» (Mateo 17:23-23)

Jesús compara a la humanidad con los niños. Estas comparaciones con los niños se repiten en varias oportunidades.

«En aquel momento se acercaron a Jesús los discípulos y le dijeron: "¿Quién es, pues, el mayor en el Reino de los Cielos?". El llamó a un niño, le puso en medio de ellos y dijo:
"Yo os aseguro: si no cambiáis y os hacéis como los niños, no entraréis en el Reino de los Cielos. Así pues, quien se haga pequeño como este niño, ése es el mayor en el Reino de los Cielos.
"Y el que reciba a un niño como éste en mi nombre, a mí me recibe. Pero al que escandalice a uno de estos pequeños que creen en mí, más le vale que le cuelguen al cuello una de esas piedras de molino que mueven los asnos, y le hundan en lo profundo del mar.
¡Ay del mundo por los escándalos! Es forzoso, ciertamente, que vengan escándalos, pero ¡ay de aquel hombre por quien el escándalo viene!
"Si, pues, tu mano o tu pie te es ocasión de pecado, córtatelo y arrójalo de ti; más te vale entrar en la Vida manco o cojo que, con las dos manos o los dos pies, ser arrojado en el fuego eterno. Y si tu ojo te es ocasión de pecado, sácatelo y arrójalo de ti; más te vale entrar en la Vida con un solo ojo que, con los dos ojos, ser arrojado a la gehenna del fuego.
"Guardaos de menospreciar a uno de estos pe-

queños; porque yo os digo que sus ángeles, en los cielos, ven continuamente el rostro de mi Padre que está en los cielos".» (Mateo 18:1-10)

Debemos ser como niños para comprender, la mirada inocente de los pequeños es la mejor perspectiva. Somos hijos de Dios, y niños espirituales; por eso, debemos de estar atentos y sacudirnos los prejuicios, sacudirnos las preguntas establecidas y las respuestas establecidas. Tratemos de pensar y analizar, Dios es amor por sobre todo, por lo tanto, debemos obrar en concordancia con este precepto. *"Ama a tu prójimo como a ti mismo"*, he allí la base, y a Dios por sobre todas las cosas.

Si Dios es todo, todo lo que podemos ver y lo que no podemos ver, entonces, al amar al prójimo lo amamos a Él, y al amar a Él amamos a nuestros prójimos.

Le preguntan a Jesús por el perdón, ¿cuántas veces debo perdonar?

«Pedro se acercó entonces y le dijo: "Señor, ¿cuántas veces tengo que perdonar las ofensas que me haga mi hermano? ¿Hasta siete veces?". Dícele Jesús: "No te digo hasta siete veces, sino hasta setenta veces siete".» (Mateo 18:21-22)

Si uno se mantiene atento descubre en cada conversación, en cada hecho una enseñanza. Jesús trata en todo momento de hacer pensar y reflexionar al que lo escucha, aún siendo en ocasiones casi contradictorio.

Esto lo hemos comprobado en toda la Biblia. La secuencia de ciclos de calma y limpieza, calma en la que algunos se sentían cómodos y salían a la luz y la limpieza posterior para sacarlos de en medio o colocarlos en evidencia. Lo mismo

ocurre en tiempos de Jesús pero a una velocidad vertiginosa.
Es permanente y muy rápido, hay que estar muy atento.
Él dice las cosas e inmediatamente se enoja porque puede ver en la mente del otro que lo que le dijo ha puesto en evidencia su maldad. O al revés, se alegra al descubrir que el que lo escuchó sigue a Dios y tiene fe. Jesús está escuchando la mente de los que lo rodean, no necesita que le hablen, él ya sabe, por supuesto, que duda cabe.
Pero esto asusta, sobre todo a los que tratan de engañarlo, y a los que tienen cosas que ocultar.

El bien, el mal, la riqueza

«Y sucedió que, cuando acabó Jesús estos discursos, partió de Galilea y fue a la región de Judea, al otro lado del Jordán. Le siguió mucha gente, y los curó allí. Y se le acercaron unos fariseos que, para ponerle a prueba, le dijeron: "¿Puede uno repudiar a su mujer por un motivo cualquiera?". El respondió: "¿No habéis leído que el Creador, desde el comienzo, los hizo varón y hembra, y que dijo: Por eso dejará el hombre a su padre y a su madre y se unirá a su mujer, y los dos se harán una sola carne? De manera que ya no son dos, sino una sola carne. Pues bien, lo que Dios unió no lo separe el hombre". Dícenle: "Pues ¿por qué Moisés prescribió dar acta de divorcio y repudiarla?". Díceles: "Moisés, teniendo en cuenta la dureza de vuestro corazón, os permitió repudiar a vuestras mujeres; pero al principio no fue así. Ahora bien, os digo que quien repudie a su mujer -no por fornicación- y se case con otra, comete adulterio". Dícenle sus discípulos: "Si tal es la condición del hombre respecto de su mujer, no trae cuenta casarse". Pero él les dijo: "No todos entienden este lenguaje, sino aquellos a quienes se les ha concedido. Porque hay eunucos que nacieron así del seno materno, y hay eunucos que se hicieron tales a sí mismos por el Reino de los Cielos. Quien pueda entender, que entienda".

Entonces le fueron presentados unos niños para que les impusiera las manos y orase; pero los discípulos les reñían. Mas Jesús les dijo: "Dejad que los niños vengan a mí, y no se lo impidáis porque de los que son como éstos es el Reino de los Cielos". Y, después de imponerles las manos, se fue de allí. En esto se le acercó uno y le dijo: "Maestro, ¿qué he de hacer de bueno para conseguir vida eterna?". El le dijo: "¿Por qué me preguntas acerca de lo bueno? Uno solo es el Bueno. Mas si quieres entrar en la vida, guarda los mandamientos. "¿Cuáles?". -le dice él. Y Jesús dijo: "No matarás, no cometerás adulterio, no robarás, no levantarás falso testimonio, honra a tu padre y a tu madre, y amarás a tu prójimo como a ti mismo". Dícele el joven: "Todo eso lo he guardado; ¿qué más me falta?". Jesús le dijo: "Si quieres ser perfecto, anda, vende lo que tienes y dáselo a los pobres, y tendrás un tesoro en los cielos; luego ven, y sígueme". Al oír estas palabras, el joven se marchó entristecido, porque tenía muchos bienes. Entonces Jesús dijo a sus discípulos: "Yo os aseguro que un rico difícilmente entrará en el Reino de los Cielos. Os lo repito, es más fácil que un camello entre por el ojo de una aguja, que el que un rico entre en el Reino de los Cielos". Al oír esto, los discípulos, llenos de asombro, decían: "Entonces, ¿quién se podrá salvar?". Jesús, mirándolos fijamente, dijo: "Para los hombres eso es imposible, mas para Dios todo es posible".» (Mateo 19:1-26)

¿Se pueden imaginar la reacción de ciertas personas al escuchar que el Mesías decía que *"es más fácil que un camello entre por el ojo de una aguja, que el que un rico entre en el Reino de los Cielos"*? Sí, para ellos era mucho…, demasiado.

En una época en la que tener mucho podía significar ser bendito por Dios, Jesús asegura que eso no es así, sin ninguna duda.

Jesús anuncia nuevamente su muerte y, por supuesto, continúa las enseñanzas.

«Cuando iba subiendo Jesús a Jerusalén, tomó aparte a los Doce, y les dijo por el camino: "Mirad que subimos a Jerusalén, y el Hijo del hombre será entregado a los sumos sacerdotes y escribas; le condenarán a muerte y le entregarán a los gentiles, para burlarse de él, azotarle y crucificarle, y al tercer día resucitará. Entonces se le acercó la madre de los hijos de Zebedeo con sus hijos, y se postró como para pedirle algo. El le dijo: "¿Qué quieres?". Dícele ella: "Manda que estos dos hijos míos se sienten, uno a tu derecha y otro a tu izquierda, en tu Reino". Replicó Jesús: "No sabéis lo que pedís. ¿Podéis beber la copa que yo voy a beber?". Dícenle: "Sí, podemos". Díceles: "Mi copa, sí la beberéis; pero sentarse a mi derecha o mi izquierda no es cosa mía el concederlo, sino que es para quienes está preparado por mi Padre. Al oír esto los otros diez, se indignaron contra los dos hermanos. Mas Jesús los llamó y dijo: "Sabéis que los jefes de las naciones las dominan como señores absolutos, y los grandes las oprimen con su poder. No ha de ser así entre vosotros, sino que el que quiera llegar a ser grande entre vosotros, será vuestro servidor, y el que quiera ser el primero entre vosotros, será vuestro esclavo; de la misma manera que el Hijo del hombre no ha venido a ser servido, sino a servir y a dar su vida como rescate por muchos".» (Mateo 20:17-28)

Veamos esta frase: *"el Hijo del hombre no ha venido a ser servido, sino a servir y a dar su vida como rescate por muchos".* Jesús se refiere a sí mismo como el Hijo de hombre y dice que viene a dar su vida como rescate por muchos.

Proyectemos la película completa:

Los seres humanos están empezando a recorrer su camino espiritual y deben ser "educados" para que no cometan errores, que de hecho ya han consumado: deben abandonar los dioses paganos, los ídolos de piedra, y costumbres de cultos sanguinarios y malos, viles.

Dios crea un pueblo santo para realizar esa tarea, la cual se lleva a cabo de manera impecable, aunque, tal vez, con algunos retrasos.

Cuando el escenario está en las condiciones óptimas para el siguiente paso, llega el Mesías, Jesús, quien va a ser parte del mayor acto de amor posible, que es el sacrificio de un hijo, el único hijo, su hijo amado, ¿recuerdan? *"Este es mi Hijo amado, en quien me complazco".* El mismo sacrificio que le pide Dios a Abraham, ¿se acuerdan?, cuando le exige que lo inmole en ofrenda a Dios, y que al final el ángel intercede le señala que no es necesario que lo haga, porque Dios ya vio su fe. Bien, esta vez es el mismísimo Dios el que va a hacer el máximo sacrificio de inmolar a su propio hijo, Jesús, para que éste cargue con las culpas, los pecados, las maldades que la humanidad había cometido, y en una sola vez, limpiar de esa manera a la humanidad y darle una nueva oportunidad. Algo así como borrón y cuenta nueva.

La muerte de Jesús, a manos, en realidad, nuevamente del pueblo elegido, es fundamental para la trascendentalidad de esta obra. Y nuevamente recae la responsabilidad de este hecho, inevitable por otra parte, sobre el pueblo santo, el pueblo creado para realizar este trabajo, el pueblo judío.

Por supuesto que muchos nunca llegaron a darse cuenta de lo que ocurría, ni aún después de sucedido. Todo a su tiempo. La evolución espiritual es algo tan personal como el rostro de cada persona. Cada cual tiene su tiempo, su momento.

Hay que comprender que matar a Jesús no fue una elección, no era algo que podía o no ocurrir. Estaba designado así desde el principio por Dios y no había nada que hacer al respecto.

A lo largo de su vida, Jesús cumple con cerca de trescientas profecías que anuncian su venida, para aquellos que necesitan algunos "certificados".

Estos "certificados" fueron regados por Dios durante miles de años para ser encontrados en el momento justo, un trabajo que, obviamente sólo pudo ser realizado por Él.

Pero, por si todavía le queda alguna duda a alguien, sólo debe mirar el cambio que se produce en el corazón de los hombres, el antes y después de su venida.

Hoy, hasta los ateos "creen" que hay un solo Dios. ¿A quién se le ocurre pensar en muchos dioses?

También es cierto que todavía hay resabios de pensamientos arcaicos, si no veamos toda esta moda del dios-universo; pero por lo menos es uno solo.

La Iglesia Católica[34], al continuar con el trabajo de eliminación del politeísmo llevando la buena nueva de Jesús, ha ido reemplazando a los dioses paganos de distintas culturas, por la representación más completa del dios de los judíos. Pensemos que la forma de ver a Dios por la Iglesia Católica, la Islámica, y todas las derivadas de ellas, es la de un dios completo, único, que abarca todo. Ya no son representaciones parciales.

Por otra parte, tenemos las creencias de Oriente, con representaciones de Dios similares a la actual del catolicismo, diferentes en algunos detalles, pero igual es su unicidad. El Dios del hinduismo-budismo y sus derivadas también es un Dios único.

Se podrá discutir si santos sí, si santos no... o que si se pueden hacer estatuas de Dios o de los santos -supongo que eso también tiene que ver con el crecimiento espiritual, mucha gente se siente más acompañada con una representación de la divinidad que puedan tocar, así sea de Jesús, o de los santos, o de Krishna,...-, pero al menos, ya podemos ponernos de acuerdo en que hay un solo dios, y eso, eso, no es poco.

Sigamos leyendo la vida de Jesús

---

[34] La Iglesia católica se conoce como Iglesia católica apostólica romana o como Iglesia católica romana; Católica es un término originario del idioma griego que significa universal.

27
¡QUE NUNCA JAMÁS BROTE FRUTO DE TI!

Jesús expulsa a los vendedores en el templo

«Entró Jesús en el Templo y echó fuera a todos los que vendían y compraban en el Templo; volcó las mesas de los cambistas y los puestos de los vendedores de palomas. Y les dijo:
"Está escrito: Mi Casa será llamada Casa de oración. ¡Pero vosotros estáis haciendo de ella una cueva de bandidos!"
También en el Templo se acercaron a él algunos ciegos y cojos, y los curó. Mas los sumos sacerdotes y los escribas, al ver los milagros que había hecho y a los niños que gritaban en el Templo: "¡Hosanna al Hijo de David!", se indignaron y le dijeron: "¿Oyes lo que dicen éstos?". "Sí -les dice Jesús-. ¿No habéis leído nunca que De la boca de los niños y de los que aún maman te preparaste alabanza?". Y dejándolos, salió fuera de la ciudad, a Betania, donde pasó la noche.
Al amanecer, cuando volvía a la ciudad, sintió hambre; y viendo una higuera junto al camino, se acercó a ella, pero no encontró en ella más que hojas. Entonces le dice: "¡Que nunca jamás brote fruto de ti!" Y al momento se secó la higuera. Al verlo los discípulos se maravillaron y decían: "¿Cómo al momento quedó seca la higuera?". Jesús les respondió: "Yo os aseguro: si tenéis fe y

no vaciláis, no sólo haréis lo de la higuera, sino que si aun decís a este monte: "Quítate y arrójate al mar", así se hará. Y todo cuanto pidáis con fe en la oración, lo recibiréis".

Llegado al Templo, mientras enseñaba se le acercaron los sumos sacerdotes y los ancianos del pueblo diciendo: "¿Con qué autoridad haces esto? ¿Y quién te ha dado tal autoridad?". Jesús les respondió: "También yo os voy a preguntar una cosa; si me contestáis a ella, yo os diré a mi vez con qué autoridad hago esto. El bautismo de Juan, ¿de dónde era?, ¿del cielo o de los hombres?". Ellos discurrían entre sí: "Si decimos: "Del cielo", nos dirá: "Entonces ¿por qué no le creísteis?". Y si decimos: "De los hombres", tenemos miedo a la gente, pues todos tienen a Juan por profeta". Respondieron, pues, a Jesús: "No sabemos". Y él les replicó asimismo: "Tampoco yo os digo con qué autoridad hago esto".» (Mateo 21:12-27)

Jesús les dice a los mercaderes *"vosotros estáis haciendo de ella una cueva de bandidos"*. ¿Qué hay detrás de estas palabras? Pensemos que los sumos sacerdotes habían permitido esa situación, por lo tanto, Jesús los hace quedar en evidencia frente al pueblo. Es probable que los sacerdotes estuviesen sacando un rédito de esas circunstancias.

No dejemos de tener presente el entorno, a las otras personas, al pueblo, a los que ven lo que ocurre. Esa gente que al otro día se entera de las noticias del día anterior. Los que comentan lo ocurrido mientras hacen las compras, los que conversan mientras almuerzan o cenan, los que tal vez ya veían mal que el templo estuviese lleno de mercaderes. Y ahora pensemos en los sumos sacerdotes que tienen claro que este Mesías no está haciendo lo que ellos esperaban, que no podrán controlarlo, que los enfrenta y les dice las cosas a la cara y en público. En público, a la vista de todos. Obviamente, lo querían matar, y lo querían matar ya, seguramente no querían esperar ni un segundo más.

Es interesante lo que hace Jesús al día siguiente por la mañana, ve una higuera, y sabiendo que no era época de higos igual se enoja con ella por no darle higos y la maldice secándola inmediatamente.

Este hecho en particular suele dejar al lector de la Biblia pensando, ¿qué le pasó?, ¿por qué se ensaña con la pobre higuera? Es indiscutible que fue una muestra de poder espectacular. Sin hacer grandes actos, casi al pasar, y con un hecho casi cotidiano, con sólo su palabra seca un árbol. Si pensamos que los afectados por lo que Jesús venía enseñando lo querían matar sin dilación, al ver que Jesús hace un acto de este nivel, -ellos ya habían presenciado hechos similares y hasta muchísimo más espectaculares por su parte-, les debe haber hecho pensar que el asunto no iba a ser tan sencillo. El Mesías podía no ser tan fácil de eliminar, había que planear mejor las cosas.

Fijémonos cómo lo increpan: "*¿Con qué autoridad haces esto? ¿Y quién te ha dado tal autoridad?*", claro, les están diciendo "quién eres para hacernos esto", "¿quién te crees que eres para meterte con nosotros?", ("¿con que autoridad secas higueras?"). Ellos detentaban el poder, ellos eran los dueños del templo, y Jesús no les tenía miedo y además cuestionaba todo su sistema.

Repasemos estas parábolas de Jesús el día en que le cuestionan su autoridad.

«"Pero ¿qué os parece? Un hombre tenía dos

hijos. Llegándose al primero, le dijo: "Hijo, vete hoy a trabajar en la viña". Y él respondió: "No quiero", pero después se arrepintió y fue. Llegándose al segundo, le dijo lo mismo. Y él respondió: "Voy, Señor", y no fue. ¿Cuál de los dos hizo la voluntad del padre?". -"El primero"- le dicen. Díceles Jesús: "En verdad os digo que los publicanos y las rameras llegan antes que vosotros al Reino de Dios. Porque vino Juan a vosotros por camino de justicia, y no creísteis en él, mientras que los publicanos y las rameras creyeron en él. Y vosotros, ni viéndolo, os arrepentisteis después, para creer en él.

"Escuchad otra parábola. Era un propietario que plantó una viña, la rodeó de una cerca, cavó en ella un lagar y edificó una torre; la arrendó a unos labradores y se ausentó. Cuando llegó el tiempo de los frutos, envió sus siervos a los labradores para recibir sus frutos. Pero los labradores agarraron a los siervos, y a uno le golpearon, a otro le mataron, a otro le apedrearon. De nuevo envió otros siervos en mayor número que los primeros; pero los trataron de la misma manera. Finalmente les envió a su hijo, diciendo: "A mi hijo le respetarán". Pero los labradores, al ver al hijo, se dijeron entre sí: "Este es el heredero. Vamos, matémosle y quedémonos con su herencia". Y agarrándole, le echaron fuera de la viña y le mataron. Cuando venga, pues, el dueño de la viña, ¿qué hará con aquellos labradores?". Dícenle: "A esos miserables les dará una muerte miserable arrendará la viña a otros labradores, que le paguen los frutos a su tiempo". Y Jesús les dice: "¿No habéis leído nunca en las Escrituras: La piedra que los constructores desecharon, en piedra angular se ha convertido; fue el Señor quien hizo esto y es maravilloso a nuestros ojos? Por eso os digo: Se os quitará el Reino de Dios para dárselo a un pueblo que rinda sus frutos".

Los sumos sacerdotes y los fariseos, al oír sus parábolas, comprendieron que estaba refiriéndose a ellos. Y trataban de detenerle, pero tuvieron miedo a la gente porque le tenían por profeta.» (Mateo 21:28-46)

Y sí, no iba a ser fácil.

Al César lo que es del César...

«Entonces los fariseos se fueron y celebraron consejo sobre la forma de sorprenderle en alguna palabra. Y le envían sus discípulos, junto con los herodianos, a decirle:

"Maestro, sabemos que eres veraz y que enseñas el camino de Dios con franqueza y que no te importa por nadie, porque no miras la condición de las personas. Dinos, pues, qué te parece, ¿es lícito pagar tributo al César o no?". Mas Jesús, conociendo su malicia, dijo: "Hipócritas, ¿por qué me tentáis? Mostradme la moneda del tributo". Ellos le presentaron un denario. Y les dice: "¿De quién es esta imagen y la inscripción?". Dícenle: "Del César". Entonces les dice: "Pues lo del César devolvédselo al César, y lo de Dios a Dios". Al oír esto, quedaron maravillados, y dejándole, se fueron.» (Mateo 22:15-22)

El principal mandamiento

«Mas los fariseos, al enterarse de que había tapado la boca a los saduceos, se reunieron en grupo, y uno de ellos le preguntó con ánimo de ponerle a prueba: "Maestro, ¿cuál es el mandamiento mayor de la Ley?". El le dijo: "Amarás al Señor, tu Dios, con todo tu corazón, con toda tu alma y con toda tu mente. Este es el mayor y el primer mandamiento. El segundo es semejante a éste: Amarás a tu prójimo como a ti mismo. De estos dos mandamientos penden toda la Ley y los Profetas".» (Mateo 22:34-40)

La Ley del Talión estaba desterrada, había muerto, ya no más ojo por ojo ni diente por diente.

Bien, llegan los últimos momentos y Jesús avisa lo que va a ocurrir. Es muy impresionante cómo les va diciendo todo lo que sucederá y lo que cada uno va a hacer. Es como una obra de teatro perfecta en la que cada personaje tiene su papel reservado y cronometrado.

«Y sucedió que, cuando acabó Jesús todos estos discursos, dijo a sus discípulos:
"Ya sabéis que dentro de dos días es la Pascua; y el Hijo del hombre va a ser entregado para ser crucificado". Entonces los sumos sacerdotes y los ancianos del pueblo se reunieron en el palacio del Sumo Sacerdote, llamado Caifás; y resolvieron prender a Jesús con engaño y darle muerte. Decían sin embargo: "Durante la fiesta no, para

que no haya alboroto en el pueblo".

«Hallándose Jesús en Betania, en casa de Simón el leproso, se acercó a él una mujer que traía un frasco de alabastro, con perfume muy caro, y lo derramó sobre su cabeza mientras estaba a la mesa. Al ver esto los discípulos se indignaron y dijeron: "¿Para qué este despilfarro? Se podía haber vendido a buen precio y habérselo dado a los pobres". Mas Jesús, dándose cuenta, les dijo: "¿Por qué molestáis a esta mujer? Pues una "obra buena" ha hecho conmigo. Porque pobres tendréis siempre con vosotros, pero a mí no me tendréis siempre. Y al derramar ella este ungüento sobre mi cuerpo, en vista de mi sepultura lo ha hecho. Yo os aseguro: dondequiera que se proclame esta Buena Nueva, en el mundo entero, se hablará también de lo que ésta ha hecho para memoria suya". Entonces uno de los Doce, llamado Judas Iscariote, fue donde los sumos sacerdotes, y les dijo: "¿Qué queréis darme, y yo os lo entregaré?". Ellos le asignaron treinta monedas de plata. Y desde ese momento andaba buscando una oportunidad para entregarle".

(…)

"Al atardecer, se puso a la mesa con los Doce. Y mientras comían, dijo: "Yo os aseguro que uno de vosotros me entregará". Muy entristecidos, se pusieron a decirle uno por uno: "¿Acaso soy yo, Señor?". El respondió: "El que ha mojado conmigo la mano en el plato, ése me entregará. El Hijo del hombre se va, como está escrito de él, pero ¡ay de aquel por quien el Hijo del hombre es entregado! ¡Más le valdría a ese hombre no haber nacido!" Entonces preguntó Judas, el que iba a entregarle: "¿Soy yo acaso, Rabbí[35]?". Dícele: "Sí, tú lo has dicho". Mientras estaban comiendo, tomó Jesús pan y lo bendijo, lo partió y, dándoselo a sus discípulos, dijo: "Tomad, comed, éste es mi cuerpo". Tomó luego una copa y, dadas las gracias, se la dio diciendo: "Bebed de ella todos, porque ésta es mi sangre de la Alianza, que es derramada por muchos para perdón de los pecados. Y os digo que desde ahora no beberé de este producto de la vid hasta el día aquel en que lo beba con vosotros, nuevo, en el Reino de mi Padre". Y cantados los himnos, salieron hacia el monte de los Olivos.

Entonces les dice Jesús: "Todos vosotros vais a escandalizaros de mí esta noche, porque está escrito: Heriré al pastor y se dispersarán las ovejas del rebaño. Mas después de mi resurrección, iré delante de vosotros a Galilea". Pedro intervino y le dijo: "Aunque todos se escandalicen de ti, yo nunca me escandalizaré". Jesús le dijo: "Yo te aseguro: esta misma noche, antes que el gallo cante, me habrás negado tres veces". Dícele Pedro: "Aunque tenga que morir contigo, yo no te negaré". Y lo mismo dijeron también todos los discípulos. Entonces va Jesús con ellos a una propiedad llamada Getsemaní, y dice a los discípulos: "Sentaos aquí, mientras voy allá a orar".

---

35   En el judaísmo, rabino (en hebreo rabi, en yidis se acuñó el término Rebeh) es un tratamiento que denota respeto, equivalente a maestro o "su excelencia". La palabra rabino deriva de la raíz hebrea rav, la cual significa, en hebreo bíblico, "abundante" o, en arameo, "distinguido".

Y tomando consigo a Pedro y a los dos hijos de Zebedeo, comenzó a sentir tristeza y angustia. Entonces les dice: "Mi alma está triste hasta el punto de morir; quedaos aquí y velad conmigo". Y adelantándose un poco, cayó rostro en tierra, y suplicaba así: "Padre mío, si es posible, que pase de mí esta copa, pero no sea como yo quiero, sino como quieras tú".

Viene entonces donde los discípulos y los encuentra dormidos; y dice a Pedro: "¿Conque no habéis podido velar una hora conmigo? Velad y orad, para que no caigáis en tentación; que el espíritu está pronto, pero la carne es débil". Y alejándose de nuevo, por segunda vez oró así: "Padre mío, si esta copa no puede pasar sin que yo la beba, hágase tu voluntad".

Volvió otra vez y los encontró dormidos, pues sus ojos estaban cargados. Los dejó y se fue a orar por tercera vez, repitiendo las mismas palabras. Viene entonces donde los discípulos y les dice: "Ahora ya podéis dormir y descansar. Mirad, ha llegado la hora en que el Hijo del hombre va a ser entregado en manos de pecadores. ¡Levantaos!, ¡vámonos! Mirad que el que me va a entregar está cerca".

Todavía estaba hablando, cuando llegó Judas, uno de los Doce, acompañado de un grupo numeroso con espadas y palos, de parte de los sumos sacerdotes y los ancianos del pueblo. El que le iba a entregar les había dado esta señal: "Aquel a quien yo dé un beso, ése es; prendedle". Y al instante se acercó a Jesús y le dijo: "¡Salve, Rabbí!", y le dio un beso. Jesús le dijo: "Amigo, ¡a lo que estás aquí!" Entonces aquéllos se acercaron, echaron mano a Jesús y le prendieron.

En esto, uno de los que estaban con Jesús echó mano a su espada, la sacó e, hiriendo al siervo del Sumo Sacerdote, le llevó la oreja. Dícele entonces Jesús: "Vuelve tu espada a su sitio, porque todos los que empuñen espada, a espada perecerán. ¿O piensas que no puedo yo rogar a mi Padre, que pondría al punto a mi disposición más de doce legiones de ángeles? Mas, ¿cómo se cumplirían las Escrituras de que así debe suceder?". En aquel momento dijo Jesús a la gente: "¿Como contra un salteador habéis salido a prenderme con espadas y palos? Todos los días me sentaba en el Templo para enseñar, y no me detuvisteis. Pero todo esto ha sucedido para que se cumplan las Escrituras de los profetas". Entonces los discípulos le abandonaron todos y huyeron.» (Mateo 26:1-56)

Los apóstoles son como niños, los deja un segundo y se quedan dormidos, pero Jesús no se enoja con ellos, sólo él sabe con exactitud lo que se avecina, por más que se lo había anticipado a los apóstoles, muchas veces, ellos seguían sin creer que realmente la muerte de su Maestro llegase a ocurrir tan pronto.

También es muy desesperante ver que Jesús, al haber encarnado como hombre, tiene las características de un cuerpo humano, siente dolor y cansancio, y él sabe lo que tendrá que atravesar, ¿cómo no lo va a saber? También sabe que es necesario para la historia sufrir y que el mundo vea su sufrimiento. No olvidemos que Jesús está por hacerse cargo de las culpas de la humanidad, así que, lamentablemente, debe sufrir.

Ése es el extremo sacrificio de Dios, un Dios que se revela infinitamente misericordioso, un Dios que no sólo entregará a su hijo para salvar a la humanidad sino que, además, lo conducirá por un camino de martirio, no le espera una muerte rápida, todo lo contrario, será lenta y cruel.

Terrible.

Insoportable.

Uno quiere que Dios intervenga y detenga su sufrimiento. Pero no, todo debe cumplirse perfectamente.

Y esto recién empieza…

28
¿ERES TÚ EL REY DE LOS JUDÍOS?

«Los que prendieron a Jesús le llevaron ante el Sumo Sacerdote Caifás, donde se habían reunido los escribas y los ancianos.

Pedro le iba siguiendo de lejos hasta el palacio del Sumo Sacerdote; y, entrando dentro, se sentó con los criados para ver el final.

Los sumos sacerdotes y el Sanedrín entero andaban buscando un falso testimonio contra Jesús con ánimo de darle muerte, y no lo encontraron, a pesar de que se presentaron muchos falsos testigos. Al fin se presentaron dos, que dijeron: "Este dijo: Yo puedo destruir el Santuario de Dios, y en tres días edificarlo". Entonces, se levantó el Sumo Sacerdote y le dijo: "¿No respondes nada? ¿Qué es lo que éstos atestiguan contra ti?". Pero Jesús seguía callado. El Sumo Sacerdote le dijo: "Yo te conjuro por Dios vivo que nos digas si tú eres el Cristo, el Hijo de Dios". Dícele Jesús: "Sí, tú lo has dicho. Y yo os declaro que a partir de ahora veréis al hijo del hombre sentado a la diestra del Poder y venir sobre las nubes del cielo". Entonces el Sumo Sacerdote rasgó sus vestidos y dijo: "¡Ha blasfemado! ¿Qué necesidad tenemos ya de testigos? Acabáis de oír la blasfemia. ¿Qué os parece?". Respondieron ellos diciendo: "Es reo de muerte". Entonces se pusieron a escupirle en la cara y a abofetearle; y otros a golpearle, diciendo: "Adivínanos, Cristo. ¿Quién es el que te ha pegado?".» (Mateo 22:57-68)

Si quedaba alguna duda, con esto se extirpa, los que quieren matarlo son los que ostentan el poder de los judíos -"le llevaron ante el Sumo Sacerdote Caifás, donde se habían reunido los escribas y los ancianos"-. Además, quieren justificar sus acciones; entonces hacen toda esta parodia de los testigos y de la blasfemia, para poder decir "tuvimos que matarlo porque era un blasfemo".

«Llegada la mañana, todos los sumos sacerdotes y los ancianos del pueblo celebraron consejo contra Jesús para darle muerte. Y después de atarle, le llevaron y le entregaron al procurador Pilato. Entonces Judas, el que le entregó, viendo que había sido condenado, fue acosado por el remordimiento, y devolvió las treinta monedas de plata a los sumos sacerdotes y a los ancianos, diciendo: "Pequé entregando sangre inocente". Ellos dijeron: "A nosotros, ¿qué? Tú verás". El tiró las monedas en el Santuario; después se retiró y fue y se ahorcó. Los sumos sacerdotes recogieron las monedas y dijeron: "No es lícito echarlas en el tesoro de las ofrendas, porque son precio de sangre". Y después de deliberar, compraron con ellas el Campo del Alfarero como lugar de sepultura para los forasteros. Por esta razón ese campo se llamó "Campo de Sangre", hasta hoy. Entonces se cumplió el oráculo del profeta Jeremías: "Y tomaron las treinta monedas de plata, cantidad en que fue apreciado aquel a quien pusieron precio algunos hijos de Israel, y las dieron por el Campo del Alfarero, según lo que me ordenó el Señor".

«Jesús compareció ante el procurador, y el procurador le preguntó: "¿Eres tú el Rey de los judíos?". Respondió Jesús: "Sí, tú lo dices". Y, mientras los sumos sacerdotes y los ancianos le acusaban, no respondió nada. Entonces le dice Pilato: "¿No oyes de cuántas cosas te acusan?". Pero él a nada respondió, de suerte que el procurador estaba muy sorprendido. Cada Fiesta, el procurador solía conceder al pueblo la libertad de un preso, el que quisieran. Tenían a la sazón un preso famoso, llamado Barrabás. Y cuando ellos estaban reunidos, les dijo Pilato: "¿A quién queréis que os suelte, a Barrabás o a Jesús, el llamado Cristo?", pues sabía que le habían entregado por envidia.

Mientras él estaba sentado en el tribunal, le mandó a decir su mujer: "No te metas con ese justo, porque hoy he sufrido mucho en sueños por su causa". Pero los sumos sacerdotes y los ancianos lograron persuadir a la gente que pidiese la libertad de Barrabás y la muerte de Jesús. Y cuando el procurador les dijo: "¿A cuál de los dos queréis que os suelte?", respondieron: "¡A Barrabás!" Díceles Pilato: "Y ¿qué voy a hacer con Jesús, el llamado Cristo?". Y todos a una: "¡Sea crucificado!" - "Pero ¿qué mal ha hecho?", preguntó Pilato. Mas ellos seguían gritando con más fuerza: "¡Sea crucificado!" Entonces Pilato, viendo que nada adelantaba, sino que más bien se promovía tumulto, tomó agua y se lavó las manos delante de la gente diciendo: "Inocente soy de la sangre de este justo. Vosotros veréis". Y todo el pueblo respondió: "¡Su sangre sobre nosotros y sobre nuestros hijos!"» (Mateo 27:1-25)

Huelgan los comentarios.
Pilato intentó salvarlo y la gente gritó: *"¡Su sangre sobre nosotros y sobre nuestros hijos!".*
Tenía que ser así, ésa debía ser la forma. El pueblo elegido tenía el deber y la obligación de hacerlo, aún sin saberlo, sólo ellos tendrían el privilegio de realizar tan dura tarea, y además, cargar con la culpa de la misma eximiendo al resto del mundo.
"¡Su sangre sobre nosotros y sobre nuestros hijos!"….
Un ciclo de miles de años se cerraba.
Había sido abierto con Adán, patriarca del pueblo elegido, y era cerrado por el mismo pueblo elegido con Jesús.

Les voy a ahorrar la descripción de las penurias de Jesús hasta que muere en la cruz.
Veamos sólo los últimos momentos y los inmediatos siguientes.

«Desde la hora sexta hubo oscuridad sobre toda la tierra hasta la hora nona. Y alrededor de la hora nona clamó Jesús con fuerte voz: "¡Elí, Elí! ¿lemá sabactaní?"., esto es: "¡Dios mío, Dios mío! ¿por qué me has abandonado?". Al oírlo algunos de los que estaban allí decían: "A Elías llama éste". Y enseguida uno de ellos fue corriendo a tomar una esponja, la empapó en vinagre y, sujetándola a una caña, le ofrecía de beber. Pero los otros dijeron: "Deja, vamos a ver si viene Elías a salvarle". Pero Jesús, dando de nuevo un fuerte grito, exhaló el espíritu. En esto, el velo del Santuario se rasgó en dos, de arriba abajo; tembló la tierra y las rocas se hendieron. Se abrieron los sepulcros, y muchos cuerpos de santos difuntos resucitaron. Y, saliendo de los sepulcros después de la resurrección de él, entraron en la Ciudad Santa y se aparecieron a muchos. Por su parte, el centurión y los que con él estaban guardando a Jesús, al ver el terremoto y lo que pasaba, se llenaron de miedo y dijeron: "Verdaderamente éste era Hijo de Dios".

Había allí muchas mujeres mirando desde lejos, aquellas que habían seguido a Jesús desde Galilea para servirle. Entre ellas estaban María Magdalena, María la madre de Santiago y de José, y la madre de los hijos de Zebedeo.

«Al atardecer, vino un hombre rico de Arimatea, llamado José, que se había hecho también discípulo de Jesús. Se presentó a Pilato y pidió el cuerpo de Jesús. Entonces Pilato dio orden de que se le entregase.

José tomó el cuerpo, lo envolvió en una sábana limpia y lo puso en su sepulcro nuevo que había hecho excavar en la roca; luego, hizo rodar una gran piedra hasta la entrada del sepulcro y se fue. Estaban allí María Magdalena y la otra María, sentadas frente al sepulcro. Al otro día, el siguiente a la Preparación, los sumos sacerdotes y los fariseos se reunieron ante Pilato y le dijeron: "Señor, recordamos que ese impostor dijo cuando aún vivía: "A los tres días resucitaré". Manda, pues, que quede asegurado el sepulcro hasta el tercer día, no sea que vengan sus discípulos, lo roben y digan luego al pueblo: "Resucitó de entre los muertos", y la última impostura sea peor que la primera".

Pilato les dijo: "Tenéis una guardia. Id, aseguradlo como sabéis". Ellos fueron y aseguraron el sepulcro, sellando la piedra y poniendo la guardia.» (Mateo 27:45-66)

La situación es ésta: Jesús muerto en la cueva-sepulcro, con una piedra en la puerta y un guardia custodiando.

Por otro lado, nuevamente ocurren hechos innegables, que hacen que muchos se pregunten si no habían cometido un error al matarlo: *"tembló la tierra y las rocas se hendieron. Se abrieron los sepulcros, y muchos cuerpos de santos difuntos resucitaron. Y, saliendo de los sepulcros después de la resurrección de él, entraron en la Ciudad Santa y se aparecieron a muchos. Por su parte, el centurión y los que con él estaban guardando a Jesús, al ver el terremoto y lo que pasaba, se llenaron de miedo y dijeron: "Verdaderamente éste era Hijo de Dios".*

29
VERDADERAMENTE ÉSTE ERA HIJO DE DIOS

Jesús resucita

«Pasado el sábado, al alborear el primer día de la semana, María Magdalena y la otra María fueron a ver el sepulcro. De pronto se produjo un gran terremoto, pues el Ángel del Señor bajó del cielo y, acercándose, hizo rodar la piedra y se sentó encima de ella. Su aspecto era como el relámpago y su vestido blanco como la nieve. Los guardias, atemorizados ante él, se pusieron a temblar y se quedaron como muertos.

El Ángel se dirigió a las mujeres y les dijo:
"Vosotras no temáis, pues sé que buscáis a Jesús, el Crucificado; no está aquí, ha resucitado, como lo había dicho. Venid, ved el lugar donde estaba. Y ahora id enseguida a decir a sus discípulos: "Ha resucitado de entre los muertos e irá delante de vosotros a Galilea; allí le veréis". Ya os lo he dicho".

«Ellas partieron a toda prisa del sepulcro, con miedo y gran gozo, y corrieron a dar la noticia a sus discípulos. En esto, Jesús les salió al encuentro y les dijo: "¡Dios os guarde!" Y ellas, acercándose, se asieron de sus pies y le adoraron. Entonces les dice Jesús: "No temáis. Id, avisad a mis hermanos que vayan a Galilea; allí me verán".

Mientras ellas iban, algunos de la guardia fueron a la ciudad a contar a los sumos sacerdotes todo lo que había pasado. Estos, reunidos con los ancianos, celebraron consejo y dieron una buena suma de dinero a los soldados, advirtiéndoles: "Decid: "Sus discípulos vinieron de noche y le robaron mientras nosotros dormíamos". Y si la cosa llega a oídos del procurador, nosotros le convenceremos y os evitaremos complicaciones". Ellos tomaron el dinero y procedieron según las instrucciones recibidas. Y se corrió esa versión entre los judíos, hasta el día de hoy. Por su parte, los once discípulos marcharon a Galilea, al monte que Jesús les había indicado. Y al verle le adoraron; algunos sin embargo dudaron. Jesús se acercó a ellos y les habló así:

"Me ha sido dado todo poder en el cielo y en la tierra. Id, pues, y haced discípulos a todas las gentes bautizándolas en el nombre del Padre y del Hijo y del Espíritu Santo, y enseñándoles a guardar todo lo que yo os he mandado. Y he aquí que yo estoy con vosotros todos los días hasta el fin del mundo".» (Mateo 28:1-20)

El ciclo se había cerrado y una nueva era iniciaba.

El pueblo elegido había terminado su trabajo y Jesús lo liberaba. Los resultados ya se podían ver, el monoteísmo estaba sembrado y echaba raíces, ahora había que continuar el trabajo de extenderlo hacia los confines el planeta. Ese trabajo era encomendado a los apóstoles. Ya no era trabajo de los judíos, porque, aunque los apóstoles habían sido judíos, ahora, eran cristianos. No era la tarea de todo un pueblo, sino la misión de determinados hombres, que deberían buscar ayuda en otros.

La tarea era enorme, pero había tiempo, y ya hemos visto que el tiempo no es una preocupación para Dios.

Al comprender la empresa encomendada a los discípulos podemos entender a la Iglesia Católica y su evangelización; la cual, como ya les había comentado antes, siempre me molestó, hasta ahora.

Ahora puedo entender el porqué, de esa manía por la evangelización. Esa obsesión por desplazar a los cultos paganos. Ese permanente reemplazar las representaciones paganas de otros dioses por las de Jesús.

***

Me pregunta Lautaro: ¿Y qué pasó con el pueblo judío?

– Los primeros en convertirse al cristianismo fueron los judíos, al menos algunos, tal vez muchos, recordemos que Jesús inicia su prédica entre los suyos. Luego, el pueblo judío sigue existiendo, pero aquellos que no reconocieron en Jesús al Mesías aún esperan su venida. Ellos no creen que Jesús haya sido el Mesías que debía presentarse al pueblo elegido.

– ¿Y por qué no?

(Sí…, quién no se lo ha preguntado alguna vez, ¿por qué no?)

– Es posible que Jesús no hiciera lo que ellos esperaban. Recordemos que Jesús termina con la idea de pueblo elegido y abre el conocimiento para todo el mundo, incluyendo a "los otros", a aquellos que siempre habían quedado afuera. "Los otros" ahora forman parte del pueblo de Dios, son hijos de

Dios, al igual que el pueblo judío. Ya no hay diferencia, entre ellos, los judíos, el pueblo de Israel y los otros. Todos, todo el mundo sin distinción de clases ni razas es ahora hijo de Dios. No sólo son hijos de Dios sino que están en igualdad de condiciones.

En realidad siempre lo habían sido pero ahora esto era validado por Jesús.

Es posible que fuese mucho, demasiado como para entenderlo así simplemente y abandonar el centro de la obra. Esta impresionante obra de teatro montada por Dios a través de, posiblemente, miles de años. Una obra tan perfecta, como toda la obra de Dios, al punto de que el nacimiento de Jesús marca un antes y un después, tanto que gran parte del mundo cuenta los años en: antes de Cristo y después de Cristo.

– ¿El pueblo judío también? –pregunta Lautaro.

– No, el pueblo judío no. Debido justamente a que no reconocieron a Jesús, y por eso siguen esperando la llegada del Mesías.

– ¿Y qué pasó con los otros dioses?, ¿los de los otros pueblos?

– Es una pregunta interesante. Te voy a contar algo. Yo siempre pensé que la Iglesia Católica realizaba un abuso de poder al salir a catequizar a otros pueblos, que no los habían llamado, ni se lo habían pedido, con el fin de imponerle sus creencias, su Dios. Pero, si observamos todo el panorama, toda la película, podríamos decir como metáfora, vemos que toda esta historia, todas las peripecias del pueblo de Israel, todas las maravillas que realiza Dios y la llegada de Jesús con sus enseñanzas y ejemplos apuntan, a terminar con el politeísmo, a terminar con esa diversidad de dioses y sus cultos que eran, muchos, sangrientos, muy atrasados y violentos.

Ahora comprendo su decisión y necesidad de que esos pueblos se convirtieran a esa nueva creencia, a esa nueva religión.

Es posible que no esté de acuerdo con la forma en que lo hicieron. La Iglesia Católica muchas veces usó métodos violentos, de los cuales no se enorgullecen y de los que, también, luego ha pedido perdón. Creo en este momento, que es posible que algo que es claro para mí hoy, haya sido más claro para ellos antes, y en función de eso actuaron y fundaron sus políticas.

– ¿Qué son políticas?

– Las políticas son las formas, los métodos, las líneas de acción, el cómo van a hacer las cosas y cuáles deberían de ser los resultados, por qué hacen lo que hacen, la filosofía qué hay detrás de las acciones.

También los católicos estaban aprendiendo y siguen aprendiendo, al igual que todos. Es más, ellos, tampoco sabían a quiénes debían rescatar del politeísmo y a quiénes no; aún cuando Jesús les había dicho que eran todos, los católicos tampoco terminaban de entender la idea de "todos".

Entonces muchas veces se perdieron en tremendas discusiones internas, por ejemplo: sobre quiénes tenían alma y quiénes no.

¿No es increíble?

Ha corrido mucha agua bajo el puente, como se suele decir, y toda la humanidad ha evolucionado, mental, tecnológicamente, pero por sobre todo espiritualmente.

Aún queda muchísimo para aprender y descubrir, y sobre todo por entender. Para poder cumplir con lo que Jesús dijo como mandato primordial: *"Ama a tu prójimo como a ti mismo"*.

Aún hay muchísima gente que es politeísta, aunque no se dé cuenta. Aún hay muchísimos individuos que tiene intermediarios para hablar con Dios. La mayoría de las personas no se comunica directamente con Dios, ni le pide de manera directa lo que necesita. Por lo general, la mayoría se dirige a santos, o ángeles, es más, aún hay personas que todavía creen en otros dioses, dioses de la época de antes de Cristo, creen aún en los dioses de "los otros".

Todavía hay gente que ve en las energías o manifestaciones de Dios, como el universo, o las estrellas, a dioses.

Para muchos es difícil ver que todo, en realidad, es una manifestación de un único Dios.

Es interesante ver que para el hinduismo todo es manifestación de Dios. Todo es manifestación de la divinidad, que simplemente son distintas facetas de Dios. Aún así, en India hay muchísima gente que adora o son devotos de estas facetas de Dios y hasta los llaman dioses.

Por ejemplo: el dios Vishnu, la diosa Kali, Ghanesha, entre otros. Pero para los hindúes la diferencia es que no son dioses separados, o independientes que compitan con Dios, sino que son aspectos, caras, representaciones de un único Dios; por eso, a ellos no les llamó la atención esta nueva situación de un único Dios. Hacía mucho que tenían un único Dios, y como Dios es uno solo obviamente también era el dios de los israelitas.

El hinduismo también tiene una trinidad, Brahma (creador del mundo), Vishnú (conservador) y Shiva (destructor), como facetas de un único dios. ¿Recuerdan cuando Abraham vio a los tres seres en su puerta y los reconoce como Dios? Me maravilla descubrir que lo que parece tan distinto y lejano, como el catolicismo y el hinduismo en realidad están tan cerca y tienen más cosas en común que diferencias.

A veces escuchamos hablar del hinduismo como de una religión politeísta, pero eso es sólo por desconocimiento. Para el hinduismo no hay nada que no sea Dios. No hay nada fuera de Dios.

En el año 3000 antes de Cristo, se escriben los versos de Majábharata en los que en una conversación entre Krishna -avatar de Dios [V]- y Arjuna, en la que el primero le explica al otro todas las dudas que éste tiene acerca de Dios. Estos versos se llaman Bhagavad Gita y son el principal libro sagrado de los hindúes.

En India también hay gente que no ha entendido, también hay violencia y también hay discriminación. India no es la excepción.

Me ha resultado muy interesante leer en los Hechos de los Apóstoles, en esta cruzada contra el politeísmo que emprenden los discípulos de Jesús, que Asia es explícitamente prohibida por Dios.

> «Conforme iban pasando por las ciudades, les iban entregando, para que las observasen, las decisiones tomadas por los apóstoles y presbíteros en Jerusalén. Las Iglesias, pues, se afianzaban en la fe y crecían en número de día en día. Frigia y la región de Galacia, pues el Espíritu Santo les había impedido predicar la Palabra en Asia. Estando ya cerca de Misia, intentaron dirigirse a Bitinia, pero no se lo consintió el Espíritu de Jesús.» (Hechos 16:4-7)

En el continente asiático, India, China ya eran monoteístas, y su Dios era un dios moral, basado en la acción correcta. Obviamente no valía la pena perder tiempo con los que ya tenían el conocimiento.

***

La evolución de la especie humana es lenta y, por lo general, parece que lleva la forma de un rulo, con avances y retrocesos y luego nuevos avances y nuevos retrocesos.

Cada vez un poco mejor, cada vez un poco más adelante y más arriba, pero en cada retroceso escuchamos que mucha gente dice: "antes se estaba mejor". Además, al pasar el tiempo se tiende a idealizar el pasado y a olvidar lo malo, con lo cual se ha tornado común la frase: "todo tiempo pasado fue mejor".

Pero la realidad es que cada vez estamos mejor, lento, pero mejor. Cada vez somos más concientes, cada vez tenemos más conciencia.

– ¿Qué es conciencia? –pregunta Lautaro.

– Conciencia es darse cuenta. Es ver las cosas tal como son, es entender verdaderamente. A veces tomar conciencia es duro, y nos hace sentir mal, ya que al tomar conciencia también nos damos cuenta de que lo que hemos hecho fue erróneo, o que lo que estamos haciendo es incorrecto.

Esto mismo ocurre con la religión. Es difícil reconocer que se estaba equivocado, que las creencias y que los dioses a los que se seguía, por así decirlo, no eran verdaderos.

La humanidad, en un punto, es como un niño que va a la escuela. Se aprende y se pasa de grado, y se vuelve a aprender y se vuelve a pasar de grado.

Lo que ocurre es que simultáneamente conviven todos juntos, los que han pasado de grado y los que no, los que están en jardín de infantes y los que están por entrar al siguiente ciclo. Cada uno está en su propio estadio evolutivo. Cada uno tiene su idea personal de Dios.

Dios a través de la historia del pueblo de Israel hizo que la mayoría pasara de grado, que la mayoría abandonara una idea que era para niños.

Estaba bien mientras eran niños, pero al crecer ya no se puede seguir pensando de la misma manera. Jesús dijo: *"Cuando yo era niño, pensaba como niño, juzgaba como niño, mas cuando fui adulto deje lo que era de niño"* (1ra. de Corintios 13:11)

– ¿Que vamos a leer ahora? –quiere saber Lautaro.
– Ahora vamos a leer el Bhagavad-Gita, el libro sagrado del hinduismo.

***

Nota final

En otro nivel de comprensión, debemos tener en cuenta que es posible que alguna de las guerras que se narran en el Antiguo Testamento nunca hayan sucedido, ya que han surgido nuevas evidencias arqueológicas que dificultan situar al pueblo hebreo en determinados lugares que coincidan con la Biblia. Pero esto -aunque parezca resquebrajar la credibilidad de la historia general-, desde mi punto de vista la refuerza, porque por un lado muestra la misericordia de Dios, quién no necesitó derramar sangre inútilmente para generar la leyenda; y, por otra parte, es claro para mí que lo importante nunca fue ganar las guerras, sino la enseñanza subsecuente: la enseñanza que debía quedar en el corazón de los otros, el mensaje clave que debía quedar en el corazón de los otros pueblos, pueblos en los que las leyendas de las batallas ganadas por el Dios de los hebreos habrían de convertirse en mitos.

Referencias

[1] Dios tiene una perspectiva muy distinta a la humana. Dios no ve seres humanos sino almas. Para comprenderlo mejor, tal vez, sea bueno remitirnos a este párrafo del Bhagavad Gita, libro sagrado del hinduismo.
En el siguiente texto el que habla es Krishna. Éste, es una manifestación de Dios en la tierra en forma de hombre, y es quien le explica a Arjuna -príncipe hindú- acerca de Dios, de los deberes, de la vida y la muerte, entre otros temas espirituales.

> "Nunca hubo un tiempo en el que Yo no existiera, ni tú, ni todos estos reyes; y en el futuro, ninguno de nosotros dejará de existir.(…), la aparición temporal de la felicidad y la aflicción, y su desaparición a su debido tiempo, es como la aparición y desaparición de las estaciones del invierno y el verano.
>
> Todo ello tiene su origen en la percepción de los sentidos, (…), y uno debe aprender a tolerarlo sin perturbarse.(…)
>
> Los videntes de la verdad han concluido que, de lo no existente [el cuerpo material] no hay permanencia, y de lo eterno [el alma] no hay cambio. Esto lo han concluido del estudio de la naturaleza de ambos.
>
> Sabed que aquello que se difunde por todo el cuerpo es indestructible. Nadie puede destruir a

esa alma imperecedera.

El cuerpo material de la entidad viviente eterna, indestructible e inconmensurable, tiene un final con toda certeza; por lo tanto, pelea, (...) Tanto el que cree que la entidad viviente es la que mata como el que cree que ésta es matada, carecen de conocimiento, pues el ser ni mata ni es matado. Para el alma no existe el nacimiento ni la muerte en ningún momento. Ella no ha llegado a ser, no llega a ser y no llegará a ser.

El alma es innaciente, eterna, permanente y primordial. No se la mata cuando se mata el cuerpo. (...), una persona que sabe que el alma es indestructible, eterna, innaciente e inmutable, ¿cómo puede matar a alguien o hacer que alguien mate?

(...)

Al alma nunca puede cortarla en pedazos ningún arma, ni puede el fuego quemarla, ni el agua humedecerla, ni el viento marchitarla.

Esta alma individual es irrompible e insoluble, y no se la puede quemar ni secar.

El alma está en todas partes, y es sempiterna, inmutable, inmóvil y eternamente la misma.

Se dice que el alma es invisible, inconcebible e inmutable. Sabiendo esto, no debes afligirte por el cuerpo. Sin embargo, si crees que el alma [o el conjunto de las señales de vida] nace siempre y muere para siempre, aun así no tienes por qué lamentarte, (...)

Algunos consideran que el alma es asombrosa, otros la describen como asombrosa, y otros más oyen hablar de ella como algo asombroso, mientras que hay otros que, incluso después de oír hablar de ella, no logran comprenderla en absoluto. (…), aquel que mora en el cuerpo nunca puede ser matado. Por lo tanto, no tienes que afligirte por ningún ser viviente.

Considerando tu deber específico como ksatrilla*, debes saber que no hay mejor ocupación para ti que la de pelear en base a los principios religiosos; así que, no tienes por qué titubear. " (Bg 2:12-31)

Ksatriya era la casta de los militares en la india en aquellos tiempos, aproximadamente unos tres mil quinientos años antes de Cristo, época en que fue escrito el Bhagavad Gita.

II **Samsāra** es el ciclo de nacimientos, muertes y renacimientos en la mayoría de las tradiciones filosóficas de la India); incluyendo el hinduismo, el budismo y el jainismo ("La Rueda del Samsara"). Se asume como un hecho irrefutable de la naturaleza. Estas tradiciones difieren en la terminología con la que describen al proceso y cómo es interpretado.

La mayoría de estas religiones, consideran que el objetivo final es el de volver a Dios logrando la autorrealización y de esa manera cortar el ciclo de nacimientos.

En el hinduismo impersonalista, el samsāra es visto como mera ignorancia de la verdadera naturaleza del ser: no hay diferencia entre el alma (el yo) y Brahman (lo divino). Debido a avidya ('ignorancia', lo contrario de vidya) el alma cree en la realidad del mundo temporal y fenoménico, lo que lleva a la confusión de creer que el cuerpo es el yo. Ese estado de ilusión es conocido como māyā.

III **Deuteronomio** o "Segunda Ley". La primera parte del Antiguo Testamento está formada por "La Ley". Se trata de una larga obra que originalmente era un solo libro, pero que más tarde fue dividida en cinco partes para mayor comodidad en su manejo. Los judíos llaman a estos cinco volúmenes "los cinco quintos de la Ley de Moisés", y los denominan con las palabras iniciales (en hebreo). A esta obra así dividida, los griegos le pusieron un nombre griego: "El Pentateuco", es decir, "Los cinco volúmenes"; y llamaron a cada una de estas partes con un nombre griego que indica aproximadamente el contenido de la obra. Así se conoce actualmente:
"Génesis" ("Origen")
"Éxodo" ("Salida")
"Levítico" ("Libro de los levitas")
"Artimoi" ("Números" por el censo con el que comienza)
"Deuteronomio" ("Segunda Ley")

IV **Gehena** es el infierno o purgatorio judío. En el judaísmo el infierno es un lugar de purificación para el malvado, en el que la mayoría de los castigados permanece hasta un año, aunque algunos están eternamente. El nombre derivó del incinerador de basuras cercano a Jerusalén, la cañada o barranco de Hinón, identificada metafóricamente con la entrada al mundo del castigo en la vida futura. Gehena también aparece en el Nuevo Testamento y en las primeras escrituras cristianas como el lugar en donde el mal será destruido. Presta también su nombre al infierno del Islam, Jahanam.

V En el marco del hinduismo, un avatar es la encarnación de Dios.

Se dice por ejemplo que Krisná es el octavo avatar de Visnú. El término sánscrito avata-ra significa "el que desciende"; proviene de avatarati.

La palabra también se utiliza para referirse a encarnaciones de Dios o a maestros muy influyentes de otras religiones apartes del hinduismo.

De acuerdo con los textos hindúes Puranas, han descendido incontable número de avatares en nuestro universo.

Dentro del vaisnavismo, los muchos avatares han sido categorizados en diferentes tipos de acuerdo con la personalidad y el rol específico descrito en las Escrituras. No todos son reconocidos como encarnaciones completas o directas de Dios. Algunos avatares se cree que son almas bendecidas o apoderadas con ciertas virtudes de origen divino, aunque son almas individuales.

www.ingramcontent.com/pod-product-compliance
Lightning Source LLC
Chambersburg PA
CBHW071644090426
42738CB00009B/1418